Oppen, Sack, Wegener (Hg.)   **Abschied von der Binnenmodernisierung?**

Modernisierung des öffentlichen Sektors

Sonderband 22

Herausgegeben von

Hans Brinckmann	Gesamthochschule Kassel, Forschungsgruppe für Verwaltungsautomation
Dietrich Budäus	Hochschule für Wirtschaft und Politik, Arbeitsbereich Public Management, Hamburg
Gisela Färber	Hochschule für Verwaltungswissenschaften, Speyer
Sabine Groner-Weber	Vereinte Dienstleistungsgewerkschaft – ver.di, Bundesverwaltung, Berlin
Rolf G. Heinze	Ruhr-Universität Bochum, Fakultät für Sozialwissenschaften
Werner Jann	Universität Potsdam, Wirtschafts- und sozialwissenschaftliche Fakultät
Berndt Keller	Universität Konstanz, Fakultät für Verwaltungswissenschaften
Erika Mezger	Leiterin der Abteilung Forschungsförderung der Hans-Böckler-Stiftung, Düsseldorf
Frieder Naschold †	Wissenschaftszentrum Berlin für Sozialforschung
Christoph Reichard	Universität Potsdam, Wirtschafts- und sozialwissenschaftliche Fakultät
Kuno Schedler	Universität St. Gallen, Institut für öffentliche Dienstleistungen und Tourismus
Heinrich Tiemann	Staatssekretär im Bundesministerium für Gesundheit und Soziale Sicherung, Berlin

Gedruckt mit freundlicher Unterstützung der Hans-Böckler-Stiftung.

Maria Oppen, Detlef Sack,
Alexander Wegener (Hg.)

Abschied von der Binnenmodernisierung?

Kommunen zwischen Wettbewerb
und Kooperation

edition
sigma

Eine Studie der Hans-Böckler-Stiftung.

Bibliografische Informationen Der Deutschen Bibliothek

Die Deutsche Bibliothek verzeichnet diese Publikation
in der Deutschen Nationalbibliografie; detaillierte
bibliografische Daten sind im Internet über
http://dnb.ddb.de abrufbar.

ISBN 3-89404-772-0
ISSN 0948-2555

Copyright 2005 by edition sigma, Berlin.

Druck: Rosch-Buch, Scheßlitz   Printed in Germany

Inhalt

Vorwort

Der Modernisierungsprozess in Staat und Verwaltung ist in eine neue Phase getreten. Zwar sind bereits in den vergangenen Jahren neue betriebswirtschaftliche Instrumente entwickelt und erprobt worden, die eine dezentrale Verantwortungsstruktur und eine ergebnis- und zielorientierte Steuerung der Leistungsprozesse ermöglichen sollen. Allerdings blieben hierbei die Beziehungen mit anderen gesellschaftlichen Akteuren weitgehend unberücksichtigt.

Die Dominanz der Binnenperspektive ist inzwischen als zentrales Defizit des bundesdeutschen Modernisierungspfades identifiziert worden. Die neueren Entwicklungen sehen daher eine stärkere Öffnung politisch-administrativer Instanzen hin zu ihrem gesellschaftlichen Umfeld vor. Gegenwärtig steht eine Neubestimmung der Aufgabenverteilung zwischen Staat und Gesellschaft sowie zwischen Staat und Markt auf der Agenda. Die dabei vorherrschenden und in diesem Sammelband eher als „symbiotisch" denn in Konkurrenz zueinander stehend betrachteten Steuerungsprinzipien heißen Wettbewerb und Kooperation.

Auf einem Workshop im Juli 2003 in Berlin, gemeinsam veranstaltet vom Wissenschaftszentrum Berlin für Sozialforschung und der Hans-Böckler-Stiftung, haben Expertinnen und Experten über neue Koordinationsformen im öffentlichen Sektor diskutiert. Die Beiträge sind für dieses Buch überarbeitet und ergänzt worden. Sie bieten einen umfassenden Überblick über den aktuellen Stand der Debatte in Wissenschaft und Praxis: von der Governance-Theorie über Wettbewerbsstrategien und partnerschaftliche Arrangements bis zur Arbeitnehmersicht auf die neuen Anforderungen der kooperativen Verwaltung.

Die meisten Beiträge entstammen Forschungsprojekten, gefördert mit Mitteln der Hans-Böckler-Stiftung oder des Bundes. Das vorliegende Buch versteht sich daher auch als eine Zusammenführung verdienstvoller Untersuchungen der letzten Jahre, und die Herausgabe verbindet sich mit der Hoffnung, dass die Debatte um den kooperativen Staat als einen der wesentlichen Akteure in der Dienstleistungsgesellschaft weitergeführt werden wird. In diesem Zusammenhang sei der Herausgeberin und den beiden Herausgebern für ihre eigenen Beiträge, aber insbesondere für die Koordination der·Veröffentlichung besonders gedankt.

Volker Grünewald
Hans-Böckler-Stiftung, Abt. Forschungsförderung

1. Wettbewerb und Kooperation – Zur Einführung

Maria Oppen, Detlef Sack

Die Prinzipien Wettbewerb und Kooperation haben als Leitmotive für Restrukturierungsprozesse im öffentlichen Sektor in den letzten beiden Dekaden erheblich an Bedeutung gewonnen. Während eine Reihe entsprechender Fachbeiträge davon geprägt ist, den Blick auf die alternative Wahl zwischen Wettbewerb *oder* Kooperation sowie auf die Überlegenheit des einen gegenüber dem anderen zu richten, verfolgen wir in diesem Sammelband gemeinsam mit den Autor/inn/en einen anderen Ansatz: Wir behaupten, dass die Zentrierung von Reformmaßnahmen auf die Binnenmodernisierung an ihr Ende gekommen ist. Stattdessen entstehen im öffentlichen Sektor komplexe institutionelle Arrangements, zusammengesetzt aus Elementen klassischer Hierarchie sowie neuen Wettbewerbs- und Kooperationsformen. Uns interessieren hier besonders die Wechselbeziehungen zwischen den beiden letztgenannten Steuerungsprinzipien, da wir in deren Mixtur einen wesentlichen Entwicklungstrend im öffentlichen Sektor sehen. Mit den Beiträgen werden Einblicke in und Überblicke über aktuelle Reformbestrebungen vorstellt, welche die Reichweite und Grenzen der jeweiligen Veränderungen markieren. Formen des Wettbewerbs werden in ein Verhältnis zu Formen der Kooperation gesetzt, wobei davon ausgegangen wird, dass die einen die anderen ergänzen oder untergraben können und wechselseitig das jeweilige Leistungsvermögen beeinflussen.

1.1 Wettbewerb und „New Public Management"

Über weite Strecken der 1980er und 1990er Jahre ist die internationale Diskussion über Innovationsprozesse im öffentlichen Sektor vom Leitbild des „New Public Management" (NPM) bestimmt worden. Bekanntermaßen handelt es sich dabei weniger um ein in sich stimmiges Gesamtkonzept als vielmehr um eine nur lose verbundene, zum Teil sogar widersprüchliche Sammlung von Grundannahmen, Prinzipien und Gestaltungsempfehlungen (vgl. Aucoin 1990; Hood 1991; Oppen/Wegener 1997). Der Stärkung des Wettbewerbsgedankens kommt darin allerdings grundlegende Bedeutung zu. Präferiert wird mit Public-Choice-Argumenten die private Leistungsproduktion gegenüber der öffentlichen Eigenproduktion. Letzterer wird eine strukturelle Ineffizienz unterstellt. Erst unter Bedingungen des Marktwettbewerbs könne die Leistungserstellung und -verteilung nicht mehr für die Realisierung der Eigeninteressen von Individuen und gut organisierten Gruppen zu Lasten der Allgemeinheit instrumentalisiert werden. Sofern Anbietermärkte aber nicht entwickelt sind oder eine Auslagerung politisch nicht gewollt bzw. durchsetzbar ist, seien jedenfalls die Durchbrechung der Monopolstellung und die Entflechtung der hierarchisch integrierten öffentlichen Apparate notwendig. Vorgeschlagen wird dazu eine konsequente Trennung von Auftraggeber- und Auftragnehmerfunktionen oder anders ausgedrückt: der Gewährleistungs- von der Produktionsverantwortung. Verträge und allerlei Instrumente zur Kontrolle ihrer Einhaltung (von Kosten-Controlling bis zu Qualitätssicherung) haben in diesem Rahmen herausragende Bedeutung.

Plurale Anbieterstrukturen im Sinne mehrerer öffentlicher, privat-gewerblicher und Nonprofit-Organisationen können nun marktähnliche Produktionsbedingungen generieren, sofern den Abnehmern entsprechende Wahlmöglichkeiten eingeräumt werden. Überschaubare und transparente Einheiten wie z.B. Kosten- und Leistungszentren stärken die Verantwortlichkeit für Leistungsprozesse („ownership") und unternehmerische Initiative. Denn die Einheiten konkurrieren untereinander entweder um Aufträge der öffentlichen Hand („institutioneller Konsumerismus") oder um die unmittelbaren Nachfrager/innen ihrer Leistungen. Gebühren und Entgelte zur Finanzierung sollen ein stärkeres Gewicht erhalten, um „Trittbrettfahrerprobleme" zu begrenzen. Ersatzweise können auch Gutscheine an Leistungsberechtigte (Voucher-Systeme) vergeben werden, mit denen sie nach ihren Präferenzen „einkaufen" können.

Die Rolle der Leistungsadressat/inn/en im Bürokratiemodell soll also transformiert werden in die der Kund/inn/en, gestützt auf Informations- und Beschwerderechte. Mit der Stärkung der Konsumentensouveränität wird deren Eigenverantwortung für Konsumentscheidungen betont (und damit das politische Entscheidungs- und Gewährleistungssystem von Verantwortung entlastet); sie ist aber auch Mittel zu dem Zweck, das Marktmodell zur Geltung zu bringen. Informierte Wahlentscheidungen der Kund/inn/en zwischen verschiedenen Anbietern auf Basis von Preis-Leistungsvergleichen fördern nach dieser Vorstellung die Flexibilität, Effizienzorientierung und Innovationsfähigkeit der Leistungsproduzenten, die um „Marktanteile" kämpfen müssen bei Strafe des Untergangs. Dies ist in der Theorie auch der Mechanismus, über den die Beschäftigten auf die „Wettbewerbsfähigkeit" ihrer individuellen Leistungsbeiträge verpflichtet werden können: Die Maßzahlen über Servicequantitäten und -qualitäten sowie über Kundenzufriedenheiten sollen dann in Zielvereinbarungen und Leistungsbeurteilungen ihren Niederschlag finden. Leistungsbezogene Anreiz- und Karrieresysteme lösen das verwaltungstypische Senioritätsprinzip ab.

Im internationalen Vergleich haben NPM-Reformen – trotz der Konvergenz ihrer Thematisierung – je unterschiedliche Ausprägungen angenommen (Naschold et al. 1997; Pollitt 2002; Jones/Kettl 2003; Löffler 2003). Die konsequente Einführung wettbewerblicher Arrangements blieb dabei wesentlich auf die angelsächsischen Länder beschränkt. An erster Stelle hat sich das Großbritannien Margaret Thatchers durch groß angelegte Privatisierungsmaßnahmen und vor allem verpflichtende Ausschreibungsverfahren hervorgetan (vgl. Wegener in diesem Band). Aber auch die später nachziehenden skandinavischen und kontinentaleuropäischen Länder – so auch Deutschland – haben Teile des internationalen Gedankengutes und viele der damit verbundenen Vorschläge aufgenommen. So sollte nach den Vorstellungen der Promotoren des neuen Steuerungsmodells (NSM) die neue Verwaltungsstruktur durch „Wettbewerb bzw. Wettbewerbssurrogate aktiviert und leistungsfähig gemacht werden" (KGSt 1993b, S. 22). Gerade solche Wettbewerbssurrogate sind hier zu Lande in Form von Vergleichsringen und anderen Benchmarking-Verfahren auf eine beachtliche Resonanz gestoßen.[1]

Gegenwärtig sind unsere Erkenntnisse darüber, wie breit diese Umsteuerungskonzepte tatsächlich verankert und umgesetzt werden, noch mehr als lückenhaft. Allerdings zeichnet sich ab, dass die NPM-Rhetorik vielerorts eine Art Klimawandel (Pollitt/Bouckaert 2000) bewirkt hat. Die Rede vom „Konzern Stadt", von den „wettbewerbsfähigen Verwaltungsprodukten" oder von der „Dienstleistungskommune" hat weiträumig Eingang gefunden in die Selbstbeschreibungen der Gebietskörperschaften. Inwieweit die Verbreitung solcher Leitmotive bereits zu neuen Denkmodellen und Verhaltensweisen unter den Verwaltungsakteuren geführt hat, ist nicht gut untersucht.

Beobachten lässt sich allerdings, dass sich die Wettbewerbsphilosophie des NSM und die gesellschaftliche Realität wechselseitig konstituieren und stützen. Die sich weiter verschärfende Haushaltsmisere lässt immer mehr Räte und Verwaltungsleitungen nach kostengünstigeren Alternativen der Leistungserstellung Ausschau halten. Die latente Privatisierungsdrohung erzeugt faktischen Wettbewerbsdruck auf die öffentlichen Leis-

---

1   In gut zehn Jahren haben sich bis 2003 über 800 Städte, Gemeinden und Landkreise in rund 170 Vergleichsringen hinsichtlich ihrer Leistungsfähigkeit miteinander gemessen (vgl. Kuhlmann/Wollmann 2004).

tungseinheiten. Und Städte und Regionen sehen sich zunehmend in Konkurrenz untereinander, nicht nur um Investoren und Arbeitsplätze im globalen Standortwettbewerb, sondern auch um junge, gut ausgebildete Arbeitskräfte und Wohnbürger/innen in einer schrumpfenden und alternden Gesellschaft. Und nicht zuletzt sind Institutionalisierungsprozesse auf den übergeordneten politischen Ebenen zu berücksichtigen wie das EU-Wettbewerbsrecht oder Sozialgesetze auf Bundesebene, die private Anbieter mit öffentlichen und gemeinnützigen gleichstellen und damit „Wohlfahrtsmärkte" (Nullmeier 2002) politisch konstituieren. Die Wettbewerbslogik hat somit parallel zu Modernisierungskonzepten und -diskursen längst eine eigene Dynamik entfaltet, die bestehende Strukturen in Städten und Gemeinden unter Anpassungs- und Veränderungsdruck setzt.

■ **1.2 Kooperation und „aktivierender Staat"**

So wie der Wahlsieg Margaret Thatchers 1979 beispielhaft für die Realisierung der neoliberalen Idee des „schlanken Staats" stehen mag, so markiert der Wahlsieg Tony Blairs im Jahr 1997 den Durchbruch eines anderen Staatsverständnisses und die neue Bedeutung des Begriffs „Leistungserbringung im öffentlichen Sektor". „New Labour" steht für einen neuen sozialdemokratischen „dritten Weg". Dieser richtet sich daran aus, der sozialen Versorgung der Bevölkerung neue Bedeutung zuzumessen, diese aber nicht mehr durch staatliche Institutionen allein, sondern in Zusammenarbeit mit privatgewerblichen und Not-for-profit-Organisationen zu erbringen. Die Modernisierung des öffentlichen Sektors soll auf Grundlage der Kooperation staatlicher Verwaltung mit Unternehmen (z.B. im Rahmen der Private-Finance-Initiative, siehe Sack in diesem Band) und mit den „communities", den Bürgerschaften, erfolgen. Geprägt wurde hier der Begriff des „joined-µp government".

In Deutschland setzte sich dann mit dem Wahlsieg der sozialdemokratisch-bündnisgrünen Koalition im Jahr 1998 unter dem Titel „aktivierender Staat" ein ähnliches Leitbild durch. In dessen Zentrum steht nun ein verändertes Konzept der Staats- und Verwaltungsmodernisierung. Es geht um die Aktivierung der Zivilgesellschaft, um neue Verantwortungsteilung und um neue Kooperationen. Schlagworte der Reformbestrebungen sind nunmehr das bürgerschaftliche Engagement, „Fördern und Fordern", staatliche Gewährleistung statt „Rundumversorgung" sowie Corporate Social Responsibility und Public Private Partnership (vgl. z.B. Damkowski/Rösener 2003; Mezger/West 2000; Blanke/Bandemer 1999). Die Bundesregierung setzte entsprechende Programme auf, darunter „Moderner Staat –

Moderne Verwaltung", der Bundestag richtete eine Enquete-Kommission zum Bürgerschaftlichen Engagement ein, in den Bundesländern wurden Initiativen zum Ehrenamt und Task Forces zu öffentlich-privaten Kooperationen initiiert. Institutionen wie die Kommunale Gemeinschaftsstelle und die Bertelsmann-Stiftung propagierten die Bürgerkommune und interorganisationale Zusammenarbeit (siehe Oppen et al. in diesem Band).

Diese Initiativen orientieren sich im Wesentlichen an folgendem Steuerungsverständnis im öffentlichen Sektor: Lokale Stakeholder lösen Probleme in einem inklusiven Prozess, in den von jedem wichtige Fähigkeiten und Ressourcen eingebracht werden. Der Aufbau von Vertrauen, wechselseitiger Verpflichtung und eines Verhandlungssystems wird als kritisches Moment angesehen. In die Kooperation sind Bürger/innen, der Not-for-profit-Sektor, Gewerkschaften, politische Parteien, bürgerschaftliche Organisationen und Verbände, Unternehmen, Medien sowie höhere Regierungsebenen einbezogen. Der lokalen Gebietskörperschaft kommt eine neue Rolle zu; sie hat die örtliche Gemeinschaft zu befähigen, ihre Angelegenheiten durch transparente, zurechenbare Prozesse und einen demokratischen Dialog selbst zu regeln. Kurz: Kernelement des neuen „verwaltungspolitischen Leitbildes" (Jann/Wegrich 2002) waren neben der Aktivierung der Individuen die Verantwortungsteilung und Kooperation über die Grenzen von Staat, Markt und Gesellschaft hinweg. Sektorübergreifende Kooperationen sollten in einer zunehmend dynamischen, komplexen, aber auch fragmentierten Welt die Effektivität der Leistungserbringung im öffentlichen Sektor steigern. Für problemangemessene Lösungen sollen aufgrund wechselseitiger Abhängigkeiten Akteure aus unterschiedlichen Bereichen zusammenarbeiten, ihre Ressourcen poolen und Netzwerke bilden. So werde durch Kooperation nicht allein die Effizienz und die Effektivität der Erstellung von Dienstleistungen im allgemeinen Interesse erhöht. Damit könne zudem deren Akzeptanz, insbesondere aber jenes soziale Kapital gesteigert werden, das einer Gemeinwohlverantwortung in der Gesellschaft zu Grunde liegt.

Die neue Rolle der Bürger/innen wird mit Eigenverantwortung, Selbststeuerung und mit der Erbringung von Leistungsbeiträgen zum Gemeinwohl umschrieben. Und Unternehmen sind hier nicht in ihrer Rolle als Wettbewerber um öffentliche Aufträge gefragt, sondern sie sollen als „Corporate Citizens" ihren Beitrag zum Gemeinwohl im Rahmen der neuen Verantwortungsteilung beisteuern. Sie werden damit auch zur Ressource, die der Staat für seine Handlungsfähigkeit und Legitimationsgewinnung nutzen kann (vgl. Kropp 2004). Dem Verwaltungspersonal obliegt es, die Bürger/innen und Wirtschaftsorganisationen zur Kooperation zu bewegen, hierfür eine entsprechende Infrastruktur zur Verfügung zu stellen und insbesondere Moderationsfunktion zu übernehmen.

Die Karriere der Konzepte „Aktivierender Staat" oder „Bürgerkommune" kann auch als Umsteuerung in der Folge der gesellschaftlichen Auseinandersetzungen um die Defizite der „Ökonomisierungskonzepte" des öffentlichen Sektors interpretiert werden. Zudem sind die hochgesteckten Erwartungen bezüglich der Beiträge des NSM zur Haushaltskonsolidierung in keiner Weise erfüllt worden, sodass die Mobilisierung zusätzlicher Ressourcen zwar nicht zur unmittelbaren Entlastung, gleichwohl aber zur Attraktivität der neuen Perspektive beiträgt. Dies gilt nicht zuletzt für die Akquisition von Geldern für eine ganze Reihe von nationalen und länderspezifischen, aber auch europäischen Entwicklungsprogrammen und Modellvorhaben. Deren Förderbedingungen setzen den Aufbau von transsektoralen Netzwerken und Partnerschaften unter Einschluss aller relevanten lokalen Akteursgruppen voraus. Die territorialen Beschäftigungspakte, die Lokalen Agenda-21-Prozesse oder die Programme „Soziale Stadt" oder „InnoRegio" stehen als Beispiele für viele weitere Initiativen (vgl. Enquete-Kommission „Zukunft des bürgerschaftlichen Engagements" des Deutschen Bundestags 2002).

Bislang fehlt ein systematischer Überblick über die Verbreitung solcher kooperativen Arrangements. Und über die sozialen und ökonomischen Produktivitätseffekte liegen allenfalls vereinzelte und zum Teil widersprüchliche Ergebnisse vor. Gleichwohl ist die Annahme plausibel, dass insbesondere in den letzten Jahren eine große Zahl von Städten und Gemeinden in den Aufbau von Netzwerken und Partnerschaften investiert hat und auf Kooperationserfahrungen in unterschiedlichsten Politikbereichen verweisen kann.

■ 1.3 Wettbewerb, Kooperation und „Public Governance"

Nun liegt die Vermutung nahe, von einem neuen Zyklus der Modernisierung des öffentlichen Sektors zu reden; dem Leitbild des Wettbewerbs folgt das der Kooperation, das eine löst das andere ab. Statt Effizienzsteigerung durch Kosten- und Kundendruck sowie die Wahrnehmung der Choice-Option wird auf eine neue Karte gesetzt: Effektivitätssteigerung durch Ressourcenkopplung und Konsens sowie die Wahrnehmung der Voice-Option. Das Schlagwort der „Post-Ökonomisierungs-Ära" (Löffler 2003) könnte eine solche Vermutung stützen. Aber dies wäre ganz sicher zu kurz gesprungen: Es wird mehr von Kooperation, aber darum nicht weniger von Wettbewerb gesprochen. Drei Begründungen lassen sich hierfür ins Feld führen:

Erstens sind weder Kooperation noch Wettbewerb Koordinierungsformen für alle Gelegenheiten. So haben etwa die großflächigen Privatisierungsstrategien und Markttests in Großbritannien nicht nur zu beachtlichen Kostensenkungen vor allem in stark standardisierten Servicebereichen geführt. Desaströse Verschlechterungen der Dienstleistungsqualität und Substanzverluste der ehemals öffentlichen Infrastrukturen sind gleichermaßen bekannt geworden. Und ebenso wird neben deutlichen Kooperationsgewinnen auch Netzwerkversagen konstatiert. Probleme der Kooperationskosten, der Legitimation, die Entstehung von Blockaden, aber auch „Partnerschaftsmüdigkeit" unter den Beteiligten sind mittlerweile bekannte Erscheinungen (vgl. Huxam/Vangen 2000).

Zweitens lassen weder die Politik noch die Reformakteure eine klare Präferenz für kooperationsorientierte gegenüber wettbewerbszentrierten Strategien erkennen. Sowohl auf der Ebene der Programmatik (vgl. z.B. Bundesregierung 1999) als auch auf der Handlungsebene lässt sich vielmehr erkennen, dass mit unterschiedlichen Mixturen von Steuerungsinstrumenten experimentiert wird. Modernisierungspraktiker gehen offensichtlich weder mit den Markt- noch mit den Netzwerktheoretikern konform in der Annahme der Überlegenheit der einen gegenüber der anderen Koordinationsform (vgl. auch Dahme/Wohlfahrt 2000).

Drittens scheinen Prozesse der Verselbstständigung und Privatisierung mit Prozessen der Vernetzung Hand in Hand zu gehen. Denn mit dem Zuwachs an autonomen Dienstleistern wird die öffentliche Hand nicht weniger abhängig von anderen Akteuren, solange sie die Gewährleistungsverantwortung behält. Dezentralisierung und Privatisierung haben wesentlich zur Zunahme netzwerkartiger Settings in öffentlichen Handlungsfeldern beigetragen: Die Autonomie der einzelnen Einheiten hat zugenommen, ihre wechselseitige Abhängigkeit bleibt aber unverändert (vgl. Teisman/Klijn 2000).

Und im Übrigen ist bislang keinesfalls begründet davon auszugehen, dass die Ausweitung von kooperativen und/oder wettbewerblichen Arrangements quasi automatisch an die Begrenzung hierarchischer Intervention und an den Bedeutungsverlust des politisch-administrativen Systems gekoppelt ist. Vielmehr ist dies empirisch eine offene Frage. Ein mögliches Alternativszenario wäre, dass wir es nicht nur mit „mehr Markt" und „mehr Vernetzung", sondern zusätzlich auch mit „mehr Staat" zu tun haben könnten. Denn spezifische Koordinationsaufgaben der öffentlichen Hand wachsen in dem Maße, wie Aufgaben dezentral und arbeitsteilig in verschiedenen wettbewerblich oder kooperativ strukturierten Arenen bearbeitet werden. Dieser Trend zur zunehmenden Einbettung der öffentlichen Verwaltung in eine Vielzahl unterschiedlicher Austauschbeziehungen mit externen Partnern wird neuerlich Prozesse der Binnenmodernisierung und des Redesigns der Schnittstellen zum aufgabenrelevanten Umfeld vorantreiben.

Um die Beobachtung und Untersuchung solcher vielfältiger Formen der Koordination – kompetitiver wie kooperativer Arrangements „im Schatten der Hierarchie" (Scharpf) – kreist auch die in den letzten Jahren verstärkt aufgenommene Diskussion um Governance. Im Zusammenhang mit der Restrukturierung des öffentlichen Sektors wird unter Governance allerdings sehr Unterschiedliches verstanden. Während Governance für die einen als neues „verwaltungspolitisches Leitbild" (Jann/Wegrich 2002) oder als Idealtyp des „guten Regierens" fungiert, bezeichnet Governance für andere eher ein pragmatisches Handlungskonzept. Dabei geht es um die Auswahl eines angemessenen Mixes von Steuerungsstrukturen für die Lösung gesellschaftlicher Probleme (z.B. Bovaird et al. 2002; Klenk/ Nullmeier 2003). Auf Governance als Reformkonzept beziehen sich auch die Beiträge von Klenk sowie von Gerstlberger und Schmittel. Steuerungs- und Leistungserbringungsstrukturen sollen gezielt umgestaltet werden durch die Veränderung institutioneller Arrangements und die Einführung neuer Steuerungsprinzipien im Spannungsfeld zwischen Hierarchie, Wettbewerb und Kooperation. In einer dritten Variante ist Governance eine Beobachtungs- und Interpretationsperspektive (z.B. Kooiman 1993; Naschold et al. 1994) auf die entstehende Vielfalt von Akteursbeziehungen und Regelungsformen. Neue Governance-Muster sind hiernach Ergebnis komplexer Interaktionsprozesse auf der Suche nach neuen Umgangsmöglichkeiten mit Problemen und Chancen angesichts gesellschaftlicher Dynamiken. Ob hierdurch aber tatsächlich bessere Bewältigungskapazitäten entstehen, ist eine Frage, die sich erst an den Ergebnissen und Wirkungen erweisen muss. Governance als Beobachtungsperspektive liegt auch dem Beitrag von Oppen, Sack und Wegener zu Grunde.

Mit der Fokussierung auf Mischformen und hybride Steuerungsarrangements kommen auch die veränderten Positionierungen und Aufgaben der handelnden Akteure in den Blickpunkt. Sie sind mit wechselnden oder überlappenden Rollenanforderungen konfrontiert. Der Bürger und die Bürgerin sind zwar einerseits nach wie vor Kund/inn/en mit verbrieften Ansprüchen, Rechten und Wahlmöglichkeiten; zugleich sind sie aber auch (Ko-)Produzenten ehrenamtlich oder familial erbrachter Leistungsbeiträge; und als politische Subjekte – aber auch als kritische Konsument/inn/en – bestimmen sie die politische (und managerielle) Agenda mit. Auch stellen sich neue Herausforderungen für die Beschäftigten und ihre Interessenvertretungen im öffentlichen Sektor, deren Arbeits- und Kundenbeziehungen durch den Wandel der Governance-Formen tangiert werden. Für die Beschäftigten sind nicht allein die neuen Anforderungen ihrer Alltagswelt relevant (vgl. Sack und Schneider in diesem Band), die sich aus widersprüchlichen Logiken ergeben, z.b. zwischen Kompromissfähigkeit in vernetzten Handlungszusammenhängen und Kompromisslosigkeit in Konkurrenzbeziehungen; sie müssen auch ihre Arbeitsinteressen im Zusammenspiel von Wettbewerb und Kooperation neu formulieren und politisch vertreten (vgl. hierzu den Beitrag von Sternatz in diesem Band).

1.4 Zur Dualität von Wettbewerb und Kooperation ■

Mitunter wird davon ausgegangen, dass es sich bei Kooperation und Wettbewerb um distinkte Handlungsalternativen handelt: „Entweder – oder". So kann etwa eine Kommune entscheiden, ob sie eine bestimmte Leistung weiterhin selbst erstellen will, ob sie diese auf dem Markt „einkauft" oder in Kooperation mit anderen erstellt: „Make, buy or ally" (Child/Faulkner 1998, S. 91) ist die entsprechende Devise. Um hier eine rationale Wahl zu treffen, gibt es Vorschläge auf Basis transaktionskostentheoretischer Überlegungen, Kriterien wie strategische Relevanz der Aufgabe und Spezifität der hierfür erforderlichen Kompetenzen und Ressourcen zu Grunde zu legen. Sind beide Kriterien stark ausgeprägt, wird Eigenerstellung empfohlen; bei geringer Spezifität und strategischer Relevanz wird der Bezug über den Markt als günstig angesehen. Im mittleren Feld dagegen sollten verschiedene Kooperationsmodelle ins Auge gefasst werden (vgl. auch Naschold et al. 1996).

Die Governance-Perspektive lenkt nun aber zu Recht den Blick auf so genannte hybride Steuerungsarrangements und Mischungsverhältnisse. Und auch Untersuchungen interorganisationaler Beziehungen in der Privatwirtschaft legen nahe, das „Sowohl-als-auch" in den Blick zu nehmen. Nalebuff und Brandenburger (1996) sprechen in diesem Zusammenhang von „co-opetition", wenn sie von der Gleichzeitigkeit kooperativer und kompetitiver Kräfte ausgehen. Im öffentlichen Sektor signalisieren schon Begriffe wie „Quasi-Märkte" oder „Wettbewerbssurrogate" Mischformen. Uns müssen dann Ergänzungen und Wechselbeziehungen, Unverträglichkeiten und Steigerungsverhältnisse, kurz: Vor- und Nachteile der Kombination dieser Steuerungsprinzipien interessieren. Wir möchten im Folgenden anhand einiger Beispiele zeigen, welche Erscheinungsformen eine solche Dualität von Wettbewerb und Kooperation annehmen kann.

Die Verwaltungsreformen nach dem Muster von NPM, befördert durch Wettbewerbs- und Deregulierungspolitiken der nationalstaatlichen wie der europäischen Ebene, haben in den 1990er Jahren zu einer erheblichen Dezentralisierung organisatorischer Einheiten im „Konzern Stadt" beigetragen: Die Bildung teilautonomer Verantwortungszentren, Ausgliederungen in Eigenbetriebe oder in formell bzw. materiell (teil-)privatisierte GmbHs prägten die Veränderungen in der Leistungserbringungsstruktur vieler deutscher Städte und Gemeinden.[2] Diesem Prozess liegt der Gedanke zu Grunde, dass dezentralen und autonomen Einheiten eine größere Fähigkeit zur effizienten und effektiven Dienstleistungserbringung eigen ist. Sie können ihre internen Prozesse optimieren, rationaler mit ihren Budgets wirtschaften und schneller auf veränderte Kundenwünsche reagieren. Sie seien damit wesentlich besser für Wettbewerbe zwischen unterschiedlichen Anbietern gerüstet als Organisationseinheiten, die in eine große, hierarchisch geführte Verwaltung integriert sind. Mit der Dezentralisierung werden jedoch Prozesse der Fragmentierung, schon aus der konventionellen Verwaltung bekannt, weiter zementiert. Die Aufgaben und Funktionen der ausgegliederten Einheiten werden klar spezifiziert und eingegrenzt, ihre Ressourcenverfügung wird auf diese Aufgaben beschränkt. Für eine Reihe von komplexen Dienstleistungen reichen aber die Leistungen einer einzelnen Einheit oft nicht aus. Die Reintegration atomisierter Fähigkeiten und Wissensbestände wird nötig, um hinreichende Dienstleistungen zu erbringen; insbesondere dann, wenn der Anforderung Rechnung getragen werden soll, lebenslagenorientierte Angebote zu machen wie z.B. in der Beschäftigungsförderung oder in der Jugendarbeit. Damit ist die Kooperativität der dezentralisierten Einheiten nötig, um eine angemessene Versorgung mit Dienstleistungen im allgemeinen Interesse anzubieten. Angesichts der Komplexität mancher Leistungen können die entsprechenden Interaktionsbeziehungen nicht allein auf Vertragsbeziehungen fußen, die a priori und statisch Produkte und ihre Entgeltung festschreiben. Gefragt ist die budgetäre Absicherung der Bereitschaft und Kapazität zur kontinuierlichen Zusammenarbeit. Sie ist dem Prozess einer auf Wettbewerb ausgerichteten Dezentralisierung logisch zugehörig, wenn sie nicht auf Kosten der Nutzer/innen erfolgen soll.

---

2   Aus den Beteiligungsberichten von 36 deutschen Städten – darunter die 30 größten Städte – lässt sich die Gesamtzahl von 3.212 Beteiligungen entnehmen (Trapp/ Bolay 2003, S. 23).

Auf mögliche Vorteile der Ergänzung wettbewerblicher Vergabeformen um Verhandlungs- und Kooperationssysteme verweisen ausländische Beispiele (vgl. Wegener 2002a). Gerade längerfristige Verträge mit „Zulieferern" erfordern vor dem Hintergrund einer sicheren Aufgabenerfüllung und Gewährleistungsverantwortung der Kommune stabile Auftraggeber-Auftragnehmer-Beziehungen. Hilfreich sind diese vor allem unter Bedingungen, in denen die Leistungsbeschreibungen nicht hinreichend detailliert dargestellt werden können oder nur um den Preis exorbitanter Spezifikations- und Kontrollkosten; oder dann, wenn Veränderungen in den Anforderungen und in den technisch-organisatorischen Möglichkeiten immer wieder Anpassungen notwendig machen. Kooperative Elemente lassen sich in den gesamten Prozess von der Dienstleistungsplanung über die -erstellung bis hin zur Evaluation einbauen. Mitunter bereits bei der Formulierung entsprechender Texte, aber insbesondere bei der Anpassung abgegebener Angebote an die Anforderungen öffentlicher Einrichtungen finden Verhandlungs- und Kooperationsprozesse zwischen diesen und den beteiligten Unternehmen statt. Ein solcher Austausch ist – hinsichtlich des Verdachts illegitimer Vorteilsnahme, möglicher Korruption und der Geltung von „old-boys networks" – keineswegs unproblematisch. Der besondere Nutzen kann sich jedoch daraus ergeben, dass der Auftraggeber an neuen Durchführungskonzepten potenzieller Auftragnehmer und/oder am Aufbau einer besonderen „Beziehungsqualität" über die gesamte Vertragslaufzeit interessiert ist.

Eine Stärkung der Leistungsfähigkeit des öffentlichen Sektors verspricht man sich im Falle, dass marktähnliche Strukturen nicht tragfähig sind, von Wettbewerbssurrogaten wie Vergleichsinstrumenten. Die Auslobung von „awards" für „best practices", Benchmarking oder die Zertifizierung von Qualitätsmanagementsystemen pflegen eine Kultur des Wettbewerbs, in der die Dienstleistungserbringung im öffentlichen Sektor durch Vergleich und Überprüfung verbessert werden soll. Das Erarbeiten von Vergleichsindikatoren und das „Lernen von den Besten" setzt jedoch die freiwillige Zusammenarbeit zwischen unterschiedlichen Organisationen voraus, die ihre Prozesse und ihre Ergebnisse gegenüber möglichen Konkurrenten und Prüfinstanzen offen legen müssen. Komparative Verfahren basieren auf einer Bereitwilligkeit zur Zusammenarbeit, welche die Offenlegung von Schwächen ebenso beinhaltet wie das Teilen von Wissen über die Wege hin zu „guten Lösungen". Dies ist insofern nicht trivial, als aus Vergleichen zwischen unterschiedlichen Organisationen dann eine Wettbewerbsstärke hervorgehen kann. Die Differenzierung nach Indikatoren, d.h. die Zertifizierung, das Ranking oder die Prämierung, dient als Instrument im Wettbewerb, dem Gütesiegel kommt Marketingqualität zu, aus Kooperationspartnern werden Gewinner und Verlierer am Markt.

Kompetitive Leistungsvergleiche werden auch im Rahmen verschiedener staatlicher (und europäischer) Förderprogramme und Modellvorhaben eingesetzt. Über die Beteiligung an Ausschreibungen können im Erfolgsfall besondere Mittel eingeworben werden. Idealtypisch entscheidet die Qualität der Anträge und der darin entwickelten Ideen und Verfahren über den Zuschlag. Der Wettbewerb wird hierbei in Dienst genommen, um transsektorale Kooperationen und die Bildung von Netzwerken zur alternativen Bewältigung von Problemen zu initiieren. Ausschlaggebend für eine Kooperation, z.B. im Rahmen der Stadt- und Regionalentwicklung, aber auch in Netzwerken von Selbsthilfegruppen, mag zuerst die Verbesserung lokaler oder lebensweltlicher Problemlagen durch die Integration von Angeboten und deren Neuentwicklung sein. Deren Ergebnisse können sich jedoch wiederum zu einem Vorteil in Wettbewerbsprozessen entwickeln, etwa wenn aus den Kooperationen marktfähige Produkte erwachsen sind oder mit der – auf partizipatorischen Prozessen fußenden – Quartiersentwicklung Standortmarketing betrieben wird, die Kooperation also für den Wettbewerb in Dienst genommen wird. Dass solche wettbewerblichen Verfahren der Zuerkennung öffentlicher Ressourcen zur weiteren Polarisierung regionaler Ungleichheiten beitragen können, liegt auf der Hand, wird aber bisher kaum thematisiert (vgl. Nullmeier 2004).

Mit diesen Beispielen ist die Verquickung der beiden Steuerungsprinzipien im öffentlichen Sektor keineswegs erschöpfend dargestellt. Die nachfolgenden Beiträge bieten eine Fülle weiteren Anschauungsmaterials für die Mixturen von Wettbewerb und Kooperation in den aktuellen Reformprozessen. Diese befinden sich nach wie vor im Fluss, werfen aber bereits jetzt eine Reihe neuer Fragen auf. An dieser Stelle weisen wir auf vier Fragekomplexe hin, die aus unserer Sicht auch für weitere Forschungen im öffentlichen Sektor interessant sein können:

Zunächst wären vertiefende Untersuchungen zum Zusammenspiel wettbewerblicher und kooperativer Mechanismen „im Schatten" modernisierter Verwaltungshierarchien mittels eines integrierten Analyserahmens erforderlich. Die Governance-Perspektive – dies zeigen einige der folgenden Beiträge – erscheint als ein viel versprechender Ansatz, der ausgebaut werden könnte. Denn unser Wissen darüber, welchen konkreten Beitrag eher kooperative oder eher kompetitive Strategien des Verwaltungsumbaus zur Steigerung der Bewältigungskapazitäten und -kompetenzen angesichts zunehmender gesellschaftlicher Komplexität leisten können, ist noch sehr begrenzt. Zu fragen wäre, unter welchen Bedingungen Kooperationsvorteile durch Kombination mit wettbewerblichen Mechanismen gesteigert oder aber gemindert bzw. zerstört werden.

Sodann führt die aktuell sich abzeichnende Parallelität wie Kombination kooperativer und wettbewerblicher Steuerungsprinzipien zu einer wachsenden Unübersichtlichkeit der Leistungserbringung im öffentlichen Sektor. Damit sind, zweitens, Fragen der demokratischen Kontrolle und Legitimation aufgeworfen, die die Beziehung zwischen verselbständigten Verwaltungseinheiten, gemischtwirtschaftlichen Unternehmen und sektorübergreifenden Netzwerke zu den legislativen Instanzen betreffen. Welche Instrumente erweisen sich als angemessen, um sowohl in der Sphäre der Entscheidung wie auch der Realisierung demokratischen Normen zu genügen?

Wettbewerb und Kooperation konfrontieren jedoch, drittens, auch die Nutzer/innen von Dienstleistungen im allgemeinen Interesse mit neuen Chancen und Herausforderungen: Sie können neue Choice-Optionen wahrnehmen, d.h. aber auch, dass sie sich zu einer für sie vorteilhaften Wahl befähigen müssen. Zudem sind sie hinsichtlich der Definition und Bewertung von Leistungen zur Kooperation mit Leistungserbringern aufgefordert und müssen entsprechende Kompetenzen mitbringen. Gleichzeitig werden ihre Eigenverantwortung und Selbsttätigkeit reklamiert. Kommen die neuen Möglichkeiten und Anforderungen, die durch entsprechende Reformbestrebungen eröffnet werden, allen Nutzer/inne/n zugute? Oder werden in diesem Zusammenhang Probleme der sozialen Integration und der Zugangsgerechtigkeit aufgeworfen?

Schließlich sind auch die Beschäftigten im öffentlichen Sektor mit neuen Herausforderungen konfrontiert, die sich nicht allein auf Fragen von Übergangsregelungen und qualifizierender Personalentwicklung beschränken. Sie müssen einerseits ihre Ansprüche in einem Spannungsfeld von ermächtigten Nutzer/inne/n, Wettbewerbern, Kooperationspartnern und Vorgesetzten argumentativ zur Geltung bringen. Zum anderen sind für die Interessenvertretungen der Beschäftigten in einem zunehmend unübersichtlichen und heterogenen öffentlichen Sektor auch Fragen der Organisationsstabilität und der Mobilisierungsfähigkeit aufgeworfen. Auf welche Weise verändern sich ihr Stellenwert und ihre Rolle durch die Einführung von Wettbewerb und Kooperation?

1.5   Die Beiträge im Einzelnen   ■

Unter dem Titel „Wettbewerb und Kooperation" sind im Juli 2003 im Rahmen eines Workshops im Wissenschaftszentrum Berlin, der von der

Hans-Böckler-Stiftung und der Dienstleistungsgewerkschaft ver.di gefördert wurde, entsprechende Reformbestrebungen diskutiert worden. Das
Ziel der Veranstaltung war es, Überblicke über Neuentwicklungen zu geben, die die Einführung kompetitiver Instrumente sowie interorganisationaler Zusammenarbeit beinhalten.

Der Begriff der „New Public Governance" wird von *Tanja Klenk* als
sukzessive Abkehr von hierarchischen Steuerungsformen im öffentlichen
Sektor vorgestellt. Sie klärt wesentliche Begriffe der Governance-Diskus-
sion, um sich dann der mikropolitischen Organisationstheorie zuzuwen-
den. Der Blick auf das interessegeleitete Handeln von Akteuren in den
„Innovationsspielen" des öffentlichen Sektors soll das Wechselspiel zwischen denjenigen, die Reformbestrebungen initiieren bzw. gegen diese
opponieren, und ihren jeweiligen Rahmenbedingungen erhellen. Die
Haltung der Akteure zu Organisationsreformen wird maßgeblich von deren Interpretation der Maßnahmen bestimmt. Governance-Reformen sind,
so Klenk, besondere Innovationsspiele, da sie nicht auf einzelne instrumentelle Schritte beschränkt sind, sondern die grundsätzliche Frage auf-
werfen, wie gesellschaftliche Aufgaben erbracht werden sollen. Damit
sind maßgebliche Interessen und Kernüberzeugungen der beteiligten Akteure betroffen. Sie stellt sodann die mikropolitischen Effekte bei der Einführung interner Märkte und bei der interorganisationalen Vernetzung vor.
Deutlich wird, dass die Gestaltung von Organisationsreformen eine intime
Kenntnis der entsprechenden Aushandlungs-, Macht- und Interes-
senstrukturen voraussetzt, um Innovationshemmnisse und Gründe für
Lernblockaden zu erkennen. Veränderungsprozesse beginnen mit der Erfassung der mikropolitischen Arena. Ein mikropolitischer Interventionsansatz existiert jedoch erst in Anfängen. Klenk sieht eine aussichtsreiche
Weiterentwicklung mikropolitischer Konzepte in der Verbindung mit Ansätzen des Organisationslernens.

Alexander Wegener wendet sich im Folgenden den Wettbewerbsstrategien im internationalen Vergleich zu. Er erkennt in den OECD-Staaten
einen Wandel von einem ideologischen zu einem rationalen Gebrauch des
Wettbewerbs. Das heißt, dieser wird nunmehr weniger als Ziel denn als Instrument zur kontinuierlichen Veränderung im öffentlichen Sektor und zur
Pluralisierung von Dienstleistungsangeboten genutzt, wobei lokale Markt-
konstellationen seitens der Administrationen berücksichtigt werden müssen. Zu beobachten ist, so Wegener, eine doppelte Vermarktlichung der
Produktion von Dienstleistungen im allgemeinen Interesse durch die Einführung verwaltungsinterner Auftraggeber-Auftragnehmer-Beziehungen
und durch die Nutzung externer, alternativer marktlicher oder bürgerschaftlicher Erstellungsformen. Insbesondere anhand der britischen Erfah-

rungen thematisiert Wegener sodann die Grenzen wettbewerblicher Leistungserbringung und fasst die maßgeblichen Gestaltungsbedingungen zusammen. Wenn diese berücksichtigt werden, können Wettbewerbsstrategien zu Verbesserungen in den Kostenstrukturen und in der Qualität führen. Kooperation kann als ein Weg verstanden werden, die Grenzen kompetitiver Leistungserbringung zu überwinden, indem mit Unternehmen und gemischtwirtschaftlichen Gesellschaften neue Märkte erschlossen bzw. mit Nutzer/inne/n Leistungsspezifikationen ausgehandelt werden.

Nach diesem internationalen Überblick über Wettbewerbsstrategien im öffentlichen Sektor wendet sich *Christoph Andersen* – unter Einbeziehung einer Reihe von Fallbeispielen – den entsprechenden Veränderungen in deutschen Kommunen zu, wobei er Wettbewerb als Steuerungsprinzip vom Markt als Institution deutlich trennt. Kommunale Wettbewerbsprozesse werden entlang von vier Themenfeldern diskutiert: lokale Innovationsfähigkeit und Verbesserung von Produkten durch neue Organisationsbeziehungen, Kontraktmanagement und Nutzerintegration durch Restrukturierung der Betriebsorganisation, Ressourcenautonomie und Preisbildung durch veränderte Finanzbeziehungen sowie strategisches Management und Politiklernen durch veränderte Steuerungsbeziehungen. Eine zusammenfassende Betrachtung des Wettbewerbsprofils deutscher Kommunen zeigt eine deutliche Tendenz in Richtung binnenorientierte Modernisierung von Verwaltungsstrukturen durch aufbauorganisatorische Veränderungen und Einführung von Kontraktbeziehungen. Insofern pointiert Andersen – nach einer Diskussion der Stärken und Schwächen des deutschen Wettbewerbsweges – sein Fazit, dass Binnenoptimierungen und Privatisierungen, aber wenig Wettbewerb vorherrschen. Vor allem die institutionellen Rahmenbedingen in Deutschland verhindern einen fairen Wettbewerb zwischen öffentlichen und privaten Anbietern. Insofern sei für eine konsequente Deregulierung des deutschen Kommunalwirtschaftsrechts zu plädieren, die die Kommunen darin unterstützt, sich zu wettbewerbsfähigen Dienstleistern zu entwickeln.

Der Aspekt der Privatisierungen und der Kooperation wird in den beiden nachfolgenden Beiträgen behandelt. *Detlef Sack* diskutiert das Phänomen der Public Private Partnerships innerhalb des Leitbildes des „aktivierenden Staates". Er skizziert die Rahmenbedingungen sektorübergreifender Kooperationen zwischen öffentlichen Organisationseinheiten, privatgewerblichen Unternehmen sowie bürgerschaftlichen Verbänden und Initiativen. Nach einem Überblick über die Verbreitung von PPP in Deutschland werden die Erklärungsfaktoren der PPP-Entstehung und ihre Innovationsfähigkeit ebenso diskutiert wie bisherige Kooperationserfahrungen. Damit wird das Leistungsvermögen öffentlich-privater Partnerschaften zwischen vertrauensbasierter Interaktion und „doppeltem Deregulierungsstress" in den Blick genommen. Der Beitrag schließt mit der Diskussion des Verhältnisses von Formen der Zusammenarbeit zu wettbewerblichen Modi der Leistungserbringung und wirft die Frage auf, inwieweit Kooperation in Dienst genommen wird, um Wettbewerbsvorteile zu realisieren.

Wolfgang Gerstlberger und *Wolfram Schmittel* stellen die Ergebnisse einer Sondierungsstudie vor. Im Unterschied zu den meisten Studien zum Thema PPP, die insbesondere großstädtische Entwicklungen verfolgen, fokussieren sie ihre Untersuchung auf die bisher vernachlässigte Gruppe der kleinen und mittleren Kommunen. Sie schlagen eine heuristische Unterteilung von PPP vor. Öffentlich-private Partnerschaften seien zu unterscheiden zwischen einem Typus der Kofinanzierung, der eher wettbewerblichen Regelungs- und Interaktionsmustern folgt, und einem Typus der Koproduktion, der eher durch eine starke Kooperation geprägt ist. Sie begründen sodann, warum diese Typen in unterschiedlichen Aufgabenfeldern vorzufinden sind, und verweisen auch auf mögliche Strategien im Ungang mit Bürger/inne/n und Beschäftigten. Sie schließen ihre Erörterung mit dem Verweis auf die erheblichen Wissensdefizite, die in der Forschung zu diesen Organisationsformen vorherrschen.

Einem Handlungsfeld, auf das in der PPP-Debatte bislang kaum eingegangen wird, weil es sich als „sperrig" erweist, widmen sich dann *Maria Oppen, Detlef Sack* und *Alexander Wegener*. Im Bereich der personenbezogenen sozialen Dienstleistungen stellt sich die sektorübergreifende Zusammenarbeit mitnichten als neues Handlungsmuster heraus. Allerdings hat sich die historisch gewachsene wechselseitige Angewiesenheit von sozialstaatlichen Verwaltungen und großen Wohlfahrtsverbänden zu einem starren korporatistischen Arrangement entwickelt. In diesem Arrangement hatten große etablierte Wohlfahrtsverbände lange Zeit einen privilegierten Status. Dabei sind flexible Leistungsfähigkeit und Bedürfnisorientierung weitgehend auf der Strecke geblieben. Mit dem politisch gewollten Einbau wettbewerblicher Elemente bei gleichzeitiger Forderung nach mehr Selbststeuerung und Selbstkontrolle der Leistungsanbieter sowie nach vermehrter Abstimmung zwischen ihnen und den (potenziellen) Leistungsempfängern ist in den 1990er Jahren ein Wandel im sozialstaatlichen Gefüge zu beobachten. Auf lokaler Ebene – so die Autor/inn/en – steigen der Spielraum wie der Druck, nach neuen Lösungen zu suchen. Als „Innovationsinseln" werden Fallbeispiele vorgestellt, die in den letzten Jahren im Jugend-, im Nachsorge- und im Seniorenbereich initiiert wurden. Deren Innovationspotenzial wird mit Blick auf das jeweils spezifische Mischungsverhältnis zwischen Wettbewerb und Kooperation diskutiert.

Die Perspektive gewerkschaftlicher Akteure in aktuellen Modernisie-rungsprozessen wird in den folgenden zwei Beiträgen thematisiert: *Detlef Sack* und *Karsten Schneider* beschreiben anhand einer Fallgeschichte die ambivalenten Auswirkungen der Gründung einer gemischtwirtschaftlichen Gesellschaft auf die Beschäftigten, die aus der öffentlichen Verwaltung in diese übergeleitet wurden. Die Autoren widmen sich sodann den verschiedenen Gestaltungsmöglichkeiten veränderter Arbeitsbeziehungen durch die Nutzung betrieblicher Vereinbarungen. Diese können dazu bei-tragen, dass den Beschäftigten beim Übergang in neue Organisationsfor-men wichtige Arbeitsbedingungen und Tarifbestimmungen erhalten blei-ben. Für ein umfassendes Co-Management reichen sie jedenfalls nicht aus.

Abschließend stellt *Renate Sternatz* aus Perspektive der Dienstleis-tungsgewerkschaft ver.di einige programmatische Thesen zur Verbesse-rung der Leistungsfähigkeit kommunaler Verwaltungen vor. Inwieweit Wettbewerb und Kooperation als Gestaltungsinstrumente in der kommu-nalen Verwaltung genutzt werden, ist von der Art der Dienstleistung, der lokalen Marktsituation und den politischen Zielen der Kommunen abhän-gig zu machen. Entsprechende Reformbestrebungen entfalten ihre Leis-tungsfähigkeit nur dann, wenn sie mit Beteiligung der Beschäftigten durchgeführt werden. Ziel eines Qualitätswettbewerbs ist die Erweiterung von Dienstleistungsangeboten, die jedem gleichermaßen zu gerechten und erschwinglichen Preisen zur Verfügung stehen. Nicht allein das Setzen von Qualitätsstandards, sondern auch der Erhalt kommunaler Eigenpro-duktion sind als Voraussetzungen dafür zu sehen, eine nutzer- und be-schäftigtenorientierte Leistungsstruktur zu erhalten.

Zum Schluss bleibt uns noch, den Autor/inn/en für ihre engagierte Ko-operation (in einem durchaus kompetitiven Umfeld) zu danken. Unser Dank gilt auch der Hans-Böckler-Stiftung, der Dienstleistungsgewerk-schaft ver.di und dem Wissenschaftszentrum Berlin, durch deren Unter-stützung die Tagung möglich wurde. Schließlich danken wir *Friederike Theilen-Kosch* für die fachkundige Bearbeitung der Manuskripte.

2. Governance-Reform und Identität: Zur Mikropolitik von Governance-Reformen

Tanja Klenk

2.1 New Public Governance aus makro- und mikropolitischer Perspektive

Gut zehn Jahre nach der Einführung des Neuen Steuerungsmodells (NSM) prägt ein neuer Begriff die Diskussion um die Modernisierung von Staat und Verwaltung: New Public Governance. New Public Governance versteht sich als eine Weiterentwicklung des Neuen Steuerungsmodells und greift dessen Defizite – die Dominanz betriebswirtschaftlicher Aspekte und die Konzentration auf die Binnenstrukturen der öffentlichen Verwaltung – gezielt auf (Löffler 2001). Dieses Reformkonzept will eine Gesamtsteuerung der gesellschaftlichen Entwicklung unter Einbeziehung privater und zivilgesellschaftlicher Akteure ermöglichen und strebt eine veränderte Aufgabenteilung und neue Kooperationsstrukturen zwischen Staat, Wirtschaft und Zivilgesellschaft an. In praktischer Hinsicht bedeutet New Public Governance unter anderem eine sukzessive Abkehr von tradierten hierarchischen Steuerungsformen im öffentlichen Sektor. Markt, Wettbewerb, Netzwerk und Kooperation als alternative Regelungsstrukturen gewinnen an Bedeutung.

Die Einführung dieser neuen Steuerungsformen ist voraussetzungsreich. Märkte und Netzwerke entfalten die ihnen zugesprochenen Leistungen nur unter bestimmten Bedingungen. Neben spezifischen Voraussetzungen auf der strukturellen Ebene sind es vor allem Faktoren auf der Akteursebene, die über Erfolg und Misserfolg von Steuerungsreformen („Governance-Reformen") entscheiden. Die neuen Regelungsstrukturen verlangen Handlungsorientierungen und -kompetenzen, die bislang für die öffentliche Verwaltung eher untypisch waren.

Die Akteursebene spielt nicht nur *nach*, sondern auch *während* der Reform eine bedeutsame Rolle. Diese Einsicht ist das Verdienst der mikropolitischen Organisationstheorie. Der mikropolitische Ansatz versteht Organisationen als dynamische Gebilde, deren Alltag maßgeblich von macht- und interessengeleiteten Prozessen bestimmt wird. Reorganisationen haben

Auswirkungen auf die materiellen, sozialen und symbolischen Interessen der beteiligten Akteure. Durch ihre Reaktionen auf die Reformmaßnahmen können Veränderungsprozesse sowohl befördert als auch blockiert werden. Die mikropolitische Organisationstheorie hat in den vergangenen Jahren in vielen Studien eindrucksvoll dargelegt, wie das interessengeleitete Handeln der Akteure geplante Reformverläufe konterkariert und das Ergebnis von Veränderungsprozessen beeinflusst (vgl. Bogumil/Schmid 2001).

Eine mikropolitische Betrachtung von Governance und Governance-Reformen erscheint lohnenswert, nicht nur weil sie das Scheitern so vieler Reformvorhaben verständlich macht. Die mikropolitische Organisationstheorie lenkt die Aufmerksamkeit auf das subtile Wechselspiel zwischen Akteurs- und Strukturebene und verweist damit auf eine der Schwachstellen der aktuellen Governance-Debatte. In der Diskussion um New Public Governance dominiert der Blick auf Institutionen und Strukturen. Was Governance-Reformen für den einzelnen Akteur bedeuten, welche Voraussetzungen auf Akteursebene für eine erfolgreiche Governance-Reform gegeben sein müssen und wie die individuellen Interessen und Fähigkeiten der Akteure auf den Reformverlauf zurückwirken, wird nicht oder doch nur selten diskutiert.

Der folgende Beitrag[1] versteht sich als Plädoyer für eine stärker akteurszentrierte Herangehensweise an Governance-Reformen – sowohl was die Reflexion der Voraussetzungen verschiedener Steuerungsformen als auch die Gestaltung konkreter Reformprozesse betrifft –, ohne jedoch den handlungsermöglichenden und -restringierenden Charakter institutioneller Strukturen aus den Blick zu verlieren. Er beginnt mit einer Skizze der verschiedenen Steuerungsformen, ihrer Voraussetzungen und Leistungsmerkmale (Kapitel 2.2). Kapitel 2.3 und 2.4 erläutern Basisannahmen der mikropolitischen Organisationstheorie und ihr Verständnis von Reform. Die akteurszentrierte Betrachtung von Governance-Reformen zeigt, dass diese ein eigenständiger Reformtypus sind mit einer deutlich größeren Veränderungswirkung als viele der klassischen Maßnahmen des Neuen Steuerungsmodells (Kapitel 2.5 und 2.6). Bei der Einführung von Markt und Wettbewerb und beim Aufbau von Netzwerken lassen sich unterschiedliche mikropolitische Effekte beobachten. Am Beispiel der internen

---

1   Der Artikel basiert auf den Ergebnissen einer empirischen Bestandsaufnahme zu Governance-Reformen im Zeitraum von 1990-2002. In der Studie wurden Veränderungen der Steuerungs-, Kontroll-, Koordinationsformen in den Feldern Wirtschaft, Staat und Zivilgesellschaft und die sie begleitenden mikropolitischen Prozesse analysiert (Klenk/Nullmeier 2003).

Vermarktlichung und der interorganisationalen Vernetzung werden solche typischen mikropolitischen Effekte von Governance-Reformen beschrieben (Kapitel 2.7) und zuletzt Konsequenzen für das praktische Reformmanagement abgeleitet.

2.2 Governance: Formen, Voraussetzungen, Leistungsmerkmale ■

Während Governance für die Praktiker der Verwaltungsmodernisierung ein neuer Begriff ist, der noch recht oft für Irritation sorgt, ist der Terminus in den Politik- und Sozialwissenschaften seit langem gebräuchlich. Der sozialwissenschaftliche Governance-Begriff wurde im Rahmen der politik- und verwaltungswissenschaftlichen Steuerungstheorie entwickelt. Governance steht hier für institutionelle Steuerung. Mit diesem Begriff lassen sich die sozialen Ordnungsmuster beschreiben, die die Interaktionen in Organisationen, zwischen Organisationen, in Politikfeldern, Wirtschaftssektoren oder im zivilgesellschaftlichen Bereich koordinieren (Kenis/Schneider 1996). Eine Governance-Reform findet statt, wenn die Steuerungs-, Kontroll- und Koordinationsmechanismen in oder zwischen Organisationen bewusst und planvoll verändert werden.

Die Governance-Forschung unterscheidet zwischen verschiedenen Steuerungsalternativen: Akteure können ihre Austauschbeziehungen nach Markt- und Wettbewerbsprinzipien oder hierarchisch regulieren, sie können sich zu Clans zusammenschließen, in Netzwerken agieren, sich in Assoziationen organisieren oder zu Gemeinschaften zusammenfinden. Für jedes soziale Ordnungsmuster lassen sich idealtypische Merkmale benennen. Die verschiedenen Governance-Formen unterscheiden sich in ihren Voraussetzungen, ihren Leistungspotenzialen, in ihren Grenzen und Dysfunktionalitäten. Die Charakteristika der Governance-Formen Markt bzw. Wettbewerb, Netzwerk und Hierarchie, die im Mittelpunkt der Debatte um New Public Governance stehen, werden im Folgenden dargestellt.

In Hierarchien werden Arbeits- und Entscheidungsprozesse durch ein System der Unter- und Überordnung gesteuert. Hierarchien reduzieren auf relativ effiziente Art und Weise Komplexität und sichern die Entscheidbarkeit von Problemen, ohne dass hierfür kosten- und zeitintensive Aushandlungsprozesse notwendig werden. Eine Bedingung ist freilich, dass es sich um vergleichsweise einfache Arbeitsaufgaben in stabilen Umwelten handelt. Der große Vorteil der Hierarchie – die Berechenbarkeit ihrer Abläufe – wird in turbulenten, sich rasch verändernden Umwelten zum Nachteil; sie erscheint dann aufgrund ihrer geringen Anreize zur Innovation und ihrer Beharrungstendenzen dysfunktional (Kühl 1999). Damit Hierarchien ihre optimale Wirkung entfalten, bedarf es weiterer Voraussetzungen auf Ebene der beteiligten Akteure. Hierarchien sind nur dann stabil, wenn das System der Unter- und Überordnung als legitim betrachtet wird und beide, sowohl Weisungsgeber als auch Weisungsempfänger, ihre Position als richtig anerkennen. Die hierarchische Spitze muss zudem über hinreichende Informationskapazitäten verfügen und ihre Machtposition für die Interessen der Gesamtorganisation einsetzen.

Markt und Wettbewerb können – folgt man den Annahmen neoklassischer Theorien – die Nachteile der hierarchischen Steuerung ausgleichen. Sie sorgen für Leistungstransparenz und steigern dadurch die Motivation der Akteure. Transparenz und Wettbewerb eröffnen jedoch gleichzeitig auch die Möglichkeit zur Selektion, und so hat die Steigerung von Anpassungs- und Innovationsfähigkeit ihren Preis: Märkte verstärken Mechanismen des sozialen Ausschlusses. Eine Bedingung für marktliche Steuerung ist das Vorhandensein von (relativ) autonomen, rivalisierenden Akteuren. Das minimale Akteursset ist eine Triade; von einem echten Markt kann aber erst dann gesprochen werden, wenn zwischen mehreren Anbietern und mehreren Nachfragern ein Wettbewerb um Tauschgelegenheiten entsteht. Nur in diesem Fall sind die Tauschkonditionen hinreichend kontingent und befördern (Produkt-)Innovationen (Wiesenthal 2000, S. 51). In einer Marktbeziehung rechnen die Tauschpartner damit, nach dem Tausch besser dazustehen als zuvor. Die Motivation zum Tausch entsteht aus der Hoffnung auf ein Nicht-Nullsummenspiel. Kann diese wechselseitig vorteilhafte Beziehung nicht mehr garantiert werden und gewinnt dauerhaft nur einer der Partner, werden Märkte dysfunktional und nähern sich Hierarchien an.

Über die Merkmale der Netzwerksteuerung gibt es konträre Auffassungen und es wird immer noch um die Frage gerungen, ob Netzwerke als eine eigenständige oder intermediäre Governance-Form zwischen Markt und Staat zu betrachten sind.[2] Als sicher scheint indes zu gelten, dass Netzwerke sich stärker durch Kooperation denn durch Kompetition auszeichnen, dass Koordination durch Vertrauen eine größere Rolle spielt als

---

2   Während Williamson (Williamson 1985) davon ausgeht, dass sich die Netzwerkkoordination durch einen Mix hierarchischer und marktlicher Steuerungsformen auszeichnet, sieht Powell (Powell 1990) Netzwerke als eine eigenständige Governance-Form „beyond market and hierarchy". In Netzwerken lassen sich Interaktionsformen beobachten, die weder in Märkten noch in Hierarchien von Bedeutung sind. Netzwerke sind nach Auffassung von Powell daher mehr als eine bloße Synthese von Markt und Hierarchie.

Preise und Anweisungen und dass die Autonomie der Akteure in Netzwerken größer ist als in hierarchischen Organisationen, aber deutlich geringer als bei der marktlichen Koordination (Sydow/Windeler 2000, S. 11). Netzwerke sind attraktiv, weil sie die negativen Externalitäten sowohl der marktlichen als auch der hierarchischen Steuerung überwinden und Flexibilität und Innovationsfähigkeit mit der Möglichkeit der strategischen Steuerung verknüpfen können. Neben strukturellen Aspekten wie Anzahl der Partner, Grad ihrer Koppelung und Häufigkeit ihres Austauschs sind für Netzwerke auch bestimmte Handlungsorientierungen konstitutiv. Eine typische Interaktionsform in Netzwerken sind Verhandlungen (Mayntz 1996, S. 481). Netzwerkpartner müssen über die Fähigkeit zur Selbstverpflichtung verfügen und getroffene Absprachen einhalten. Diese individuellen Kompetenzen sind Voraussetzung, damit wechselseitiges Vertrauen entstehen kann und die Netzwerkpartner bereit sind, auf Leistungskontrollen und Leistungsbewertung durch Preise zu verzichten.

Analytisch kann, wie aus der Darstellung der Spezifika der verschiedenen Governance-Formen deutlich wird, zwischen den Merkmalen eines institutionellen Arrangements (Autonomie, lose Koppelung oder strenge Über- und Unterordnung) und den Handlungsorientierungen von Akteuren (kompetitive, kooperative Haltung oder bürokratischer Gehorsam) unterschieden werden. Zwischen Handlung und Struktur besteht allerdings eine enge Wechselbeziehung. Governance-Theorien gehen davon aus, dass institutionelle Strukturen eine steuernde Wirkung auf das Handeln von Akteuren haben. Sie wirken als exogene Regeln, Rechte, Vorschriften und beeinflussen die Wahrnehmung und Aufmerksamkeit der Akteure. Die verschiedenen Governance-Formen gehen mit unterschiedlichen Anreiz- und Sanktionsmechanismen einher, die die Akteure motivieren, Handlungen zu unternehmen oder zu unterlassen. Akteure haben jedoch eigenständige Motivationen, Selbstbewusstsein und einen eigenen Willen. Sie werden von institutionellen Strukturen in motivationaler, kognitiver und normativer Hinsicht beeinflusst, aber nicht determiniert. Institutionen kanalisieren Handlungen lediglich, sie legen Akteure nicht auf bestimmte Handlungsalternativen fest (Kenis/Schneider 1996, S. 11).

Die verschiedenen Governance-Formen erreichen ihre Leistungsmaxima, wenn institutionelles Arrangement und die Handlungsorientierungen der Akteure im Einklang stehen. In idealtypischen Märkten konkurrieren die voneinander unabhängigen Akteure um Tauschgelegenheiten und verfolgen dabei das Ziel der Gewinnmaximierung, gleich ob es sich um materielle, symbolische oder soziale Gewinne handelt. Es ist aber auch vorstellbar, dass sich die Akteure innerhalb dieser marktlichen institutionellen Ordnung bewusst dem Ziel der Gewinnmaximierung widersetzen oder marktliche Steuerungsinstrumente in einem bürokratischen Sinne gebrauchen, dass also eine Divergenz zwischen der Intention der organisatorischen Strukturen und den individuellen Handlungsorientierungen der teilnehmenden Akteure besteht. Gerade in dieser Nichtübereinstimmung von institutionellem Arrangement und individuellen Handlungsorientierungen liegt, wie in den in Kapitel 2.7 skizzierten Fallbeispielen deutlich werden wird, einer der Fallstricke von „New Public Governance".

■ **2.3 Macht, Strategie und Spiel – Schlüsselbegriffe der mikropolitischen Organisationstheorie**

Die Anfänge der mikropolitischen Organisationstheorie reichen in die 1960er Jahre zurück. Tom Burns (1961) brachte den Begriff „micropolitcs" in die Organisationstheorie ein und lenkte damit den Blick auf eine Facette des Organisationsgeschehens, die in der Praxis wohl vertraut, in den gängigen Organisationstheorien dennoch lange vernachlässigt wurde: Mikropolitik beschreibt den Einfluss von interessengeleitetem – d.h. politischem – Handeln auf die Ordnung in Organisationen. Die eigentlichen Grundlagen der mikropolitischen Organisationstheorie wurden jedoch von Michel Crozier und Erich Friedberg (1979) erarbeitet. In ihrem Konzept der „strategischen Organisationsanalyse" entwickeln sie ein neues Verständnis von Organisation, Akteur und Strategie und erklären Macht zur zentralen Analysekategorie. Der mikropolitische Ansatz spielte in der Organisationsforschung lange Zeit eine eher untergeordnete Rolle. Erst seit Anfang der 1990er Jahre erfährt das Konzept eine größere Aufmerksamkeit, wozu insbesondere die Fallstudien von Küpper und Ortmann (1992) beigetragen haben.

Die Mikropolitik wählt den Akteur zum Ausgangspunkt der Analyse und fragt nach dessen Handlungsmöglichkeiten und Machtressourcen. Um das gleichzeitige Vorhandensein von Freiheit und Zwang in Organisationen zu symbolisieren, nutzen Crozier und Friedberg die Metapher des Spiels. Ähnlich wie in Spielen gibt es in Organisationen Regeln. Um ihre Partizipationschancen zu wahren und Gewinne zu realisieren, orientieren sich Akteure an diesen Regeln. Regeln können aber auch missachtet, umgangen oder unterlaufen werden. Akteure können Verhaltenserwartungen zurückweisen, sich ihnen widersetzen oder einfach gar nicht handeln – anders zu reagieren als erwartet, ist immer möglich. Aus der Chance, das eigene Verhalten für andere kontingent zu halten und „Unsicherheitszonen" zu schaffen, erwächst für den Akteur Macht. Macht ist nicht das Attribut eines Akteurs, sondern beschreibt das Kräfteverhältnis zwischen zwei oder mehreren Akteuren. Das Machtpotenzial eines Akteurs hängt davon ab, wie wichtig sein Handeln für andere ist und wie groß seine Möglichkeiten und Fähigkeiten sind, sich organisationaler Ressourcen für die Kontrolle des Verhaltens anderer zu bedienen (Crozier/Friedberg 1979, S. 39).

Der Machtbegriff von Crozier und Friedberg grenzt sich vom machiavellistischen Machtverständnis ab. Macht wird im Sinne des englischen „power" bzw. des französischen „pouvoir" als Handlungsfähigkeit verstanden und ist damit nicht (zumindest nicht nur) negativ konnotiert. Crozier und Friedberg stellen in ihrem Organisationskonzept die handlungstreibende Kraft von Interessen in Rechnung, verkürzen aber politisches Handeln nicht auf egoistische Macht- und Karrieremotive. Politisches Handeln ist ein Wesensmerkmal von Handlungssystemen und keine Störgröße des organisationalen Alltags, die es zu eliminieren und beseitigen gilt (Küpper/Ortmann 1986, S. 597).[3]

2.4　Organisationsreform als Innovationsspiel　■

Werden Organisationen als komplexe Systeme von teils konkurrierenden, teils koalierenden Akteuren betrachtet, die durch ihre begrenzte subjektive Problemwahrnehmung und -verarbeitung das Geschehen in Organisationen entscheidend prägen, so hat dies Konsequenzen für das Verständnis von Reform. Das mikropolitische Organisationskonzept steht im Widerspruch zu der in tradierten Reformkonzepten unterstellten Zweck- und Effizienzrationalität von Reorganisationen und macht die Vorstellung eines zielgerichteten Wandels und einer zweckorientierten Intervention obsolet (Hennig 1998, S. 29).

Der mikropolitische Ansatz beschreibt Organisationsreformen – den Versuch, durch bewusste Intervention die Abläufe in und zwischen Orga-

---

3　Crozier und Friedberg gehen damit auf Distanz zu Autoren wie etwa Bosetzky (1972), der mikropolitisches Handeln als ein egoistisches, sich rücksichtslos verschiedener Machttaktiken bedienendes Handeln beschreibt. Brüggemeier und Felsch (1992) unterscheiden auf der Grundlage der divergierenden Machtbegriffe zwischen einem aspektualen und einem konzeptualen Verständnis von Mikropolitik. Während ersteres Mikropolitik als eine isolierbare Kategorie interaktiven Handelns definiert, das auf persönliche Vorteilnahme zu Lasten anderer ausgerichtet ist, begreift Letzteres jedes Handeln als politisches Handeln und betrachtet Macht als alltäglichen Mechanismus sozialer Existenz.

nisationen dauerhaft zu verändern – als Innovationsspiel (Ortmann/Becker 1995, S. 65). Organisationsreformen zielen darauf ab, durch eine Reformulierung der Spielregeln die Spielstrukturen und individuellen Spielweisen der Akteure zu verändern.[4] Durch die Festsetzung neuer Spielregeln werden bestehende Machtressourcen wie fachliches Know-how, hierarchische Positionen oder Erfahrungswissen, mit deren Einsatz die Akteure bislang sichere Gewinne im mikropolitischen Spiel erzielen konnten, in Frage gestellt oder erfahren gar eine Abwertung. Die Mitspieler können mit höchst unterschiedlichen Spielzügen auf die organisationalen Veränderungen reagieren. Sie können Reformen befürworten und aktiv mitgestalten, sie können eine aggressive Verweigerungspolitik betreiben, durch stille Blockade versuchen, den Status quo zu bewahren, oder aber die Reformmaßnahmen schlicht erdulden. Die Haltung der beteiligten Akteure zu den Reformzielen und Umsetzungsplänen hängt davon ab, wie sie die Veränderungsmaßnahmen interpretieren und welche Handlungsgelegenheiten sie wahrnehmen. Hat die Reorganisation eine Verengung oder Erweiterung ihrer Handlungsspielräume zur Folge? Betrachten sie dies als Bedrohung oder als Chance? Die Akteure werden nur dann eine Veränderung der Spielregeln akzeptieren, wenn die Gewinnchancen gleich bleiben, besser werden oder die Kosten für den Widerstand unverhältnismäßig hoch sind.

Reformprozesse zeichnen sich durch ein hohes Maß an Kontingenz aus. Technisch, organisatorisch, personell und wirtschaftlich stehen immer mehrere Gestaltungsvarianten offen (Birke/Schwarz 1997, S. 195). Auch ausgefeilte Konzepte können die Unbestimmtheit des Veränderungsprozesses nicht in Eindeutigkeit transformieren. Die begrenzte Rationalität der Akteure und die Unmöglichkeit, menschliches Handeln zu determinie-

---

4   Bogumil und Kißler (1998) bezeichnen Organisationsreformen daher auch als Regelproduktionsprozesse und verweisen darauf, dass an der Produktion der neuen Spielregeln nicht nur die oberen Hierarchien beteiligt sind. Alle Spieler können, in Abhängigkeit von ihrem Machtpotenzial, den Restrukturierungsprozess beeinflussen. Die Chancen der beteiligten Personen, ihre Interessen geltend zu machen, variieren jedoch. Bei Reformprozessen können Akteure, Agierende und von Maßnahmen Betroffene unterschieden werden. Akteur ist, wer im Prozess der Regelproduktion über Definitionsmacht verfügt. Akteure haben anders als Agierende und „nur" Betroffene eine gesicherte Regelungskompetenz. Diese kann durch die hierarchische oder gesetzliche Ordnung legitimiert sein oder aber schlicht durch faktische Ausübung erwirkt werden. Personen mit Regelungskompetenz können z.B. Führungskräfte, aber auch Personal- und Betriebsräte sein, die aufgrund mitbestimmungsrechtlicher Regelungen legitime Einflußchancen haben.

ren, lassen detaillierte Ziel- und Zeitpläne schnell zur Makulatur werden. Welche Innovationen durchsetzungsfähig sind, hängt von der jeweiligen Konstellation der entscheidungsrelevanten Akteure, deren Interessen, Präferenzen, Deutungsmustern und vor allem Durchsetzungspotenzialen ab. Die Wahrnehmung und Verarbeitung von Veränderungsdruck kann nicht ausschließlich sach- oder ökonomisch rational erklärt werden.

2.5 Zur Struktur und Veränderbarkeit handlungsleitender Orientierungen ■

Das mikropolitische Organisationskonzept schreibt individuellen Handlungsorientierungen und Interessen eine hohe Erklärungskraft zu: Sie sind es, die die Abläufe in Organisationen maßgeblich bestimmen. Trotz dieses hohen Stellenwerts bleibt der Interessenbegriff der mikropolitischen Organisationstheorie eigentümlich diffus. Um welche Handlungsorientierungen es sich handelt, wie sie produziert und reproduziert werden und wie es um ihre Veränderbarkeit bestellt ist, wird nicht weiter diskutiert. Für ein Reformmanagement auf mikropolitischer Basis, das die Interessen der Akteure berücksichtigen und die Formen der Intervention darauf abstellen will, ist aber die Klärung genau dieser Fragen von Bedeutung.

Antworten auf die Struktur individueller Interessen und die Möglichkeiten ihrer Veränderbarkeit finden sich beispielsweise bei wissensbasierten Handlungstheorien. Diese gehen davon aus, dass die Handlungsentscheidungen von Akteuren durch ein Belief System strukturiert werden. Das Belief System lässt sich beschreiben als ein Set von relativ stabilen Überzeugungen, Wahrnehmungs- und Denkmustern, das die Grundlage für die Interpretation von Handlungsoptionen und -restriktionen bildet. Diese Denk- und Wahrnehmungsmuster können den Akteuren zwar prinzipiell bewusst sein. Oftmals entfalten sie ihre Wirkung in Entscheidungssituationen aber gerade dadurch, dass sie als selbstverständliche Vorannahmen über die Wirklichkeit unbewusst bleiben und nicht hinterfragt werden.

Schon recht früh hat Converse (1964) herausgearbeitet, dass sich bei den Handlungsorientierungen einer Person zentrale und randständige Überzeugungen unterscheiden lassen. Zwischen den verschiedenen Kategorien von Handlungsorientierungen besteht ein innerer Zusammenhang. Aus den zentralen, eher abstrakten Kernüberzeugungen leiten sich die Haltung des Akteurs zu konkreten Fragestellungen und Themenfeldern und seine Annahmen über die Mittel und Wege der Zielerreichung ab.[5]

---

5   Es bestehen unterschiedliche Auffassungen über die innere Struktur von Handlungsorientierungen. Einige Autoren – etwa Sabatier (1993) – gehen davon aus,

Sabatier (1993) greift in seinem Advocacy Coalition Approach (ACF) die Überlegungen von Converse auf und differenziert zwischen den drei Kategorien der Deep Core Beliefs, des Policy Core und der Secondary Aspects. Die Deep Core Beliefs – die zentralen Kernüberzeugungen – stellen die genuin moralischen Dispositionen und normativen Orientierungen eines Akteurs dar. Sie beschreiben, welche Werte ein Akteur priorisiert und von welchem Menschenbild er ausgeht. Die Deep Core Beliefs bilden die Identität des Akteurs ab. Die Handlungskategorien des Policy Core und der Secondary Aspects illustrieren hingegen, mit welchen Strategien ein Akteur versucht, diese elementaren Wertorientierungen zu verwirklichen. So enthält der Policy Core beispielsweise Annahmen darüber, welche Aufgabenteilung zwischen Staat, Markt und Zivilgesellschaft ein Akteur für adäquat hält, welche Governance-Formen er präferiert und wie er die sozialen Folgen der verschiedenen Steuerungsformen beurteilt. Je nachdem, ob ein Akteur die Werte Freiheit oder Gleichheit, Risiko oder Sicherheit höher schätzt und ob er von einer egoistischen oder kooperativen und sozial orientierten Natur des Menschen ausgeht, wird er die Leistungschancen und Leistungsgrenzen verschiedener Governance-Formen unterschiedlich bewerten. Die Secondary Aspects schließlich geben die Haltung des Akteurs zu konkreten Methoden und Instrumenten wieder.

Was die verschiedenen Kategorien von Handlungsorientierungen unterscheidet, ist der Grad ihrer Veränderbarkeit. Während Randüberzeugungen relativ leicht revidiert werden können, sind die Deep Core Beliefs nur schwer zu verändern. Die Stabilität einmal entwickelter moralischer Dispositionen ist beachtlich. Der ACF geht davon aus, dass Kernüberzeugungen nur durch „exogene Schocks" – Ereignisse, die vom Akteur nicht beeinflusst werden können und die die logische Konsistenz seines Weltbild fragwürdig machen – oder durch langfristige Lernprozesse transformiert werden können. Empirische Untersuchungen zeigen, dass Akteure eine hohe Energie aufwenden, um ihre Kernüberzeugungen aufrechtzuerhalten und ihre Identität nicht in Frage zu stellen. Sie blenden Informationen über veränderte Rahmenbedingungen aus, teilweise werden gar Rand-

---

dass das Belief System hierarchisch strukturiert ist und die Policy Core Beliefs und Secondary Aspects sich logisch stringent aus den Deep Core Beliefs ableiten lassen. Andere Autoren verweisen wiederum auf Situationen, in denen verschiedene Eigeninteressen konkurrieren und die Akteure in Entscheidungskonflikte bringen. Die Möglichkeit von Entscheidungskonflikten macht deutlich, dass verschiedene Handlungsorientierungen nebeneinander bestehen können und die Denk- und Wahrnehmungsmuster eines Akteurs keineswegs in sich konsistent sein müssen (Scharpf 2000, S. 119).

überzeugungen „geopfert", um Kernüberzeugungen nicht zu gefährden (Sabatier 1993, S. 33).

2.6 Organisationsreform und Akteursidentität ■

Reformen haben das Ziel, die Handlungsorientierungen von Akteuren zu beeinflussen und sie zu neuem Verhalten zu motivieren. Die entscheidende Frage ist die Reichweite der Reorganisation. Auf welche Kategorie von Handlungsorientierungen zielt sie ab? Lässt sie die grundlegenden Überzeugungen von Akteuren unberührt und bezieht sich nur auf die Ebene von Lösungswegen und Instrumenten? Oder handelt es sich um eine einschneidende Maßnahme, die tiefer gehende Handlungsorientierungen berührt?

Vergleicht man die verschiedenen Reformmaßnahmen, die bislang im Verwaltungsmodernisierungsprozess eingesetzt wurden, so wird deutlich, dass es sich bei Governance-Reformen um einen eigenständigen Reformtypus handelt mit einer deutlich größeren Veränderungswirkung als die klassischen Maßnahmen des Neuen Steuerungsmodells. Die Einführung neuer Technologien im Zuge des E-Government, der Abbau von Schnittstellenproblemen auf dem Weg zur One-Stop-Agency, die Einführung von Qualitätsmanagement, veränderte Arbeitszeitmodelle, neue Instrumente der Personalführung und -entwicklung betreffen in erster Linie die Randüberzeugungen von Akteuren. Die Frage, wie gesellschaftliche Aufgaben erbracht werden sollen – durch staatliche Intervention, marktliche Regulierung oder gemeinschaftliche Aktivitäten? – und wie die Leistungsfähigkeit verschiedener Steuerungsformen zu bewerten ist, betrifft hingegen Aspekte des Policy Core und der Deep Core Beliefs. Governance-Reformen sind Innovationsspiele par excellence. Sie berühren nicht nur die materiellen, symbolischen und sozialen Interessen, sondern auch die tiefer liegenden moralischen Dispositionen.

Governance-Reformen erfordern vom einzelnen Akteur eine Revision seiner individuellen Handlungstheorie und der ihr zu Grunde liegenden Werte, Normen, Deutungsschemata. Aus lerntheoretischer Sicht stellen sie einen anspruchsvollen Reformtypus dar. Im Anschluss an Bateson (1988) kann zwischen zwei basalen Lernformen unterschieden werden. Das Single-Loop-Learning (oder Anpassungslernen) bezeichnet einen Lernvorgang, bei dem Akteure ihre individuellen Ziele und grundlegenden Erwartungen beibehalten; sie passen lediglich ihre Strategie an, da sich die bisherige als fehlerhaft oder dysfunktional erwiesen hat. Beim Double-Loop-Learning hingegen geht es um eine Erneuerung der grundlegenden

Wertüberzeugungen und Prinzipien. Akteure hinterfragen und verändern bei diesem Lerntypus Bestandteile ihrer Identität. Erfolgreiche Governance-Reformen setzen ein Double-loop-Learning und damit die für den einzelnen Akteur schwierigere Lernform voraus. Die Durchsetzungschancen von Governance-Reformen hängen nicht zuletzt von der Lernfähigkeit der beteiligten Akteure und ihrer Bereitschaft zur kognitiven Umorientierung ab.

■ 2.7 Mikropolitische Implikationen von Governance-Reformen

Märkte, Netzwerke und Hierarchien benötigen jeweils unterschiedliche institutionelle und individuelle Voraussetzungen. Wird der Steuerungsmodus gewechselt – werden also Strukturen vermarktlicht, vernetzt oder hierarchisiert –, so müssen diese Voraussetzungen erst erarbeitet werden. Die verschiedenen Governance-Reformtypen der Vermarktlichung, Vernetzung und Hierarchisierung bringen jeweils unterschiedliche Auswirkungen auf das organisatorische Feld mit sich: Kontroll- und Koordinationsmechanismen werden verändert, Ressourcen auf- und abgewertet, neue Handlungsorientierungen verlangt. Durch diese Reformmaßnahmen verändert sich die mikropolitische Arena und es entstehen neue Spielräume für mikropolitisches Handeln. Am Beispiel der Einführung interner Märkte und der interorganisationalen Vernetzung wird im Folgenden gezeigt, welche typischen mikropolitischen Effekte bei Governance-Reformen beobachtet werden können.

■ 2.7.1 Mikropolitische Prozesse bei der Einführung interner Märkte

Die Einführung interner Märkte ist seit einigen Jahren eine vielfach praktizierte Flexibilisierungsstrategie in (ehemaligen) Unternehmen des öffentlichen Sektors. Im Vergleich zu hierarchischen Steuerungsformen versprechen Märkte eine schnellere Anpassungsfähigkeit und höhere Innovationseffizienz und können – bestimmte Bedingungen vorausgesetzt – als die Ermöglichung einer wechselseitig vorteilhaften Beziehung verstanden werden (Wiesenthal 2000, S. 51). Eine dieser spezifischen Voraussetzungen ist das Vorhandensein von mindestens zwei autonomen Akteuren, die in Verhandlung über Preise, Produkte und Produktmengen gehen können. Bei einer internen Vermarktlichung müssen diese quasi-autonomen Einheiten in der Regel erst durch eine Neuordnung der organisatorischen Kompetenzen und Entscheidungsrechte geschaffen werden. Abhängig davon, ob sie in diesem

Prozess Kompetenzen abgeben müssen oder ob sich ihre Freiheitsräume vergrößern, werden die beteiligten Akteure eine unterschiedliche Haltung zu den geplanten Maßnahmen haben. Leicht vorstellbar ist, dass Akteure Reformen befürworten, die ihren Handlungsspielraum vergrößern, und solche ablehnen, die mit einer Einschränkung ihres Handlungskorridors einhergehen. Aber auch die gegenteilige Reaktion kann eintreten: Akteure stehen dem Veränderungsprozess ablehnend gegenüber, eben weil sie neue Aufgaben und Verantwortungen übertragen bekommen.

Beide Reaktionsweisen – Befürwortung und Ablehnung sich vergrößernder Aufgaben- und Kompetenzräume – waren bei der Einführung einer Profit-Center-Struktur in einem großen Versorgungsunternehmen aus dem süddeutschen Raum zu beobachten. Das Unternehmen, geprägt durch eine hundertjährige, traditionsreiche Geschichte und seine langjährige Zugehörigkeit zum öffentlichen Sektor, sah sich durch die Liberalisierung des Energiemarktes zu Veränderungsmaßnahmen gezwungen. Auf die zunehmende Vermarktlichung seiner Umwelt reagierte es mit einer Vermarktlichung der internen Strukturen und reorganisierte die bürokratische Aufbaustruktur in eine Profit-Center-Struktur.

Als neuralgischer Punkt des Reorganisationsprozesses erwies sich die neu geschaffene Position des Center-Leiters. Ein Teil der Beschäftigten, die diese neue Position einnehmen sollten, erhofften sich neue Karriere- und Einkommenschancen und unterstützten den Reorganisationsprozess. Andere hingegen standen den Veränderungen abwartend bis ablehnend gegenüber. Sie sahen sich selbst als technische Leiter und ihr Engagement, sich kaufmännisches Wissen zu erarbeiten und neue betriebswirtschaftliche Aufgaben zu übernehmen, war begrenzt (vgl. Klenk/Nullmeier 2003, S. 100).

Zum (internen) Unternehmer wird man nicht allein dadurch, dass man als solcher bezeichnet wird (Springer/Weitbrecht 1998, S. 7). Die Implementierung von marktlichen Steuerungsformen verlangt von Akteuren, deren berufliche Sozialisation in bürokratischen Organisationen verlief, eine Revision ihrer Handlungsorientierungen. Unternehmerisches Handeln folgt einer gänzlich anderen Logik als bürokratisches Handeln und erfordert Risikobereitschaft, Eigeninitiative und die Berücksichtigung ökonomischer Entscheidungskriterien statt Umsetzung von Weisungen und Orientierung an rechtlichen Vorgaben. Das Unternehmen musste erhebliche finanzielle und zeitliche Ressourcen für die Motivierung und Qualifizierung der neuen Center-Leiter aufbringen und die Reformverantwortlichen standen vor der Herausforderung, die zwei unterschiedlichen Tempi der Veränderung bei den Beteiligten miteinander in Einklang zu bringen.

Dass sich marktadäquate Handlungsorientierungen nicht quasi-automatisch mit der Reorganisation der institutionellen Strukturen einstellen, zeigt sich auch in anderen Feldern der Modernisierung des öffentlichen Sektors. Eine mittlerweile nahezu flächendeckend umgesetzte Maßnahme des Neuen Steuerungsmodells ist die Erarbeitung von Produktkatalogen. Die Gliederung öffentlicher Dienstleistungen nach Produkten kann als eine Vorstufe der Vermarktlichung begriffen werden, dient sie doch dazu, Kenntnis über die eigene Leistung(sfähigkeit) und die Nachfrage nach bestimmten Produkten zu erhalten. In vielen Verwaltungseinheiten lässt sich jedoch eine Neigung zu einem außerordentlich detaillierten und perfektionistischen Katalogisieren der öffentlichen Leistungen beobachten (Reichard 2001b, S. 31). Die auf Vermarktlichung zielende Struktur wird bürokratisch interpretiert und ihr eigentlicher Sinn dadurch konterkariert. Der eigentümliche Strukturkonservatismus vieler Verwaltungsreformmaßnahmen dürfte sich durch Prozesse wie diese erklären lassen.

In dem besagten Unternehmen der Versorgungsbranche ist die Governance-Reform von Hierarchie zu Markt letztlich gelungen – einerseits. Anderseits haben die Reformverantwortlichen die Erfahrung gemacht, dass Märkte ebenso wie Hierarchien nicht frei von Dysfunktionalitäten sind. Zu den distinkten Merkmalen der Marktkoordination gehören neben der Steigerung der Flexibilität, der Leistungstransparenz und der Motivation (bei Akteuren mit entsprechenden Handlungsorientierungen) negative Aspekte wie Angebotsmängel, Produktfälschung und Exklusion. Der Marktmechanismus kann – einmal implementiert – eine Eigenlogik entwickeln und unerwünschte soziale oder organisatorische Folgen nach sich ziehen. In dem Unternehmen verselbstständigte sich der Marktmechanismus und zwischen den Profit-Centern brach ein aggressiver Preiskampf aus. Sie hatten bei ihren Preis-, Kauf- und Verkaufsverhandlungen nur noch das eigene Geschäftsergebnis im Blick und vernachlässigten das organisatorische Gesamtergebnis. Die Reformverantwortlichen konnten dieser spezifischen Form des Marktversagens nur durch eine Reintegration hierarchischer Steuerungsmodi entgegenwirken. So wurden beispielsweise Preise auf längere Zeit festgesetzt und in Mitarbeitergesprächen wurde vereinbart, in welcher Weise sich die Strategie des Profit-Centers in die Strategie des Gesamtunternehmens zu integrieren hat.

Die Reformverantwortlichen wurden mit einem Problem konfrontiert, das in der sozialwissenschaftlichen Governance-Forschung seit langem bekannt ist: Organisatorische Steuerung ist immer ein Mix verschiedener Steuerungsmodi. Durch Vermarktlichung und Vernetzung können Hierarchien relativiert, aber nicht ersetzt werden. Die neuen marktlichen Steuerungsmodi führen zu spezifischen Koordinationsproblemen, die aus organisatorischer Sicht nur durch hierarchische Intervention zu lösen sind. Hierarchie ist unverzichtbar und funktionierende Märkte setzen ein bestimmtes Maß an hierarchischer Regulation voraus (Kühl 1999).

2.7.2 Mikropolitische Effekte bei Vernetzung ■

Vor dem Hintergrund des Leitbildes des Enabling State – des kooperativen, verhandelnden und moderierenden Staates – gewinnt der Netzwerkmechanismus als planvolles, staatliches Steuerungsinstrument an Bedeutung. Um zu einer neuen Verantwortungs- und Aufgabenteilung zwischen Staat, Wirtschaft und Zivilgesellschaft zu gelangen, wird zum einen die Kooperation zwischen staatlichen, halbstaatlichen und privaten Akteuren intensiviert. Zum anderen soll durch die Förderung von Eigenverantwortung und bürgerschaftlichem Engagement die Netzwerkbildung jenseits der staatlichen Steuerung unterstützt werden. Im Vergleich zur marktlichen Steuerung überzeugt die Netzwerksteuerung durch geringere Transaktionskosten. Der Vorteil gegenüber der hierarchischen Steuerung liegt aus staatlicher Perspektive in der Handlungs- und Verantwortungsentlastung sowie der größeren Akzeptanz politischer Entscheidungen.

Netzwerke sind Gebilde, in denen sich Akteure mit gleichen Interessen, aber unterschiedlichen Kompetenzen zusammenschließen. Solche heterogenen Akteurskonstellationen schaffen die Basis für innovative Herangehensweisen und können dazu beitragen, verkrustete Entscheidungsstrukturen und tradierte Problemlösungsmuster aufzubrechen.[6] Das kooperative Handeln in Netzwerken setzt, trotz einer vergleichsweise hohen Autonomie der teilnehmenden Akteure, eine gemeinsame Handlungsplattform voraus. Die Akteure müssen über ein hinreichendes Maß an geteilten Zielen verfügen, sich auf Grundregeln der Zusammenarbeit einigen und eine gemeinsame Kommunikationsform entwickeln (Brödner 2001). Die

---

6   Putnam (1993) differenziert zwischen heterogenen und homogenen Netzwerken. Während heterogene Netzwerke bereichs- und hierarchieübergreifend entstehen und Akteure mit unterschiedlichen Interessen und Handlungsorientierungen zusammenführen, sind in homogenen Netzwerken Akteure mit ähnlichen sozialen Merkmalen vertreten. Kooperatives Handeln in heterogenen Netzwerken kann in wirtschaftlicher, sozialer und politischer Hinsicht einen Mehrwert erzeugen und Innovationen befördern. In homogenen Netzwerken hingegen werden bestehende Entscheidungs- und Legitimationsstrukturen fortgeschrieben und stabilisiert; sie führen zu Abschottung und verstärken Formen des sozialen Ausschlusses. Der Funktionsmechanismus eines homogenen Netzwerkes gleicht mehr dem Clan- als dem Netzwerkprinzip. In diesem Beitrag wird der Netzwerkbegriff daher im Sinne eines heterogenen Netzwerkes gebraucht.

Herstellung dieser Handlungsplattform erweist sich als kritischer Erfolgsfaktor der Netzwerkbildung. Die zukünftigen Netzwerkpartner müssen bereit sein, die eigenen Bewertungsmaßstäbe und Handlungslogiken in Teilen zu revidieren und an die der anderen anzupassen.

Am Beispiel des vom Bundesministerium für Bildung und Forschung (BMBF) geförderten Projektes „InnoRegio" lässt sich zeigen, dass die unterschiedlichen Denk- und Verhaltensweisen der Netzwerkpartner einerseits wichtige Ressourcen in einem funktionierenden Netzwerk darstellen. Gleichzeitig be- oder verhindern die divergierenden Handlungslogiken aber auch, dass überhaupt kooperative Strukturen entstehen können. Das BMBF verfolgt mit dem InnoRegio-Projekt das Ziel, die Zusammenarbeit von Unternehmen, wirtschaftsnahen Einrichtungen, universitären und außeruniversitären Forschungsinstituten zu fördern, um dadurch langfristig die Innovationskraft und die Wettbewerbsfähigkeit von Unternehmen zu stärken.[7] Akteure aus sehr unterschiedlichen gesellschaftlichen Teilbereichen mit unterschiedlichen Wertorientierungen arbeiten in diesem Netzwerk zusammen und im konkreten Alltag gilt es, das ziel- und effizienzorientierte Denken der Privatwirtschaft mit der Logik zeitintensiver Forschung zu vereinbaren. Die Netzwerkkonstituierung wurde durch Kommunikationsprobleme erschwert. Während ein Teil der Netzwerkpartner kritisierte, ständig über zu wenig Informationen zu verfügen, beklagten andere, dass die Netzwerkpartner immer nur das hören, was sie hören wollen (Klenk/Nullmeier 2003, S. 89). Die Verständnisschwierigkeiten, die zu mitunter recht konfliktreichen Auseinandersetzungen führten, lassen sich zum Teil auch durch die divergierenden Deutungs- und Wahrnehmungsmuster der Akteure erklären. Diese Schemata wirken selektiv auf Informationen. Die Akteure haben vermutlich tatsächlich unterschiedliche Dinge verstanden und Abmachungen unterschiedlich interpretiert.

Der Aufbau eines Netzwerkes gestaltet sich insbesondere dann als schwierig, wenn das Verhältnis der Akteure bislang von Konkurrenz und Wettbewerb geprägt war. Akteure, die je nach Zielsetzung ihrer Organisation zuvor um Marktanteile, Kunden, Mitglieder oder Fördergelder konkurrierten, müssen nun erfolgsentscheidende Informationen preisgeben, ihre Strategien wechselseitig offen legen bzw. gemeinsame Strategien entwickeln. Für den einzelnen Akteur kann sich die Netzwerkkonstituierung als ein Dilemma darstellen: Er hat sein Handeln an Werten und Normen auszurichten, die in einem kompetitiven Verhältnis naiv wären und ihn in eine benachteiligte Position bringen würden – ohne dass er sich sicher sein

---

7   Für eine ausführliche Darstellung der Ziele und der Projektkonzeption vgl. die
     Berichte der DIW-Begleitforschung, z.B. Eickelpasch et al. (2001)

kann, dass sein Gegenüber sich ebenfalls kooperativ verhält. Er verfügt zu diesem Zeitpunkt noch über keine gesicherten Erfahrungen über das Verhalten der anderen. Er muss gewissermaßen in Vorleistung gehen, in das Netzwerk investieren und Kontakte, Wissen, sensible Informationen weitergeben.

Die Erfahrung, dass der Netzwerkmodus an Effizienz verliert, wenn kompetitive Handlungsorientierungen die kooperative Haltung überlagern, haben beispielsweise die Projektverantwortlichen des Regionaldiskurses im Landkreis Goslar gemacht. Durch das Projekt sollten die Selbstregulationspotenziale der Region gestärkt werden. Die vom Landkreis beauftragten Projektkoordinatoren hatten die Aufgabe, soziale Netzwerke zu initiieren, in denen Engagement von und für Bürger stattfinden kann. Die Projektkoordinatoren versuchten, unter anderem bereits bestehende Verbände und Vereine für die Netzwerkarbeit zu gewinnen. Die Aufforderung zur Mitarbeit brachte einige der Verbands- und Vereinsmitglieder in einen Entscheidungskonflikt: Auf der einen Seite begrüßten sie, die ja selbst vom bürgerschaftlichen Engagement abhängig sind, die staatliche Unterstützung. Auf der anderen Seite betrachteten sie jedoch das „neue" Engagement als Konkurrenz zu den eigenen Aktivitäten, insbesondere weil die Angebote teilweise deckungsgleich waren. Hauptamtliche Mitarbeiter befürchteten darüber hinaus eine Entprofessionalisierung ihrer Berufsrolle. Die Vereine und Verbände entschieden sich schlussendlich für die Mitarbeit, ohne dabei jedoch die eigenen Ziele aus dem Blick zu verlieren. So nutzten sie beispielsweise die Netzwerktreffen für die Akquise neuer Mitglieder.

2.8   Typische Innovationsbarrieren und Reformparadoxien ■

Die akteurszentrierte Betrachtung von Governance und Governance-Reform zeigt, dass die Steuerungsalternativen Hierarchie, Markt, Wettbewerb und Netzwerk die ihnen zugeschriebenen Effekte nur dann erbringen, wenn neben den strukturellen Bedingungen auch bestimmte Voraussetzungen auf Ebene der Akteure gegeben sind. Motivationale Voraussetzungen sind kritische, weil nur schwer zu beeinflussende Faktoren von Organisationsreformen. Das gilt insbesondere für Governance-Reformen: Sie zielen auf die Veränderung von grundlegenden individuellen Überzeugungen ab. Die Infragestellung der sehr stabilen und nur schwer veränderbaren Deep Core und Policy Core Beliefs kann unter Umständen zu Identitätskonflikten führen. Bei der Durchführung von Governance-Reformen ist daher mit ganz spezifischen Innovationsbarrieren und Implementationsschwierigkeiten zu rechnen.

Die mikropolitische Organisationstheorie macht deutlich, dass sich eine Reform der Steuerungs-, Kontroll- und Koordinationsstrukturen nicht allein durch eine Umgestaltung organisatorischer oder politikfeldspezifischer Strukturen erreichen lässt. Veränderte Organisationsstrukturen machen Handeln nach alten Strategien unwahrscheinlicher – sie legen die Akteure jedoch nicht auf die neuen gewünschten Praktiken fest.[8] Die oben skizzierten empirischen Fallbeispiele zeigen, dass neue Governance-Formen durchaus mit alten Handlungsorientierungen einhergehen können.

Governance-Reformen sind Innovationsspiele und das Ergebnis eines gelingenden Governance-Innovationsspiels kann beschrieben werden als ein organisationales Lernen, das sich in veränderten Organisationsstrukturen und veränderten individuellen Handlungsorientierungen manifestiert. Eine Reorganisation der Steuerungs-, Kontroll- und Koordinationsformen ohne individuelles Lernen hat hingegen hybride Strukturen und organisatorischen Konservatismus zur Folge. Mit Blick auf die praktische Gestaltung von Governance-Reformen lässt sich daraus ableiten, dass bei einem geplanten Wechsel des Steuerungsmodus Möglichkeiten für individuelles Lernen zu schaffen sind. Neben der Veränderung der Organisationsstrukturen bedarf es personenzentrierter Maßnahmen, die die Akteure im Prozess des Veränderungslernens unterstützen. Die Kombination von struktur- und personenorientierten Maßnahmen bei einschneidenden Reorganisationsvorhaben scheint indes noch nicht zu den Standards des Reorganisationsmanagements zu gehören. Bei der Planung und Gestaltung von Reorganisationsprozessen wird die Akteursebene oftmals ausgeblendet, wodurch die aus mikropolitischer Sicht hemmenden Faktoren in ihrer Wirkung verstärkt werden (Birke/Schwarz 1997).

Innovationsspiele bedeuten für den einzelnen Akteur ein Ende der Routine. Sie verlangen das Verlassen alter Bahnen und unterscheiden sich hierin von inkrementalen Veränderungsprozessen, bei denen die Weiterentwicklung innerhalb der bestehenden Pfade verläuft. Was Innovationsspiele schwierig macht, ist, dass die neuen Pfade in der Regel noch nicht existieren und von den Akteuren beim Wechsel erst herzustellen sind (vgl. auch Braczyk 1996, S. 299). Die Analyse von Reformkonzepten, die für die Einleitung und Gestaltung von Innovationsspielen entworfen werden, lässt innere Widersprüche erkennen. Reformkonzepte stellen Akteure vor

---

8   Auf die lange Sicht dürften die umgestalteten Organisationsstrukturen jedoch durchaus Auswirkungen auf das Denken und Handeln der Akteure haben und Veränderungsdruck beim einzelnen Akteur auslösen, denn, so fragen Bogumil und Kißler (1998, S. 144): Wer kann sich kontinuierlich neuen Anforderungen verwehren und dauerhaft Außenseiter sein?

die Herausforderung, von einem Pfad auf den anderen zu kommen – bieten aber für die Konstruktion dieses neuen Pfades keinerlei Unterstützung an. Im Gegenteil: Individuelle Kompetenzen wie Selbstorganisation, Selbstverpflichtung und Eigenverantwortung, die ja durch die neuen Steuerungsformen erzielt werden sollen, werden paradoxerweise als gegeben vorausgesetzt (Birke 2003, S. 31). Die Veränderung von grundlegenden Handlungsorientierungen und normativen Überzeugungen ist jedoch kein selbsttragender Prozess. Die Stabilität bestehender Deep Core und Policy Core Beliefs sowie die Flexibilisierungsbarrieren hierarchisch-bürokratischer Organisationen, die durch die neuen Steuerungsformen gerade überwunden werden sollen, erschweren das individuelle Lernen.

2.9 Mikropolitik und das Management von Reorganisationen ■

Der akteurszentrierte Blick auf Governance und Governance-Reformen deckt neben den typischen Innovationsbarrieren von Governance-Reformen – die Veränderungsresistenz von Deep Core und Policy Core Beliefs und daraus resultierenden Identitätskonflikten – noch weitere erfolgskritische Faktoren auf. Governance-Reformen spielen sich in mikropolitischen Arenen ab. Die Veränderung bestehender Handlungslogiken bzw. deren Ergänzung durch neue Praktiken findet im Verlauf eines prekären, politischen Prozesses statt, der von den divergierenden Interessen, Problemwahrnehmungen und Rationalitäten seiner Teilnehmer geprägt ist. Welche Konsequenzen ergeben sich hieraus für das praktische Reformmanagement?

Zunächst einmal bedeutet es, Abschied zu nehmen von tradierten Reorganisationskonzepten, die mit einem technisch-rationalen Interventionsverständnis und auf der Grundlage vergleichsweise schlichter Handlungsmodelle versuchen, die Organisationsstrukturen neu zu ordnen. In den vergangen Jahren hat bereits eine beträchtliche Weiterentwicklung der gängigen Reorganisationskonzepte stattgefunden. Die Zweckmäßigkeit von Reorganisationskonzepten, die auf den Annahmen der Bürokratietheorie und des situativen Ansatzes basieren, ist nicht zuletzt aufgrund hoher Misserfolgsquoten fragwürdig geworden. In neueren Reorganisationskonzepten werden Akteure nicht länger als reibungslos funktionierende Komponenten betrachtet, die in ihrer Funktionalität allenfalls durch mangelnde intellektuelle Fähigkeiten begrenzt sind. Auch die Möglichkeit, dass Modernisierungsprozesse durch die Eigeninteressen der beteiligten Akteure beeinflusst werden, wird in Erwägung gezogen. Aber – und genau hier liegt die Differenz zu einem konzeptualen mikropolitischen Organisationsverständnis – das mikropolitische Handeln wird weiterhin als dysfunktional und irrational betrachtet. Strategisch eigeninteressiertes Handeln gilt als Fehlverhalten, das zu begrenzen und zu korrigieren ist. Tradierte Steuerungsvorstellungen (und -wünsche) wirken in diesen Konzepten weiter und von der Ausweitung der Partizipationsmöglichkeiten erhofft man sich vor allem Rationalitätsgewinne.

Partizipative Vorgehensweisen sind conditio sine qua non, doch sie sind kein Garant für einen kalkulierbaren Veränderungsprozess. Die Chance der Integration mikropolitischer Aspekte in das praktische Reformmanagement liegt gerade nicht in der Perfektionierung bestehender Steuer- und Planbarkeitsphantasien (vgl. hierzu auch Kühl 2000, S. 201). Legt man der Planung und Gestaltung von Reorganisationsprozessen ein konzeptuales Verständnis von Mikropolitik zu Grunde und betrachtet jegliches Handeln als politisches Handeln, so wird der systematische Rekurs auf die individuellen Interessenlagen und Machtstrukturen zur Voraussetzung für ein gelingendes Innovationsspiel. Mikropolitik ist zugleich Hindernis als auch Bedingung für die Veränderung der organisationalen Abläufe. Sie kann Lernprozesse lähmen oder aber den Reformverlauf befördern und vorantreiben. Für das praktische Reformmanagement kommt es darauf an, den Charakter der politischen Prozesse zu erkennen und die Intervention darauf abzustimmen.

Ein Reorganisationsmanagement auf mikropolitischer Basis konfligiert mit Umbauszenarien, in denen das Bild vom unbegrenzt innovations- und reorganisationsfähigen Unternehmen vorherrscht (Birke/Schwarz 1997, S. 192). Aus der Annahme der Politikhaftigkeit von organisationalen Entscheidungsprozessen und der begrenzten Rationalität der beteiligten Akteure (sowohl der Planungsverantwortlichen als auch der von Maßnahmen Betroffenen) folgt für ein mikropolitisches Reformmanagement, Prozesse nicht entscheidungs-, sondern handlungsrational zu gestalten. Während eine entscheidungsrationale Prozessgestaltung nach optimalen und prinzipiell sinnvollen Reformmaßnahmen fragt, sucht eine handlungsrationale Prozessgestaltung nach durchsetzungsfähigen Maßnahmen (Bogumil/Kißler 1998, S. 125).

Um Organisationsreformen handlungsrational gestalten zu können, benötigt man zuallererst konkretes Wissen über die Aushandlungs-, Macht- und Interessensstrukturen der Organisation, um mögliche Innovationshemmnisse und Gründe für Lernblockaden erkennen zu können. Für eine handlungsrationale Gestaltung von Governance-Reformen ist zusätzlich zu prüfen, inwieweit die angestrebten Governance-Reformen mit den „Identitätsbeständen" der Organisation zu vereinen und ob die gewünschten Ziele gegebenenfalls auch mit alternativen Governance-Formen zu erreichen sind.

2.10 Von der Analyse zur praktischen Intervention – Auf der Suche nach einem mikropolitischen Interventionskonzept ■

Die mikropolitische Organisationstheorie kann Handlungsrestriktionen und -potenziale benennen. Sie schafft die Voraussetzungen für handlungsrationale Reformkonzepte und gewinnt dadurch für das Management von Reorganisationen praktische Relevanz. Die Stärken des mikropolitischen Ansatzes liegen in erster Linie in der Analyse und Erklärung von Akteurshandeln. Die Beschreibung von Akteurskonstellationen und Machtstrukturen lässt sich jedoch nicht unmittelbar in praktisches Handlungswissen transformieren. Mit welchen Verfahren, Methoden und Instrumenten das Wissen um die mikropolitischen Strukturen einer Organisation im Verlauf eines Reorganisationsprozesses eingesetzt und dort zur Wirkung gebracht werden kann, ist gegenwärtig noch weitestgehend ungeklärt. Ein mikropolitischer Interventionsansatz existiert erst in Ansätzen.

Aussichtsreich scheint die Verbindung von mikropolitischer Organisationsanalyse mit Konzepten des Organisationslernens zu sein, wie sie derzeit beispielsweise im Bereich des betrieblichen Umweltschutzes erprobt wird (Birke 2003; Brentel 2000).[9] Die Kombination dieser beiden Konzepte eröffnet die Möglichkeit, mikropolitisches Wissen in den Reorganisationsprozess einzuspeisen und dadurch die Erfolgschancen von Reformen zu verbessern. Dieses Interventionskonzept nimmt die organisationalen Paradoxien und Dilemmata, die aus dem politischen Handeln der Ak-

---

9   Birke (2003) und Brentel (2000) untersuchen Implementationsprozesse im Bereich des betrieblichen Umweltschutzes. Zwischen der Integration von Maßnahmen des betrieblichen Umweltschutzes und Governance-Reformen lassen sich Parallelen feststellen: Beide Reformtypen verlangen einen Wechsel der normativen Grundorientierungen der beteiligten Akteure und sind geprägt von intensiven mikropolitischen Auseinandersetzungen. Während sich die politischen Auseinandersetzungen beim betrieblichen Umweltschutz um die Prioritätensetzung zwischen „Natur" und „Technik" drehen, stehen bei Governance-Reformen Fragen zum Menschenbild (egoistisch oder fähig zur Kooperation?) und Konflikte zwischen den Werten Freiheit und Sicherheit, Leistungsgerechtigkeit und Ergebnisgerechtigkeit, etc. im Zentrum. Die Paradoxien und inneren Widersprüche sowie die Lösungsmöglichkeiten, die Birke und Brentel in Bezug auf Reorganisationsstrategien im Bereich des betrieblichen Umweltschutzes herausarbeiten, lassen sich daher partiell auf Governance-Reformen übertragen.

teure resultieren, zum Ausgangspunkt der Intervention. Der Reorganisationsprozess beginnt mit einer Analyse der mikropolitischen Arena. Ein externer Berater bzw. beratender Forscher analysiert die Interaktions-, Kommunikations- und Aushandlungsstrukturen der Organisation und konfrontiert die Organisationsmitglieder in einem zweiten Schritt mit dem realen Bild der Funktionsweise ihrer Organisation. Die Hypothesen über die Entwicklungs- und Lernfähigkeit der Organisation werden diskutiert und mögliche Innovationsbarrieren problematisiert. Durch die interaktive Ergebnisevaluation sollen selbstorganisierte Lern- und Veränderungsprozesse initiiert werden.[10]

Mikropolitische Interventionskonzepte sind gegenwärtig noch „unfertig und selbst Gegenstand von Lernprozessen" (Brentel 2000, S. 49). Die Verbindung von Mikropolitik und komplexen Lerntheorien erscheint aber gerade mit Blick auf die Erfordernisse von Governance-Reformen viel versprechend, streben diese doch das Double-Loop-Learning an, das die Voraussetzung für eine gelingende Governance-Reform ist. Gleichwohl ist auch bei einer solchen Herangehensweise die Veränderung von Steuerungs-, Kontroll- und Koordinationsformen eine Langfristaufgabe und ihr Erfolg wird wesentlich von der Motivation der Akteure zur Selbstreflexion und Selbstveränderung bestimmt. Governance-Reformen bleiben anspruchsvolle Reformtypen. Eine stärker akteurszentrierte Herangehensweise und die hier skizzierten praktischen Gestaltungsmöglichkeiten – die nicht mehr, aber auch nicht weniger sind als der Verweis auf zukünftige Forschungsfragen – können jedoch dazu beitragen, den Reorganisationsprozess zu verbessern und die Gefahr der nicht intendierten Nebenfolgen und des Scheiterns zu minimieren.

---

10   Eine detaillierte Darstellung des Interventionskonzepts findet sich bei Brentel (2000).

3. Wettbewerb in der öffentlichen Dienstleistungsproduktion

Alexander Wegener

Das Instrument des Wettbewerbs ist in zahlreichen Programmen der Modernisierung des Staates und seiner Verwaltungen von erheblicher Bedeutung.[1] Deshalb wurden am Wissenschaftszentrum Berlin mit finanzieller Unterstützung der Hans-Böckler-Stiftung lokale Gebietskörperschaften in verschiedenen OECD-Staaten untersucht, die bereits über entsprechende Erfahrungen verfügten (Wegener 1997b; Naschold et al. 1997, 1998; Wegener 2002a). In die Analyse wurden Städte und Gemeinden in den USA, in Neuseeland und Großbritannien, aber auch in Skandinavien einbezogen. Das Forschungsinteresse richtete sich auf Kommunen, die ihre Dienstleistungsproduzenten mit Anbietern der Privatwirtschaft oder des Dritten Sektors unmittelbar und direkt im Rahmen von Ausschreibungsverfahren konkurrieren lassen. Die empirische Analyse fußte auf einem am Wissenschaftszentrum Berlin formulierten Untersuchungskonzept der „Public Governance" (Naschold et al. 1994, S. 65), welches Profile (Strukturen und institutionelle Ausgangsbedingungen), Prozesse (Steuerung und Steuerungsmechanismen) und Wirkungen von Verwaltungsreformen berücksichtigt. Die zentrale Erkenntnis des Forschungsvorhabens war, dass in vielen Ländern Märkte und Wettbewerbsmechanismen rational genutzt werden, während die Debatte und auch die Praxis auf einem ideologischen Niveau stagnierten wie in Deutschland.

Letztlich unterscheiden sich die kommunalen Wettbewerbsstrategien zwischen den berücksichtigten Ländern erheblich (Wegener 2002a). Von zentraler Bedeutung ist diesbezüglich die Regulierung des Wettbewerbs im öffentlichen Sektor und damit einhergehend das lokale und kommunale Gestaltungspotenzial bei der Nutzung des Instruments. Wettbewerb wird unterschiedlich interpretiert und erfährt in den nationalen Verwaltungspolitiken auch eine unterschiedliche Gewichtung; neben den Vermarktlichungstendenzen lassen sich drei weitere Trends der Verwaltungs-

---

[1] Der Beitrag stützt sich auf die am Wissenschaftszentrum Berlin durchgeführten und von der Hans-Böckler-Stiftung finanzierten Forschungsvorhaben „Neue Städte braucht das Land" und „Chancen und Risiken von Wettbewerb".

und Staatsreformierung feststellen: Binnenmodernisierung, Demokratisierung und Qualitätspolitik. Die Wettbewerbspolitik in verschiedenen europäischen Staaten dokumentiert darüber hinaus auch die unterschiedlichen Zielsetzungen, die mit dem Instrument verbunden sind.

Der Wettbewerb in der öffentlichen Dienstleistungsproduktion weist empirisch jedoch auch deutliche Grenzen auf. Insofern beinhaltet der „rationale" Gebrauch von Märkten und Wettbewerb die Notwendigkeit kooperativer Lösungen, um etwaigen Negativeffekten entgegenzuwirken. Die Kombination von Wettbewerb und Kooperation ist keineswegs einfach, da die grundlegenden Steuerungsmechanismen gegensätzlich sind. Der „rationale" Gebrauch von Märkten und Wettbewerb impliziert die Ergänzung von Effizienzüberlegungen mit Effektivität, hier verstanden als konstruktiver Problemlösungsbeitrag jenseits der einzelbetrieblichen Effizienz des Ressourceneinsatzes.

■ **3.1 Vom ideologischen zum rationalen Gebrauch des Wettbewerbs**

Der Wandel vom ideologischen zum rationalen Gebrauch der Märkte drückt aus, dass in den Ländern (und den jeweiligen Stadt- und Gemeindeverwaltungen) Wettbewerb nicht nur als Schlagwort, als rhetorisches Mittel oder zur Durchsetzung normativ-ideologischer Zukunftsbilder des Staates und seiner Verwaltungen instrumentalisiert wird, sondern tatsächlich in das Produktionsregime des öffentlichen Sektors eingebettet worden ist.

In den 80er Jahren dominierte die normative Vorstellung einer drastischen Reduktion des öffentlichen Sektors, die vor allem durch Privatisierung, Deregulierung und Individualisierung geprägt war (Hood 1987; Larner/Walters 2000). Zu nennen sind hier das britische Reformprogramm nach 1979, das neuseeländische Programm ab 1984, aber auch andere Bemühungen in weiteren OECD-Staaten (Bouckaert/Pollitt 1999). Jedoch darf an dem Charakter eines klar definierten Programms im Sinne der Politikfeldanalyse gezweifelt werden, da nur in einigen Staaten ein systematisches Konzept zu identifizieren war – wie beispielsweise in Neuseeland, sicherlich aber nicht in Großbritannien oder später in Australien (Hood 1987).

Nach der Dominanz der staatskritischen Reformen in angelsächsischen Staaten, die weit bis in die 90er Jahre hineinreichten (vgl. u.a. Osborne/Gaebler 1992; Alford 1993; Aucoin 1990), wird nun das Instrument des Wettbewerbs nüchterner betrachtet, da sich in einigen Ländern die Erkenntnis durchsetzte, dass Effizienzüberlegungen allein keine nachhaltige Wirkung auf gesellschaftliche Probleme haben (Bailey 1993; Marshall 1998; Kibblewhite 2000; Sbragia 2000). Anders ausgedrückt: Mit der praktischen Realisierung unterschiedlicher Wettbewerbskonzeptionen im öffentlichen Sektor wurde der ideologische Ballast abgeworfen und mit der wachsenden, mehrjährigen Erfahrung zeigten sich auch die Grenzen des Wettbewerbs.

Das Schlagwort Wettbewerb ist in allen programmatischen, normativen oder praxeologischen Ansätzen zur Modernisierung des öffentlichen Sektors enthalten. Die Bedeutung des Begriffs wird aber unterschiedlich interpretiert. Bei einem Vergleich unterschiedlicher Wettbewerbsstrategien auf der kommunalen Ebene ist es notwendig, zunächst den Begriff des Wettbewerbs näher zu erläutern. Was bedeutet „rationaler Gebrauch" von Märkten und Wettbewerb? Aus den beobachtbaren Entwicklungen der letzten zehn bis fünfzehn Jahre in unterschiedlichen Ländern und aus den unterschiedlichen Wettbewerbsstrategien von Städten und Gemeinden lassen sich – trotz der krassen Unterschiede der institutionellen Rahmenbedingungen (Naschold et al. 1997) – einige übergreifende Charakteristika eines rationalen Gebrauchs von Märkten und Wettbewerb festhalten:

– *Wettbewerb als Instrument:* Nicht zu unterschätzen ist, dass in vielen Ländern, Städten und Gemeinden Wettbewerb nicht länger als Ziel an sich, sondern als Instrument begriffen wird – allerdings nicht notwendigerweise in Deutschland. Die Reduktion auf den materiellen Inhalt dokumentiert die Entideologisierung des Begriffes.

– *Wettbewerb als dynamisches Element kontinuierlicher Veränderung:* Die Verkürzung der Verwaltungsmodernisierung auf eine Binnenmodernisierung kann sowohl durch eine Qualitätspolitik als auch durch die Nutzung des Instruments Wettbewerb dynamisch gestaltet werden, da beide die Binnenorientierung aufbrechen können (Oppen/Wegener 1998).

– *Der „Staat" als Marktbegründer:* Der Staat oder die Gemeinde kann Wettbewerb auch dazu nutzen, eine Pluralisierung des Dienstleistungsangebotes zu erreichen, um damit den Nutzern Wahlfreiheiten zu ermöglichen (Svenska Kommunförbundet 2001; Svensson/Wegener 2004).

– *Funktionsfähiger Wettbewerb:* In den Städten und Gemeinden, die Erfahrungen mit Wettbewerb – insbesondere zwischen öffentlichen und privaten Dienstleistungsanbietern – haben, hat sich die Erkenntnis durchgesetzt, dass die Nutzung des Instruments von den örtlichen, gegebenenfalls regionalen Marktbedingungen abhängt. An sich ist diese Erkenntnis banal, jedoch verdeutlicht sie die Notwendigkeit einer lokalen Gestaltungsmacht bei der Einführung von Wettbewerb und der Nutzung wettbewerblicher Mechanismen (Wegener 2002a).

In den Ansätzen zur Modernisierung der öffentlichen Verwaltung in Deutschland wird Wettbewerb synonym verstanden mit Privatisierung. Allein hier ist schon eine wesentliche Verkürzung der Debatte in Deutschland zu erkennen. In den meisten OECD-Staaten wird unter Wettbewerb entweder (1) die Ausrichtung der kommunalen Dienstleistungsproduktion am Markt verstanden oder (2) die unmittelbare und direkte Konkurrenz der öffentlichen Dienstleistungsproduzenten mit privaten oder freigemeinnützigen Anbietern (Oppen/Wegener 1998).

Jedoch lassen sich die internationalen Erfahrungen unter den gegebenen rechtlichen Bedingungen in Deutschland – allen voran reguliert durch das Gemeindewirtschaftsrecht der einzelnen Bundesländer und durch das Vergaberecht, welches durch den Bund normiert wird – auch nur begrenzt übertragen. Hier zu Lande bedeutet Wettbewerb für den öffentlichen Sektor lediglich, dass private Anbieter im Rahmen öffentlicher Ausschreibungen untereinander konkurrieren, eine Teilnahme des öffentlichen Sektors oder öffentlicher Einrichtungen an dem Ausschreibungsverfahren ist verboten.

■ 3.2 Kommunale Wettbewerbsstrategien in der OECD

In nahezu allen Staaten der OECD – in Neuseeland und Großbritannien ebenso wie in Schweden oder in Frankreich – ist das klassische Produktionsregime im öffentlichen Sektor in den vergangenen zwanzig Jahren grundlegend verändert worden, wenn auch unter unterschiedlichen institutionellen Bedingungen und bei unterschiedlichen Ausgangsbedingungen des öffentlichen Sektors. Die traditionelle integrierte Wertkette der Produktion wurde entkoppelt und zerlegt. Die Art und Weise der Zergliederung der Prozessketten in der öffentlichen Dienstleistungsproduktion ist national sehr unterschiedlich. Die entsprechenden Veränderungen lassen sich dadurch unterscheiden, welche Organisationsformen der Produktion stärker als bisher genutzt werden:

–   In einigen Ländern ist die Eigenproduktion nach wie vor das dominante Produktionsmodell.

–   In einigen Ländern sind Gemeinschaftsunternehmen oder öffentlich-private Partnerschaften zur Produktion von Dienstleistungen im öffentlichen Interesse verstärkt zu beobachten.

- In einigen Ländern sind lokale Wettbewerbspolitiken („managed competition", vgl. Wegener 2002a, 1997a) festzustellen, die darauf gerichtet sind, in oligopolistischen Marktstrukturen einen funktionsfähigen Wettbewerb zu etablieren.
- In nahezu allen Ländern sind materielle Privatisierungen zu beobachten, allen voran in den angelsächsischen Ländern und auch in Deutschland, weniger in Skandinavien oder in den übrigen europäischen Ländern.
- Daneben sind auch Tendenzen erkennbar, die auf einen Transfer der Produktion und der Produktionsverantwortung auf die Gesellschaft abzielen, sei es durch Devolution oder die Förderung des bürgerschaftlichen Engagements.

Insgesamt hat das Instrument Wettbewerb in den vergangenen zwanzig Jahren in der Produktion öffentlicher Dienstleistungen auf kommunaler Ebene einen deutlichen Aufschwung erfahren. Die Zerlegung der Prozesskette ist sodann unmittelbar mit einer quantitativen Zunahme an Produzenten mit unterschiedlichen Handlungslogiken verbunden. Aufgabe der Kommune und der politischen Vertretung ist es nun, dieses Konglomerat verschiedener Produzenten und Logiken wieder zu bündeln und problemlösungsorientiert zu nutzen.

Wie sehen darüber hinausgehend die „neuen Formen der Dienstleistungsproduktion" im Rahmen dieser Modernisierungsprozesse aus? Zu beobachten ist eine „doppelte Vermarktlichung", d.h. dass zum einen verwaltungsintern – durch die Einführung von Auftraggeber-Auftragnehmer-Modellen sowie von Wettbewerbssurrogaten wie der internen Leistungsverrechnung, einer stärkeren Qualitäts- und Kundenorientierung von Teilleistungen, Leistungsvergleichen und Benchmarking – eine quasimarktliche Orientierung der kommunalen Dienstleistungsproduzenten erreicht werden soll. Zum anderen wird im Außenverhältnis über neue Erstellungsformen nachgedacht.

Interne Auftraggeber-Auftragnehmer-Modelle im öffentlichen Sektor sind die Übersetzung der in den 70er und 80er Jahren in der Industrie eingeführten Organisationslösungen der Profit Centers oder der strategischen Geschäftseinheiten, die weitgehend dezentral nach Zielvorgaben arbeiten (Wegener 2000b). Was bedeutet dies in öffentlichen Verwaltungen? Interne Dienstleitungsproduzenten, vor allem aus den so genannten zentralen Diensten (wie etwa Druckerei, Reinigungsdienste, Hausmeister, Poststelle, Personalverwaltung, Lohnbuchhaltung, IT-Dienste usw.) müssen sich durch Kundenaufträge selbstständig finanzieren. Interne Leistungsempfänger haben in Auftraggeber-Auftragnehmer-Modellen die Möglichkeit, entweder die hauseigenen Dienstleister oder alternativ einen anderen – privaten – Anbieter zu beauftragen. In beiden Fällen muss der Leistungsempfänger die Leistungen aus seinem Budget bezahlen. Insofern bedeuten diese Modelle einen Wechsel des dominanten Koordinationsmechanismus in den Beziehungen zwischen Leistungsproduzenten und -empfänger: Statt bürokratischer Hierarchie dominiert nun die marktliche Koordination.

≡ **Abb. 1:** Neue Formen der Dienstleistungsproduktion

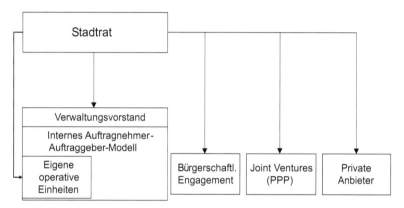

Neben den internen Ansätzen der Vermarktlichung öffentlicher Dienstleistungen sind aber auch externe Lösungen möglich, bei denen der Stadtrat (und nicht die Verwaltung) über alternative Erstellungsformen nachdenkt. Der Bandbreite alternativer Erstellungsformen im Allgemeinen sind kaum Grenzen gesetzt (vgl. umfassend Schoch 1994; Wegener 2000a):

–   bürgerschaftliches Engagement (im Sinne der Übernahme von früher öffentlicher Produktion in die Produktionsverantwortung der Bürgerschaft);

–   Vergabe, Ausschreibungen, Contracting-out (im Sinne der zeitlich befristeten, spezifizierten Auslagerung der Produktionsverantwortung an einen nichtöffentlichen Produzenten);

–   Verselbstständigung von Verwaltungseinheiten (durch Organisationsprivatisierung von einzelnen Dienstleistungsbereichen, die dann im Wettbewerb/in Konkurrenz mit privaten Anbietern stehen);

–   Gemeinschaftsunternehmen (im Sinne der Zusammenführung öffentlicher und privater Produktion in einem gemeinschaftlichen, privatrechtlich organisierten Unternehmen, die dann ebenfalls im Wettbewerb/in Konkurrenz mit privaten Anbietern stehen).

Die Vermarktlichung der Dienstleistungsproduktion kann auch zur Folge haben, dass stark dezentralisierte öffentliche Produktionseinheiten mit voller Fach- und Ressourcenverantwortung sich selbst die Frage nach „Make or Buy", also Eigen- oder Fremdproduktion stellen. Das kann bedeuten, dass kommunale Dienstleister sich bei Teilleistungen wiederum privater oder freigemeinnütziger Produzenten bedienen könn(t)en. Wettbewerb findet also auf zwei Ebenen statt:

–   zum einen auf der politischen Ebene im Sinne der grundsätzlichen Entscheidung über die Form der Erstellung einer gewünschten Dienstleistung im öffentlichen Interesse (klassische „Make or Buy"-Fragestellung);
–   zum anderen auf der betrieblichen Ebene innerhalb der kommunalen Organisation, auf der wiederum über „Make or Buy" bei Teilleistungen entschieden werden könnte.

3.2.1   Tendenzen des kommunalen Wettbewerbs in Skandinavien und Großbritannien ■

Im europäischen Vergleich spielt Wettbewerb zwischen öffentlichen und privaten Anbietern in Deutschland keine wesentliche Rolle; diese Form der Konkurrenz ist – wie oben erwähnt – schon allein aus rechtlichen Gründen ausgeschlossen (siehe Andersen in diesem Band).[2] Dennoch ist diesem System der Dienstleistungsproduktion im öffentlichen Interesse anzumerken, dass traditionell deutsche Kommunalverwaltungen eine Reihe unterschiedlicher Aufgaben an private, insbesondere aber an freigemeinnützige Unternehmen vergeben haben. Darin unterscheiden sich die deutschen Kommunalverwaltungen von denen in den meisten anderen OECD-Staaten in Europa (siehe auch Oppen et al. in diesem Band). Das Spektrum der Einführung wettbewerblicher Instrumente in den öffentlichen Sektor soll nun im Folgenden skizziert werden, indem exemplarisch auf die Entwicklungen in Skandinavien und Großbritannien eingegangen wird.

Skandinavien: Pluralisierung des Angebots und Kooperationslösungen

In Skandinavien zielte die Einführung von Wettbewerbsstrategien in den öffentlichen Sektor, insbesondere im Feld der personengebundenen Dienstleistungen, auf die Pluralisierung des Dienstleistungsangebotes ab (Na-

---

2   Fallbeispiele zu Ansätzen der Wettbewerbseinführung in deutschen Kommunalverwaltungen finden sich auch unter www.kommunaler-wettbewerb.de.

schold 1993). In Schweden sind in den 1990er Jahren bei rund 15% der Kommunen interne Auftraggeber-Auftragnehmer-Modelle eingeführt worden (vgl. Häggroth 1993). Die schwedischen Auftraggeber-Auftragnehmer-Modelle zeichnen sich durch eine strikte organisatorische Trennung aus (vgl. die Beispiele in Naschold/Riegler 1997; Riegler/Schneider 1999). In Schweden waren Kommunen fast ausschließlich für die Produktion von Dienstleistungen im öffentlichen Interesse zuständig, einen freigemeinnützigen Sektor gab es de facto nicht, und auch private Anbieter für Dienstleistungen im öffentlichen Interesse waren unbekannt. Die schwedische Verwaltungspolitik beabsichtigte deswegen auch eine Öffnung der öffentlichen Dienstleistungsproduktion unter dem Schlagwort der „Wahlfreiheit". Wahlfreiheit bedeutete aber auch, unter unterschiedlichen Anbietern oder Profilen – z.B. bei Kinderbetreuungseinrichtungen oder Schulen – wählen zu können (Svensson/Wegener 2004). Die Pluralisierung des Dienstleistungsangebots erfolgt durch Initiative der Kommunen vor allem in den ehemals monopolisierten Dienstleistungsbereichen wie beispielsweise Kinderbetreuung oder Schulen. Management-Buy-outs sind ebenso populär wie die Übernahme von kommunalen Einrichtungen durch private Unternehmen (Kleinstunternehmen oder national agierende Dienstleistungsunternehmen) oder die Einführung von Gutscheinmodellen. Bei Gutscheinmodellen werden dem Nutzer „Gutscheine" für die Inanspruchnahme einer Leistung gegeben, die er bei einer Einrichtung seiner Wahl in Dienstleistungen tauschen kann. Die Ressourcen folgen hier also der tatsächlichen Nutzung (ebd.).

In Dänemark lässt sich seit den 1990er Jahren eine andere Tendenz als in Schweden erkennen: In Dänemark wird stärker auf konsensorientierte Kooperationslösungen gesetzt (Hansen 1999; Greve 1999, 2003; Gregory/Christensen 2004; Pallesen 2004) – ähnlich wie in Finnland, während in Schweden marktliche Lösungen eine bedeutendere Rolle spielen (Arnkil 2000; Schartau 2004; Svensson/Wegener 2004).

In allen skandinavischen Ländern wird die Privatisierung oder die Reduzierung des öffentlichen Sektors insgesamt nicht als „Königsweg" angesehen. Trotz nach wie vor hoher Steuerbelastungen wird die Leistungsfähigkeit des öffentlichen Sektors nicht angezweifelt. Während in Schweden langsam ein alternatives Dienstleistungsangebot entsteht, setzt Dänemark eher auf die engere Kooperation potenzieller Ressourcen und Partner.

Großbritannien: Reduzierung des öffentlichen Sektors

Das Beispiel der Wettbewerbseinführung in Großbritannien – Vorreiter in Europa – zeigt, dass Wettbewerb allein basierend auf der Idee des Preiswettbewerbs nicht zu den gewünschten Ergebnissen führte, sondern teilweise in einem Desaster endete. Das britische Beispiel zeigt deutlich, dass Wettbewerb ohne Kooperation nicht funktioniert (vgl. ausführlich Wegener 2002a, 1996).

Die britischen Kommunen wurden durch verschiedene gesetzliche Regulierungen ab 1980 dazu verpflichtet, alle öffentlichen Leistungen auszuschreiben. Dieses umfassende verpflichtende Ausschreibungsregime – Compulsory Competitive Tendering (CCT) – galt von 1998 bis 2001. Kaum eine Leistung der Kommunen war von der Ausschreibungspflicht ausgenommen.

Tab. 1: Ausschreibungspflichtige Dienstleistungen in Großbritannien unter dem Regime des CCT

Dienstleistung	ab 1983	ab 1989	ab 1997
Öffentliche Bauten	100%		
Straßenbau und -unterhalt	100%		
Müllentsorgung		100%	
Straßenreinigung		100%	
Kantinen		100%	
Fahrzeugwartung		100%	
Management der Sport- und Freizeitanlagen		100%	
Management des Fuhrparks			100%
Justiziariat			45%
Liegenschaftsverwaltung			65%
Rechnungswesen/Buchhaltung			65%
IT-Infrastruktur und Leistungen			80%
Personalverwaltung			40%
Hausverwaltung der kommunalen Wohnungen			95%

Quelle: Wegener (1996, S. 9)

Bei der vollständigen Umsetzung dieser gesetzlichen Bestimmungen wären den Kommunalverwaltungen im Vereinigten Königreich nur noch wenige eigene Aufgaben verblieben. Was blieb, waren verschiedene soziale Dienste, Planungsaufgaben (Stadtplanung, Bauplanung etc.), verschiedene Regulierungsaufgaben und öffentliche Bibliotheken. Der Wahlsieg der Labour-Partei beendete das Regime der verpflichtenden Ausschreibungen.

Die Umsetzung des Regimes der verpflichtenden Ausschreibungen bedeutete für die lokale Ebene in Großbritannien umfangreiche organisatorische Veränderungen. Die erzwungene Trennung zwischen planenden und ausführenden Einheiten führte zur Bildung unabhängiger Organisationseinheiten, der so genannten Direct Labour Organisations (DLO) oder Direct Service Organisations (DSO). Diese operativen Einheiten durften sich an den Ausschreibungen der Kommune jedoch beteiligen, d.h. sie waren ein Anbieter unter mehreren privaten Anbietern.

Die gesetzlichen Vorgaben für die Teilnahme der operativen Einheiten an den Ausschreibungen der Kommunen waren sehr restriktiv ausgelegt. Das Ziel der damaligen britischen Regierung war vor allem, den öffentlichen Sektor insgesamt zu reduzieren, und weniger, den öffentlichen Sektor wettbewerbsfähig zu gestalten. So mussten öffentliche Leistungsanbieter eine Mindestkapitalrendite von 6% nachweisen können. Die Regelungen waren so ausgelegt, dass öffentliche und private Anbieter unter mehr oder weniger gleichen Bedingungen an den Ausschreibungen teilnehmen konnten (vgl. Chaundy/Uttley 1993).

Die Ergebnisse der Ausschreibungen über mehrere Runden und über alle Dienstleistungen hinweg dokumentierten die Wettbewerbsfähigkeit der öffentlichen Dienstleistungsanbieter. Rund drei Viertel aller Ausschreibungen wurden durch die öffentlichen Anbieter gewonnen – sowohl gemessen an der Anzahl der Ausschreibungen als auch am Finanzvolumen der ausgeschriebenen Leistungen. Angemerkt werden muss dabei, dass die hohe Erfolgsquote der kommunalen Anbieter sich kontinuierlich reduzierte, aber nicht in der von der Regierung angenommenen Geschwindigkeit. Nach der Beendigung der gesetzlichen Verpflichtung zur Ausschreibung nach dem Regierungswechsel 1997 lag der Anteil der von den öffentlichen Dienstleistungsanbietern gewonnenen Ausschreibungen immer noch bei annähernd 70%.

Das Regime der verpflichtenden Ausschreibungen enttäuschte in einem wesentlichen Punkt: Die Kosten der Dienstleistungen konnten insgesamt nur um rund 7% reduziert werden (Wegener 1996). Das lag im Wesentlichen daran, dass der in der Ausschreibung erfolgreiche Anbieter – unabhängig davon, ob es sich um einen privaten oder um einen kommunalen Anbieter handelte – sich nicht sicher sein konnte, ob er die nächste Ausschreibung wieder für sich entscheiden konnte. Der Anreiz für den Anbieter, additive Leistungen ohne Kostenerstattung oder Veränderungen in der Servicequalität oder -form vorzunehmen, war minimal, da die Kostenkalkulation genau auf der Spezifikation der Ausschreibung beruhte. Die Mehrleistung oder Andersleistung konnte nicht vergütet werden – es sei denn, es erfolgte eine zusätzliche Ausschreibung. Anpassungen an der bestehenden Leistungsspezifikation ließen sich die Anbieter gut bezahlen, da damit gerechnet werden konnte, dass die Transaktionskosten für die Kommune zu hoch sind, um einen anderen Anbieter zu betrauen, oder dies aufgrund des bestehenden Leistungsvertrages technisch gar nicht möglich war.

Die neue britische Regierung ersetzte das Regime der verpflichtenden Ausschreibungen durch das so genannte „Best Value"-Schema (vgl. u.a. Audit Commission 2001; Geddes/Martin 2000; Wilson 1999). Im Unterschied zu CCT sieht Best Value nicht unmittelbar eine Ausschreibung vor, sondern konzentriert sich auf die Optimierung der Dienstleistungsproduktion. Dazu gehören die Leistungstiefenüberprüfung, Benchmarking und unabhängige Performance Assessments (Wegener 2004). Gegenstand der Organisationsanalysen sind nicht nur einzelne Dienstleistungen, sondern die Gesamtorganisation der Kommune einschließlich der Qualität der Leistungsstrategie und der politischen Zielvorstellungen.

Die Wettbewerbsorientierung der früheren britischen Regierung führte – insbesondere durch die Dezentralisierung der Fach- und Ressourcenverantwortung in neu gegründeten, verselbständigten Verwaltungseinheiten – zu einer fast unüberschaubaren Landschaft von Agenturen und Behörden. Partnerschaften sind zurzeit in Großbritannien ein Instrument, die zersplitterten – einzelbetrieblich effizienten – Verwaltungseinheiten wieder zusammenzuführen, um kooperativ zu einer gesellschaftlichen Problemlösung beizutragen.

Die Reintegration von Politikfeldern wird in Großbritannien also vor allem über Partnerschaften versucht. Für die Kommunen ist dabei das Thema Partnerschaften dahingehend von Bedeutung, dass Gemeinschaftsunternehmen zwischen Kommunen und privaten Unternehmen gefördert werden (Wegener 2003b). Die Gemeinschaftsunternehmen unterliegen keinen gemeindewirtschaftsrechtlichen Beschränkungen, sie unterliegen der Handelsgesetzgebung. Bei der Bildung von kommunalen Gesellschaften in privatrechtlicher Form gilt nur die Restriktion, dass bei einer Kapitalbeteiligung einer Kommune von mehr als 20% die Investitionen (und Belastungen aus Krediten) zu 100% dem kommunalen Haushalt zugerechnet werden, um eine Auslagerung von Schulden zu vermeiden.

3.3 Die Grenzen des Wettbewerbs ■

Die Grenzen des Wettbewerbs lassen sich vor allem in den Ländern erkennen, die bereits auf mehrjährige Erfahrungen zurückblicken können: Das britische Regime der verpflichtenden Ausschreibungen dokumentiert entsprechende Einschränkungen. So rückt zunächst die Frage in das Zentrum der Aufmerksamkeit, ob im Rahmen der Vermarktlichung Effizienz auf Kosten der Effektivität erreicht wird. Das System der verpflichtenden

Ausschreibungen basierte im Wesentlichen auf dem Parameter Preis. Nach der Ex-ante-Leistungsspezifikation der Kommune erarbeiteten private Anbieter sowie der eigene öffentliche Anbieter Angebote. Den Zuschlag erhielt das Unternehmen, welches die Leistung am preiswertesten anbot. Nach Ablauf der Vertragszeit erfolgte eine Neuausschreibung, sodass sich der Auftragnehmer nie sicher sein konnte, ob er wiederum den Zuschlag erhält. Dieses Verfahren verursacht bei unspezifischen Leistungen und Beschaffungen keine nennenswerten Probleme, ist aber beispielsweise für personengebundene Leistungen weniger geeignet. Es ist der Effektivität im Sinne eines Problemlösungsbeitrages wenig zuträglich, wenn bei kurzen Laufzeiten das Management und das Personal von Seniorenheimen ständig ausgewechselt wird, nur weil ein anderer Anbieter geringfügig kostengünstiger arbeitet. Die Vertragslaufzeit entscheidet auch wesentlich über das Verhalten des Auftragnehmers – unabhängig davon, ob es sich um private Anbieter handelt oder um den eigenen öffentlichen Anbieter.

Zudem zeigt sich, dass die Grenze der Zweckmäßigkeit wettbewerblicher Dienstleistungsproduktion auch dann erreicht ist, wenn die Kosten der Ausschreibung in keinem angemessenen Verhältnis zu den realisierten Einsparungen stehen. Erschwerend kann hinzukommen, dass diese Kosten aufgrund einer unzulänglichen Kostenrechnung gar nicht erfasst werden (Wegener 1998).

Hieran schließt die Beobachtung an, dass mitunter die Folgekosten der Effizienzgewinne nicht einbezogen werden. Dieser Aspekt ist z.B. in Schweden thematisiert worden. Zur Illustration sei auf die Gebäudereinigung verwiesen: Hier lassen sich – nicht zuletzt wegen unterschiedlicher tariflicher Entlohnung, unterschiedlicher Beschäftigungsverhältnisse und der Beschäftigungsstruktur – zum Teil erhebliche Einsparungen realisieren. Die typische (kommunale) Angestellte ist weiblich, gering qualifiziert und älter als der Durchschnitt. Bei einem Arbeitsplatzverlust entstehen der Gemeinde aber wieder neue Kosten, da die Aussicht auf einen neuen Arbeitsplatz unrealistisch ist und letztlich die Effizienzgewinne von den sozialen Leistungen aufgebraucht werden, sofern die Gemeinde für diese Leistungen verantwortlich ist.

Eine weitere Beobachtung aus der international vergleichende Forschung verweist auf ein zusätzliches Problem: So ist in Neuseeland eine veränderte politische Wahrnehmung zu beobachten; politische Entscheidungen über Vergaben und Ausschreibungen verdecken gelegentlich den Blick auf das eigentliche politische Ziel. Die Fragmentierung der Dienstleistungsproduktion in einzelne Aufträge behindert eine politische Debatte über die politische Strategie und die Problemlösungsfähigkeit der Kommune.

Die genannten Punkte bilden keine abschließende Liste der Grenzen des Wettbewerbs. Sie geben Erfahrungen von Kommunen wieder, die erkannt haben, dass Wettbewerb vor allem durch Kooperation – ein dem Koordinationsmechanismus Wettbewerb eher entgegenstehender, alternativer Mechanismus – langfristig eine geeignetere Kombination darstellt. Dies gilt vor allem, wenn neben dem Effizienzgewinn auch andere Zieldimensionen eine Rolle spielen. Der rationale Gebrauch von Wettbewerb kann auch Einfluss auf die Form der Erstellung der Leistungsspezifikation haben. In den untersuchten Kommunen des Projektes „Chancen und Risiken von Wettbewerb" werden Leistungsspezifikationen auch in Kooperation mit potenziellen Auftragnehmern und den Nutzern erstellt, insbesondere für Dienstleistungen, die entweder in oligopolistischen Marktstrukturen erstellt werden, oder bei Dienstleistungen, die eine starke Zusammenarbeit mit den Nutzern erfordern.

3.4 Die Gestaltung von Wettbewerb ■

Die Ergebnisse des empirischen Forschungsprojektes deuten darauf hin, dass „Wettbewerb" – also die Nutzung marktlicher Koordination bei der Erstellung von Dienstleistungen im öffentlichen Interesse – von den Kommunen gestaltet werden muss. Die nachfolgend aufgelisteten Empfehlungen beruhen auf den zuvor skizzierten empirischen Befunden:

(1) Das Design des Wettbewerbsprozesses ist der Schlüssel

Das Design von Wettbewerbsprozessen wirkt sich wesentlich auf das Ergebnis von Wettbewerb aus. Das Wettbewerbsdesign wird wesentlich von der institutionellen Einbettung einschließlich ihrer Pfadabhängigkeit geprägt: Zwei Kernthesen sind hier von Bedeutung:

–   Nationale Regulierungen sind wenig effektiv und weisen eine in der Summe geringe Effizienzsteigerung aus;
–   rein kommunale Wettbewerbspolitiken sind überwiegend von geringer Systematik.

Erklärende Faktoren sind:

–   die Existenz und Ausrichtung einer nationalen Wettbewerbspolitik gegenüber dem öffentlichen Sektor;
–   der Wirkungskreis (Selbstverständnis und Aufgabenbreite) von Kommunalverwaltungen; und

– die Verteilung der Aufgaben zwischen und unter öffentlichen, privaten und freigemeinnützigen Organisationen.

Die Gestaltung des Wettbewerbsprozesses ist keine Aufgabe auf nationaler Ebene. Notwendig ist vielmehr eine Balance zwischen einem nationalen Rahmen und der lokalen Gestaltungsmöglichkeit zur Etablierung eines funktionsfähigen Wettbewerbs, da die Einführung entsprechender Instrumente auch der Berücksichtigung der regionalen Marktstruktur sowie des Marktverhaltens bedarf.

(2) Minimalanforderungen für die Gestaltung von Wettbewerb sind unerlässlich

Bei diesen Minimalanforderungen für Prozessgestaltung und formale Organisation handelt es sich um

– die Entwicklung unterschiedlicher Ausschreibungsverfahren je nach Dienstleistung,
– die Integration kooperativ formulierter Qualitätsstandards,
– die Regelungen des Entgelts und
– entsprechender Sanktionsmöglichkeiten,
– die Einrichtung von Kontroll- und Informationsrechten sowie
– Rückholrechte bei Nicht- oder Schlechterfüllung und Vertragsstrafen.

Die Ex-ante-Spezifikation von Dienstleistungen ist nicht für alle Dienstleistungen sinnvoll. Andere Formen der Spezifikation sind vonnöten, wenn die Spezifikation zu hohe Transaktionskosten verursacht und auch die Überwachung der Einhaltung dieser Standards nicht praktikabel ist. Kommunen in Europa könnten auch beschäftigungspolitische Ziele in Ausschreibungen aufnehmen, sofern damit Politikziele verfolgt werden, die der EG-Vertrag zu den Zielen der gesamten Europäischen Union zählt (Neßler 2000).

Auch Qualitätsstandards müssen nicht unbedingt ausschließlich durch Experten formuliert werden. Nutzer können oft besser entscheiden, was ergebnisorientierter ist. Dies bedeutet nicht, dass technische Expertise überflüssig ist, aber diese Expertise kann und sollte mit Nutzerinteressen balanciert werden.

Ein Wettbewerb kann immer nur dann stattfinden, wenn auch eine angemessene Anzahl an Wettbewerbern existiert. Deshalb ist vor einer Ausschreibung lokal und regional zu prüfen, ob eine hinreichende Anzahl von Angeboten eingehen wird. Die Kommunen sollten dabei das Recht haben, Ausschreibungen zu annullieren, wenn weniger als drei Angebote vorliegen. In Deutschland zieht eine öffentliche Ausschreibung in der Regel die zwingende Auftragsvergabe nach sich.

Die Minimalanforderungen an den Wettbewerb bei der Gestaltung von Ausschreibungsverfahren werden in Deutschland nicht genutzt, teilweise sind sie untersagt. Dabei erweist sich das Vergaberecht als wenig geeignet, den unterschiedlichen Politikzielen der Kommunen, den unterschiedlichen Strukturproblemen und den unterschiedlichen Marktbedingungen in den Regionen hinreichend Rechnung zu tragen.

(3) Verhandlungssysteme und Bieterqualifikationen

Verhandlungssysteme und Bieterqualifikationen bilden den kooperativen Bestandteil bei der Nutzung des Instruments Wettbewerbs und sie minimieren Risiken.

Wenn Leistungsspezifikationen ex ante nicht näher bestimmt werden können – sei es aufgrund der unsicheren Entwicklung von Technologien oder aus anderen Gründen –, stellen Verhandlungssysteme und alternative Formen der Leistungsspezifikation eine bessere Alternative gegenüber der Ex-ante-Spezifikation dar. In diesen Prozess können potenzielle Auftragnehmer und Nutzer integriert werden. Warum? Wenn die Kommune selbst nicht mehr im operativen Geschäft tätig ist – also der Auftraggeber die Spezifika der Produktion nicht (mehr) kennt –, ist der Auftraggeber abhängig von der Leistungsspezifikation des Auftragnehmers. Bieterqualifikationen eignen sich, um beschränkte Ausschreibungen vorzubereiten, oder können auch dazu dienen, bei einer öfflichen Ausschreibung unseriöse Angebote auszuschließen.

(4) Höhere Effizienz durch Wettbewerb zwischen öffentlichen und privaten Anbietern

Wettbewerb zwischen privaten und öffentlichen Dienstleistungsanbietern ist anderen Erstellungsformen überlegen, wenn

- die Anzahl der potenziellen Anbieter gering,
- die Laufzeit der Verträge relativ lang ist, die Kapitalbindung hoch und
- die Leistung in mehrere, zeitlich versetzt ausgeschriebene Lose teilbar ist.

Die Kommune als Auftraggeber und Gewährleister kann eine Preiskontrolle ausüben. Die Existenz eines ernstzunehmenden öffentlichen Konkurrenten führt zu einer Preiskontrolle der öffentlichen Hand gegenüber privaten Anbietern und ist auch als ein Instrument zur Reduktion von Preisabsprachen und Kartellen zu sehen.

(5)   Transparente Qualitätsstandards durch Wettbewerb

Das Instrument Wettbewerb ist an sich qualitätsneutral. Typischerweise erzwingt eine Vermarktlichungsstrategie jedoch eine Diskussion über Qualitätsstandards. Qualitätsstandards werden nun nicht mehr ausschließlich von Rechtsnormen oder von professionellen Standards abgeleitet, sondern es werden zunehmend interaktive Formen der Standardformulierung genutzt.

(6)   Keine absoluten Beschäftigungsverluste durch Wettbewerb

In allen untersuchten Städten war zu beobachten, dass die Vermarktlichung zu einer Zunahme der Arbeitsintensität und zu einer Abnahme der Stellen im mittleren Management geführt hat. Alle Städte haben – in Großbritannien mit Einschränkungen – die Übernahme städtischer Angestellter bei Auftragsverlust vereinbart. Indizien für eine Abnahme der Nettobeschäftigung konnten nicht ausgemacht werden. Die Arbeitsbedingungen im öffentlichen Sektor passen sich jenen im privaten Sektor an.

■ **3.5   Wettbewerb und Kooperation als Schlüssel zur Balance von Effizienz und Effektivität?**

Das Instrument des Wettbewerbs hat in vielen Kommunen zu Verbesserungen in den Kostenstrukturen und der Qualität geführt, aber nur dann, wenn zum einen den Kommunen Gestaltungsmöglichkeiten verbleiben und zum anderen das Instrument Wettbewerb nicht ausschließlich auf den Parameter Preis reduziert wird.

Die Einführung von Wettbewerb in die öffentliche Dienstleistungsproduktion bedeutet zunächst einmal eine stärkere Orientierung auf Kosten, und zwar sollten dabei nicht nur die Kosten der Dienstleistung in den Mittelpunkt der Aufmerksamkeit stehen, sondern auch die Kosten der gesamten Prozesskette. Die Prozesskette verlängert sich durch die Vergabe oder die Nutzung alternativer Erstellungsformen. Allerdings kann bei einer unvollständigen Einführung von Auftraggeber-Auftragnehmer-Modellen nicht die frühere hierarchische Steuerung der operativen Einheiten mit der Zielvorstellung „am Markt" operierender Einheiten kombiniert werden. Dies funktioniert weder bei privaten und freigemeinnützigen noch bei öffentlichen Dienstleistungsproduzenten.

Die empirischen Erfahrungen von Kommunen in verschiedenen OECD-Ländern deuten allerdings darauf hin, dass der Wechsel des bislang dominierenden Steuerungsmechanismus Hierarchie zugunsten des Steuerungsmechanismus Wettbewerb nicht automatisch die gewünschten Ergebnisse liefert. Vielmehr ist ein Mix der verschiedenen, gegensätzlichen Steuerungsmechanismen notwendig, um die Defizite einzelner Mechanismen für ein Gemeinwesen zu überwinden. Letztlich geht es auf der kommunalen Ebene immer um Problemlösungen. Die Probleme lassen sich aber weder durch die Kommune allein noch ausschließlich durch Hierarchie lösen. Insofern findet eine Erweiterung der Steuerung statt, die sich dadurch auszeichnet, dass ein „Steuerungszentrum" nicht identifiziert werden kann. Für die Vermarktlichung öffentlicher Dienstleistungen bietet sich als Lernplattform das Gemeinschaftsunternehmen an, da hier unterschiedliche Rationalitäten zweier Partner kombiniert werden können.

Kooperation kann daneben als Weg genutzt werden, verschiedene Grenzen des Wettbewerbs zu überwinden, vor allem die einzelbetriebliche Effizienz, die durch eine Wettbewerbsorientierung unterstützt wird, (wieder) mit dem Ziel der Effektivität zu verbinden. Die Formen der Kooperation sind an verschiedener Stelle genannt worden:

– Gemeinschaftsunternehmen von öffentlicher Hand und privaten Unternehmen zur Erschließung neuen Wissens und neuer Märkte und die

– Kooperation in der Leistungsspezifikation mit potenziellen Auftragnehmern und/oder Nutzern der Dienstleistung zur Sicherung von Qualität und der kontinuierlichen Anpassung der Standards.

Die Kooperation ist bei wettbewerblichen Produktionsformen vor allem dann wichtig und nahezu unerlässlich, wenn die betreffende Dienstleistung in oligopolistischen Marktsegmenten – mit nicht funktionsfähigen Wettbewerbsbedingungen – anzutreffen oder die Dienstleistung stark personengebunden ist. Die Grenzen zwischen Wettbewerb und Kooperation sind insofern fließend – je nach Dienstleistung, nach Region und Gestaltung der Zuliefererbeziehungen.

4. Strategien der Wettbewerbseinführung in deutschen Kommunen

Christoph Andersen

Warum Wettbewerb in Kommunen?[1] Diese Frage ist nicht unberechtigt: Diente die Kommune in den vergangenen Jahrzehnten doch als Träger des örtlichen Gemeinwesens. Warum, so fragen viele, soll sich die Kommune heute nach marktlichen Prinzipien ausrichten? Verliert die Kommune dabei nicht an Demokratie und Partizipationsrechten? Kommerzialisieren wir die Demokratie?

Der Beitrag geht in seiner Grundüberlegung davon aus, dass kommunale Dienstleistungen in Zukunft nur dann dauerhaft in ihrer Existenz gesichert werden können, wenn sie wettbewerbsfähig sind. Damit wird Überlegungen gefolgt, die in Deutschland vor allem die Kommunale Gemeinschaftsstelle (KGSt) anstellte, um die Kommune – genauer: ihre Verwaltungen – in das 21. Jahrhundert zu führen. Mit dem Umbau der bürokratischen Organisation in eine stärker dienstleistende Organisation sollen, ohne dabei die Grundprinzipien der demokratischen Steuerung durch den Gemeinde- oder Stadtrat in Frage zu stellen, Effizienz und Effektivität der kommunalen Dienstleistungsproduktion verbessert werden, um so die Wettbewerbsfähigkeit gegenüber privaten oder freigemeinnützigen Anbietern unter Beweis zu stellen.

Ein „echter" Wettbewerb zwischen öffentlichen und privaten Dienstleistungsanbietern ist in Deutschland gesetzlich verboten – die Europäische Union lässt deutlich mehr zu als die deutsche Gesetzgebung. Internationale Praxiserfahrungen über den strategischen Einsatz von Wettbewerb seitens der politischen Führung, also des Gemeinde- oder Stadtrates,

---

1 Der Beitrag basiert auf den Ergebnissen des von der Hans-Böckler-Stiftung geförderten Forschungsprojekts „Konkurrieren statt Privatisieren", das von 2002 bis 2004 am Kommunalwissenschaftlichen Institut der Universität Potsdam durchgeführt wurde (vgl. Andersen et al. 2004). Neben dem Autor waren *Marcus Beck, Robert Kösling* und *Stephan Selle* an dem Projekt beteiligt. Der Autor möchte sich bei *Maria Oppen* und *Alexander Wegener* für die sehr hilfreichen Anregungen und Hinweise sowie bei *Tina Hoffmann* für die zuverlässige Qualitätssicherung bedanken. Sie haben (wie immer) geholfen, den Beitrag wesentlich zu verbessern.

zeigen offenkundig, dass kommunale Leistungen keineswegs schon allein deswegen unterlegen sind, weil sie in öffentlicher Regie produziert werden (vgl. den Beitrag von Wegener in diesem Band). In Deutschland ist die Debatte jedoch hochgradig ideologisiert und bewegt sich auf einem Niveau, welches andere europäische Staaten bereits überwunden haben.

■ 4.1 Wettbewerbsstrategien deutscher Kommunen

Ziel ist, durch den Vergleich mit konkurrierenden Anbietern die eigene Leistungsfähigkeit und Wettbewerbsfähigkeit zu dokumentieren. Damit ist auch die Hoffnung verbunden, dass der Gemeinde- bzw. Stadtrat von Privatisierungen absieht, wenn er erkennt, dass die eigenen Anbieter besser und kostengünstiger arbeiten als die Konkurrenz.

Was wird in diesem Beitrag unter Wettbewerbsfähigkeit verstanden? Die Herstellung von Wettbewerbsfähigkeit wird definiert als Summe der verschiedenen Maßnahmen in einer Kommune, die darauf abzielen, gleiche Spielregeln für kommunale Dienstleister zu entwickeln (vgl. hierzu Martin 1999; Wegener 2002a), wie sie auch für andere Dienstleistungsanbieter gelten.. Die Wettbewerbsfähigkeit eines kommunalen Dienstleisters ist dann gegeben, wenn sein Produkt qualitativ und preislich mindestens gleichwertig gegenüber dem eines privaten Anbieters ist. Die Wettbewerbsfähigkeit findet ihre Möglichkeiten und Grenzen innerhalb der kommunalen Politik-, Organisations- und Prozessgestaltung.

Was heißt das? Die Möglichkeiten der Herstellung von Wettbewerbsfähigkeit kommunaler Dienstleister sind größer als weithin angenommen, sie werden jedoch nur in wenigen Fällen tatsächlich ausgeschöpft; es gibt kaum rechtliche Restriktionen. Niemand in Deutschland verbietet es dem Rat, seine Dienstleister zu motivieren, wettbewerbsfähig zu sein. Die politische wie auch die betriebliche Führung sind also gefragt, die Dienstleistungen so wirtschaftlich und wettbewerbsnah wie möglich zu produzieren.

Die zentrale Frage ist, wie kommunale Dienstleister wettbewerbsfähig werden können und an welchen Kriterien sich Wettbewerbsfähigkeit festmachen lässt. Aus früheren Arbeiten – wissenschaftlich wie praxeologisch – lassen sich verschiedene Kriterien ableiten, wie „Wettbewerbsfähigkeit kommunaler Dienstleister" definiert wird (vgl. u.a. Wegener 1997b, 2002a; Heinz 2000; KGSt 2000a). Dieser Beitrag beschränkt sich auf vier Handlungsfelder, welche für die Steigerung der Wettbewerbsfähigkeit relevant sind: Organisationsbeziehungen, Leistungsbeziehungen, Finanzbeziehungen und Steuerungsbeziehungen. Innerhalb dieser vier Handlungsfelder gibt es jeweils für die Kommune (Auftraggeber) und den

Dienstleister (Auftragnehmer) zentrale Fragestellungen. Die Kernfragen aus Sicht der Kommune sind u.a.:

- Welche organisatorischen Innovationen fördern die Wettbewerbsfähigkeit kommunaler Dienstleister?
- Wie sind die Leistungsbeziehungen aus Sicht der Kommune und
- wie die Finanzbeziehungen zu gestalten?
- Welche Art der kommunalen (politischen) Steuerung ist für wettbewerbsfähige Dienstleister förderlich?

Aus der Perspektive des Dienstleisters ergeben sich z.b. die folgenden Fragestellungen:

- Welche Partnerschaften mit öffentlichen und/oder privaten Anbietern können die Wettbewerbsfähigkeit verbessern?
- Wie können Produkte und Leistungen wettbewerbsfähig gestaltet werden?
- Wie können Produkte und Leistungen bepreist werden?
- Wie gestaltet sich die wettbewerbsfähige Steuerung der betrieblichen Prozesse?

Zur Erzielung von Wettbewerbsfähigkeit gehört eine Reihe weiterer Kriterien, beispielsweise Geschäftsfeldstrategien des Dienstleisters (Marktpositionierung), die Restrukturierung der Betriebsorganisation einschließlich der Organisations- und Personalentwicklung sowie die Optimierung der Kostenstrukturen. Auf diese Fragestellungen wird aufgrund des begrenzten Umfanges des Beitrages nicht eingegangen (vgl. hierzu Andersen et al. 2004). Auch kann der Beitrag nicht auf die Spezifika einzelner Dienstleistungen eingehen, sondern hier nur generalisierte Aussagen treffen[2] (vgl. für IT-Leistungen Andersen 2004). Hier wird den genannten Fragestellungen innerhalb der vier Handlungsfelder nachgegangen. Dazu wird jedes Handlungsfeld jeweils aus der Perspektive der Kommune und des Dienstleisters untersucht. Zum Schluss werden die Stärken und Schwächen des deutschen Wettbewerbsprofils herausgearbeitet und es wird ein Fazit gezogen.

---

2   In dem Forschungsprojekt wurden ausgewählte Dienstleistungsbereiche in verschiedenen Kommunen untersucht, und zwar IT-Dienstleistungen: Bremen, Dortmund, Hagen, Leipzig, Kreis Ludwigslust; Grünflächen: Düsseldorf, Essen, Stuttgart; Druckerei: Hameln, Köln; Gebäudereinigung: Bielefeld; Interne Servicedienste: Kreis Pinneberg, Ludwigsburg. Die empirischen Aussagen im Artikel beziehen sich auf diese Kommunen.

■ 4.2 Organisationsbeziehungen: Verselbstständigungen und Partnerschaften als Wettbewerbsstrategie

■ 4.2.1 Verselbstständigung als Strategie der Kommune

Die Verselbstständigung der kommunalen Dienstleister ist eine wesentliche Voraussetzung für die Steigerung der Wettbewerbsfähigkeit (vgl. Wegener 2004). Die Ausgliederung eines Dienstleisters aus den traditionellen Strukturen eines Amtes in eine öffentliche Rechtsform (z.B. Eigenbetrieb) führt zum einen zu deutlich tragfähigeren Auftraggeber-Auftragnehmer-Beziehungen und zum anderen zu einer größeren finanziellen Flexibilität, weil der Dienstleister nicht mehr an das System der Kameralistik gebunden ist. In den letzten Jahren konnte in einer Vielzahl von Landkreisen, Städten und Gemeinden (z.B. Düsseldorf, Heidelberg, Landkreis Pinneberg, Leipzig) ein deutlicher Trend in Richtung Verselbstständigung von Verwaltungseinheiten in unterschiedlichen Varianten und Kombinationen (z.B. interne Auftraggeber-Auftragnehmer-Modelle, Center-Konzepte, Regie- und Eigenbetriebe, GmbH) beobachtet werden, der in einigen Städten (z.B. Dortmund, Duisburg, Leipzig) deutlich in Richtung Schaffung von Konzernstrukturen geht.

Verselbstständigung in einen Eigenbetrieb: Das Dortmunder Systemhaus

Die Stadt Dortmund hat 1997 die gesamte städtische Informationstechnologie (IT) in den Eigenbetrieb Dortmunder Systemhaus ausgegliedert, der seitdem als Full-Service-Provider für die Stadt fungiert. Die Verselbstständigung des städtischen IT-Bereichs war das Ergebnis der Diskussion um die Modernisierung der Stadtverwaltung nach dem Vorbild des Neuen Steuerungsmodells. Bis zur Eigenbetriebsgründung war die IT zusammen mit Organisations- und Personalkompetenzen wie vielerorts beim Hauptamt angesiedelt. Mit der Neuausrichtung der IT sollten die im damaligen Hauptamt gebündelten Steuerungs- und Dienstleistungsfunktionen organisatorisch entkoppelt und eine klare Trennung zwischen Auftraggeber und Auftragnehmer erreicht werden.

Verselbstständigungen wie im dargestellten Beispiel können dazu beitragen, über die Etablierung von Auftraggeber-Auftragnehmer-Trennung zu transparenteren Leistungs- und Finanzverantwortlichkeiten zu gelangen. Somit wird beispielsweise deutlich, ob eine Einheit finanzielle Überschüsse produziert oder Defizite einfährt. Daraus ergibt sich jedoch nicht unmittelbar, dass defizitäre Bereiche aufgegeben werden. Auch in der Privatwirtschaft wird nicht jede Sparte eingestellt, die in einem oder mehreren Jahren hintereinander Verluste aufweist. Dennoch kann die Deckung des Defizits zu einer Veränderung der Preis- und Leistungsgestaltung des Anbieters führen (z.B. Aufgabe des nicht kostendeckenden Bereichs „IT-Schulungen" in Dortmund). Allerdings führen simple organisatorische Verselbstständigungen nicht zwingend zu einer strategischen Neuorientierung der Dienstleistungsproduktion, insbesondere hinsichtlich des Produkt- und Leistungsportfolios und der Geschäftsprozesse des Dienstleisters. Häufig bleibt die strategische Steuerungsfunktion in der Kommune „unbesetzt" oder wird durch den Dienstleister selbst ausgefüllt. Fehlt die strategische Rahmensteuerung durch die Kommune, formuliert vielfach der Dienstleister den ordnungspolitischen Rahmen für sein eigenes Handeln. Die Folge davon kann sein, dass sich die Strategie des Dienstleisters nicht nach der Verwaltungsstrategie richtet, sondern umgekehrt seine Strategie die Gesamtstrategie der Stadtverwaltung beeinflusst. In ausgewählten Leistungsbereichen verfolgen einige der untersuchten Eigenbetriebe (z.B. Dortmund, Köln, Ludwigsburg) verschiedene strategische Neupositionierungen. Dass sie sich bislang aber nur sehr zaghaft um eine neue strategische Ausrichtung bemühen, liegt zum einen an der fehlenden Unterstützung durch die Kommunen. Die lokale Politik hat, vorsichtig formuliert, sehr divergierende Auffassungen darüber, was Wettbewerbsfähigkeit bedeutet und wie diese zu erreichen ist. Zum anderen sind strategische Neuausrichtungen im Rahmen von Verselbstständigungen in öffentlichen Rechtsformen mit den Problemen des Kommunalwirtschaftsrechts konfrontiert. So verwundert es nicht, dass die untersuchten Dienstleister kaum offensive Geschäftsfeldstrategien entwickeln, um ihre Leistungen anderen öffentlichen Kunden zu offerieren.

Deshalb bietet die Verselbstständigung in eine private Rechtsform den Kommunen derzeit größere Vorteile. Durch Privatrechtsformen wird es möglich, die Beschränkungen des öffentlichen Rechts zu umschiffen. Dies gilt insbesondere für Wettbewerbssituationen zwischen öffentlichen und privaten Anbietern. In privatrechtlicher Form könnte eine kommunale GmbH – als Eigengesellschaft wie auch als Gemeinschaftsunternehmen – an öffentlichen Ausschreibungen teilnehmen. Zudem schafft die privatrechtliche Verselbstständigung die einzige Möglichkeit für „öffentliche" Anbieter, am Wettbewerb teilzunehmen und neue Geschäftsfelder zu erschließen (vgl. Wegener 2004).

Verselbstständigung in eine GmbH: Die ID Bremen

Die Freie Hansestadt Bremen hat einen Erfolg versprechenden Weg der Neuorientierung ihrer Informationstechnik beschritten. Seit Anfang des Jahres 2000 ist die T-Systems mit 49,9% an der Informations- und Datentechnik Bremen

GmbH (ID Bremen) beteiligt und hat die unternehmerische Führung übernommen.

Der kommunale Eigenbetrieb Informations- und Datentechnik Bremen ging 1994 aus dem Rechenzentrum der Bremer Verwaltung hervor. Die Landesaufgaben wurden dem Eigenbetrieb auf dem Wege der Auftragsverwaltung übertragen. 1997 wurde mit der ID Bremen GmbH eine private Gesellschaft gegründet, die dem Sondervermögen des Eigenbetriebes zugeordnet wurde. Sie ermöglichte einen Vertrieb über die Grenzen Bremens hinaus. Am 1.1.2000 gingen 49,9 Prozent der Anteile sowie die unternehmerische Führung der ID Bremen GmbH an die T-Systems.

Durch die Kooperation ist es nicht nur gelungen, neue Produkte (z.B. modernen Datenservice, Implementierung und Integration moderner Netzwerke und Netzwerkkomponenten in Kunden-Systemumgebungen, SAP) in die Landesverwaltung zu bringen, sondern auch das Unternehmen am Markt als Spezialist für IT-Lösungen für den öffentlichen Sektor zu positionieren. Die Zusammenarbeit mit einer Vielzahl von Behörden des Landes und der Stadtgemeinde Bremen sowie mit verschiedenen Kommunen (z.B. Hannover, Celle, Dortmund) in den Tätigkeitsfeldern Beratung, Softwareentwicklung und Betrieb von IT-Lösungen zeugen von einer herausragenden Lösung und von Innovation in der öffentlichen Verwaltung.

Mit der Verselbstständigung über die Grenzen der öffentlichen Verwaltung hinweg ist es gelungen, einen Vertrieb über die Grenzen Bremens hinaus zu ermöglichen. Es ist ein Dienstleister geschaffen worden, der sich als Spezialist für IT-Lösungen für den öffentlichen Sektor am Markt positioniert. Die Gesellschaft kann sich an öffentlichen Ausschreibungen der Stadt Bremen oder anderer Kommunen beteiligen und dadurch Absatzgebiete und Geschäftsfelder über Annexaufgaben hinaus erweitern (wirtschaftliche Betätigung).

■ *4.2.2 Partnerschaften als Strategie des Dienstleisters*

Verselbstständigungsstrategien können dazu beitragen, die Wettbewerbsfähigkeit zu verbessern. Allerdings werfen Verselbstständigungen nicht nur eine Reihe von Schwierigkeiten hinsichtlich der kommunalen Gesamtsteuerung auf (vgl. Hille 2003), sondern sie sind mit einem strukturellen Kernproblem konfrontiert: Die Kommune muss weiterhin das jeweilige Problem aus eigener Kraft lösen. In vielen Bereichen zeigt sich aber, dass Kommunen mit ihrer Problemlösungsfähigkeit an Grenzen stoßen, dazu zählen beispielsweise Arbeitslosigkeit und Armut, aber auch Städtebau, Wirtschaftsförderung sowie die Modernisierung der technischen Infrastruktur (Strom und Abwasser, Informations- und Kommunikationstechnologien). Diesen Problemen ist gemein, dass die Kommunen oftmals weder die finanziellen Ressourcen noch das fachliche Know-how haben, um den Herausforderungen zu begegnen.

Die Stärkung der lokalen Problemlösungsfähigkeit ist allerdings die Vorraussetzung für die Wettbewerbsfähigkeit von Dienstleistern (vgl. Wegener 2002b). In den technischen Dienstleistungsbereichen hat sich eine große Dynamik und Komplexität entwickelt, die es Kommunen schwer macht, die notwendige operative Fachkompetenz vorzuhalten. Den Kommunen fehlt es daher häufig an Wissen und Know-how, um als Produzent der Dienstleistungen aufzutreten. In den personenbezogenen Dienstleistungsbereichen haben sie zwar häufig die notwendigen fachlichen Kompetenzen, treffen hier allerdings auf die Situation, dass die lokale Politik nicht mehr das einzige Entscheidungsgremium ist. Neben dem Rat existieren andere lokale Verhandlungs- bzw. Entscheidungsarenen, die Bürgergruppen, Verbände, Vereine und Unternehmen mit einbeziehen (vgl. auch den Beitrag von Oppen, Sack und Wegener in diesem Band). Die Fähigkeit von Kommunen, allein die örtlichen Probleme angemessen zu lösen, schwindet zusehends.

Was heißt das? Für die Politik und den Dienstleister kommt es darauf an, verschiedene Partner in unterschiedlicher Form einzubeziehen, um so vorhandenes Wissen zu sammeln und für die Lösung lokaler Probleme nutzbar zu machen. Dadurch können gemeinsam Innovationen entwickelt, auf unterschiedliche Nutzer ausgerichtete Dienstleistungen angeboten und je nach Bedarf verschiedene Produzenten genutzt werden.

Innovationen durch Public Private Partnership? Das Leipziger Computer- und Systemhaus

Die Stadt Leipzig hat im Jahr 2000 den Bereich Informationstechnologie durch den Einbezug des privaten Partners IBM Global Services weiterentwickelt. Die partnerschaftliche Zusammenarbeit wurde in einem Gemeinschaftsunternehmen mit der Rechtsform der GmbH realisiert. Mit dieser Unternehmensgründung wurde das Ziel verfolgt, externe Ressourcen (Finanzen, Fachwissen, Personal) für die eigene Dienstleistungsproduktion zu gewinnen. So sollten mit der Finanzkraft und dem Fachwissen der IBM nachfragespezifische Ressourcen (z.B. moderne Serverfarmen und Clientsysteme, User Help Desk) in der Stadt aufgebaut werden. Die GmbH wurde jedoch im Juli 2002 wieder vollständig von der Stadt Leipzig übernommen und war damit als öffentlich-privates Kooperationsprojekt gescheitert. Der Ausstieg von IBM geht darauf zurück, dass wichtige technologische Lösungen für die Verwaltung nicht zufrieden stellend realisiert werden konnten, da die Komplexität der Anforderungen und Prozesse unterschätzt worden war und die Administration eine intensivere Beratung und Serviceleistung einforderte als erwartet. Zudem konnte der private Partner angesichts wachsenden Kostendrucks bestimmte Rationalisierungsmaßnahmen nicht durchführen, da z.b. die Leistungserbringung vor Ort vertraglich festgelegt war.

Das Fallbeispiel dokumentiert sehr deutlich die Stärken und Schwächen lokaler Partnerschaften mit privaten Anbietern. Es kann gelingen, Innovationen (z.b. neue Produkte und kundenorientierte Prozesse) zu generieren, die der Dienstleister allein nie hätte in die Kommune bringen können. Da die Partner allerdings rechtlich und wirtschaftlich selbstständig bleiben, kann sich der institutionelle Eigensinn direkt auf die Kooperation auswirken. Selbst wenn die Partner am Anfang ihre jeweiligen Zielvorstellungen für kompatibel halten, verändern sich diese oft im Zeitverlauf und lassen dann die Partner immer wieder auseinander driften. Das relativ hohe Konfliktpotenzial ist allerdings nicht nur auf unterschiedliche Zielvorstellungen zurückzuführen. Gerade in der alltäglichen Zusammenarbeit führen strukturelle, politische und kulturelle Unterschiede zu Spannungen, welche die Funktionsfähigkeit von Kooperationen wesentlich beeinträchtigen. Oberflächlich ist also eine hohe Übereinstimmung bezüglich der Zielvorstellungen bei den Partnern vorhanden, doch bei deren Umsetzung im Arbeitsalltag werden Unterschiede sichtbar und wirksam. Zuletzt kann eine Kooperation auch dazu führen, dass sich die Abhängigkeit von einem Partner erhöht und damit das Risiko steigt, im Falle des Scheiterns der Kooperation (wie in Leipzig) mit schwer wiegenden Problemen konfrontiert zu sein. In einem Geschäftsfeld fehlt dann plötzlich das Fachwissen oder bestimmte Leistungen können nicht mehr produziert werden (vgl. Andersen 2004). Kooperationen können aber nicht nur durch den Einbezug von privaten, sondern auch durch öffentliche Partner realisiert werden.

Innovationen durch Public Public Partnership? Der Hagener Betrieb für Informationstechnologie

Für die Verbesserung der IT-Dienstleistungsproduktion setzt Hagen auf die partnerschaftliche Zusammenarbeit mit anderen öffentlichen IT-Dienstleistern. Die Kooperation basiert auf dem Austausch von Leistungen zwischen Partnern innerhalb der KDN (Kommunale Datenverarbeitung Nordrhein-Westfalen). Dazu soll sich zukünftig jeder beteiligte Dienstleister auf ausgewählte IT-Dienstleistungen konzentrieren. Alle weiteren IT-Dienstleistungen werden von den Partnern auf einem (internen) Markt oder gegebenenfalls auch von externen Anbietern (z.B. Fachverfahren) zugekauft. Auf diesem Marktplatz tauschen verschiedene Dienstleister ihre IT-Dienstleistungen zu definierten Regeln (Art, Qualität, Preis) aus, wodurch Angebot und Nachfrage zusammengebracht werden.

Öffentliche Partnerschaften wie im Fallbeispiel können dazu beitragen, für die Produktion bestimmter Leistungen (z.b. Rechenzentrumsleistungen, Einkauf von Hard- und Software) Größenvorteile zu realisieren und somit insgesamt kostengünstiger zu arbeiten. In Zeiten desolater Haushalte kann auf diese Weise der Gestaltungsspielraum für Investitionen und neue Themen (z.b. E-Government) verbessert werden. Allerdings sind auch öffentliche Partnerschaften äußerst labile Organisationsformen. So ist im vorgestellten Fall bislang völlig unklar, ob es gelingen wird, ohne ein umfassendes strategisches Management den internen Markt aktiv zu gestalten, womit erst die Bündelung gemeinsamer Interessen und die Konzentration der IT-Dienstleistungen ermöglicht würden. Bislang ist die Gemeinschaft geprägt durch eine hohe Fragmentierung und Spezialisierung der Leistungserstellung. Nahezu wie früher erstellen die jeweiligen Datenzentralen sämtliche IT-Leistungen für ihre Trägerverwaltungen. Die Innovationskraft und Wirtschaftlichkeit der Gemeinschaft wird dadurch begrenzt. Mit einer strategischen Neuausrichtung wären aber Aufgaben- und Kompetenzneumodellierungen in den Zuständigkeitsbereichen der einzelnen Datenzentralen miteinander verbunden. Zukünftig müsste das Produktportfolio deutlich stärker aufeinander abgestimmt werden (vgl. Andersen 2004).

Beide Fälle zeigen sehr deutlich, dass Partnerschaften dazu beitragen können, kommunale Dienstleister wettbewerbsfähig zu machen. Allerdings zeigt sich, dass die Handhabung der komplexen Dienstleistungserstellungsprozesse im Rahmen kommunaler Gewährleistung einer der zentralen und schwierigsten Kernprozesse des strategischen Managements ist. Umso problematischer ist es, dass sich nur wenige der untersuchten Kommunen intensive Gedanken darüber gemacht haben, wie dieses Geflecht von organisationalen Beziehungen steuerbar ist (vgl. Abschnitt 4.5).

4.3 Leistungsbeziehungen: Kontraktualisierung und Nutzerintegration als Wettbewerbsstrategie ■

4.3.1 Kontraktmanagement als Strategie der Kommune ■

Die Restrukturierung der bürokratischen Dienstleistungsproduktion einschließlich der Neuordnung der Lieferbeziehungen in der Kommune ist eine weitere Voraussetzung für die Wettbewerbsfähigkeit von Dienstleistern (vgl. Wegener 2002a). In den letzten Jahren wurden in nahezu allen untersuchten Kommunalverwaltungen die traditionellen Lieferbeziehungen neu geordnet. Im Mittelpunkt der Optimierungsstrategien standen neue Managementkonzepte zur Ergebnissteuerung in Verbindung mit Verselbstständigungsstrategien (siehe Abschnitt 4.2) und der Schaffung von dezentraler Ressourcenautonomie (siehe Abschnitt 4.4), um so die tradierten bürokratischen Strukturen zu entflechten und eine klarere Trennung zwischen politischen und administrativen Kompetenzen zu erreichen. Die aus dieser Entwicklung resultierenden Auftraggeber-Auftragnehmer-Beziehungen werden durch Leistungsvereinbarungen oder Verträge ausgestaltet. Die zunehmende Kontraktualisierung markiert damit den Wandel traditioneller Leistungsbeziehungen in der Kommunalverwaltung.

Vertragsmanagement zwischen Dortmunder Systemhaus und Stadtverwaltung

Durch die Ausgliederung der städtischen IT in einen Eigenbetrieb Dortmunder Systemhaus wurde eine klare Trennung in Auftraggeber und Auftragnehmer vollzogen. Die Kunden beauftragen heute das Systemhaus mit der Produktion von verschiedenen IT-Leistungen („Keine Leistung ohne Auftrag"). Der Auftrag zur Leistungserstellung wird nach Abschluss von Verhandlungen durch verwaltungsintern verbindliche Verträge fixiert, die Regelungen zu den Leistungsmengen, Qualitäten und Preisen enthalten. Die Leistungsbeziehungen werden grundsätzlich mit zwei unterschiedlichen Dienstleistungsverträgen ausgestaltet: Rahmenvereinbarungen und Einzelvereinbarungen. Rahmenvereinbarungen werden für Leistungen abgeschlossen, die in Menge, Aufwand und Preis nicht exakt kalkulierbar sind. Dazu gehören u.a. die Umsetzungsprojekte von Anwendungen mit verwaltungsweiter Bedeutung sowie die Nutzung der IT-Infrastruktur (z.B. Netze, Server, Internet). Jedoch werden die Rahmenvereinbarungen regelmäßig durch Einzelverträge konkretisiert. Der Abschluss von Einzelverträgen ist die Regel für die Ausgestaltung der Leistungsbeziehungen zwischen Systemhaus und Stadtverwaltung. Einzelvereinbarungen werden für Dienstleistungen abgeschlossen, die sich nach Menge, Aufwand und Preis genau beschreiben lassen. Dazu zählen alle weiteren Dienstleistungen des Systemhauses, vor allem Beratungsleistungen, IT-Endgeräte (PCs, Drucker etc.), IT-Serviceleistungen und Schulungen. So wird beispielsweise zwischen den Fachbereichen und dem Systemhaus für die Aufstellung und Nutzung eines PCs ein Einzelvertrag abgeschlossen und die Fachbereiche entrichten anschließend eine PC-Miete.

Kontraktmanagement in Hameln

In der Stadt Hameln wird eine Zielvereinbarung zwischen der Verwaltungsführung und der kommunalen Druckerei geschlossen. Die Druckerei erhält seitdem ein Budget von 150.000. Euro, aus dem die Personal- und Sachkosten bestritten werden. Als Finanzziel wurde eine hundertprozentige Kostendeckung durch das Budget angegeben. Diese Ausgaben sollen durch interne Aufträge der Fachabteilungen und durch externe Aufträge von kommunalen Einrichtungen bzw. durch private Kunden wieder eingenommen werden. Als Anreiz zum wirtschaftlichen Handeln ist im Kontrakt die Möglichkeit enthalten, erwirtschaftete Überschüsse zu 50% in das nächste Haushaltsbudget zu übertragen. Andererseits müssen auch Defizite, und zwar zu 100%, übernommen werden.

Kontraktmanagement ist ein weit verbreitetes Instrument bei der Modernisierung der Verwaltung. Allerdings ist in den untersuchten Kommunen der Übergang von der bürokratischen Regelsteuerung hin zur Ergebnissteuerung selten gelungen, es können eher Mischformen zwischen der klassischen und der Ergebnissteuerung beobachtet werden. Diese Form zeichnet sich aus durch einen geringen Entwicklungsgrad des strategischen Managements, eine geringe dezentrale Ressourcenautonomie sowie eine eher traditionelle Personalwirtschaft. Kontrakte werden in die bestehende Hierarchie eingefügt, ohne dass dabei die Dezentralisierung von Fach- und Ressourcenverantwortung umgesetzt ist. Damit werden die Potenziale des Kontraktmanagements nur teilweise genutzt, ein Abbau von Hierarchieebenen findet nicht oder nur teilweise statt.

4.3.2   Nutzerintegration als Strategie des Dienstleisters   ■

Der Abschluss von Zielvereinbarungen mit entsprechenden Budgets ist aber nur die eine Seite der Neugestaltung der Leistungsbeziehungen. Die Wettbewerbsfähigkeit wird im erheblichen Maße davon beeinflusst, inwiefern es den Dienstleistern gelingt, die Nutzerbewertungen und -präferenzen zum zentralen Bezugspunkt der Dienstleistungsproduktion zu machen (vgl. Oppen 1998a; Schedler/Proeller 2000). Vorreiter für entsprechende Überlegungen im öffentlichen Sektor ist die Neuorientierung in der Industrie, insbesondere der Automobil- und der Konsumgüterindustrie, wo die Produktentwicklung und -anpassung in den vergangen Jahren grundlegend verändert wurde. Während die Wettbewerbsvorteile in der Vergangenheit bei einer Vielzahl von Produkten in der Reduktion der Produktionskosten durch Massenproduktion und den damit einhergehenden Veränderungen in der Arbeitsorganisation (z.B. Fließbandarbeit, Gruppenarbeit und andere Formen) lagen, können heute Marktanteile oft nur dann gehalten oder erweitert werden, wenn das Produkt genau den Bedürfnissen und Erwartungen der Kundenzielgruppe entspricht (vgl. Müller-Stewens/Lechner 2001). Analog dazu hat sich durch die Umsetzung neuer Managementkonzepte im öffentlichen Sektor die Nutzerorientierung zu einem zentralen Baustein für wettbewerblich agierende kommunale Dienstleistungsproduzenten entwickelt. Um den Bedarf sowie Erwartungen und Einschätzungen der Nutzer in Erfahrungen zu bringen, setzen viele kommunale Dienstleister auf expertenzentrierte und standardisierte Marktforschungs- und Qualitätssicherungsinstrumente. Insbesondere kann der Einsatz von Nutzerbefragungen, Beschwerde- und Vorschlagswesen sowie von Zertifizierungen beobachtet werden.

Zertifizierung des Dortmunder Systemhauses

Das Dortmunder Systemhaus versteht sich als kundenorientierter Dienstleister, der kontinuierlich seine Leistungs- und Kundenprozesse sowie Dienstleistungen überprüft und verbessert. Hierfür wurde bereits frühzeitig mit der Einführung eines Qualitätsmanagementsystems begonnen, dass zwischenzeitlich erfolgreich umgesetzt wurde. Die Deutsche Gesellschaft zur Zertifizierung von Managementsystemen GmbH (DQS) hat alle Prozesse des Systemhauses nach der Norm DIN EN ISO 9001: 2000 zertifiziert. Auf dem Weg der Zertifizierung konnten Schwachstellen aufgedeckt werden und es wurden Verfahren entwickelt, um diese Mängel künftig zu verhindern und eine reibungslose Leistungserstellung zu gewährleisten. Das Systemhaus hat sich zum Ziel gesetzt, die Wirksamkeit dieser Verfahren fortlaufend zu prüfen und zu verbessern, um die erneute Zertifizierung zu erreichen.

Der Einsatz dieser Instrumente kann dabei helfen, die Bedürfnisse der Nutzer zu erfahren, ihnen Leistungsstandards zu vermitteln und innerhalb der Produktion zu gewährleisten. Allerdings zeigt die Praxis auch sehr deutlich, dass die eingesetzten Standardverfahren zur Qualitätssicherung und Nutzerintegration an Grenzen stoßen (vgl. Oppen 1995). Häufig dienen die Instrumente ausschließlich dazu, nach außen Kundenorientierung zu dokumentieren. Es werden Zertifizierungen durchgeführt oder mit Feedbackverfahren von den Nutzern vielfältige Daten gesammelt, die aber keinen Einfluss auf die konkrete Gestaltung der Dienstleistungsproduktion haben. Die bestehenden Verfahren dienen oft dazu, erfassbare Merkmale von Qualität (z.B. Anzahl der Beschwerden) aufzunehmen; dagegen werden Elemente der Struktur- und Prozessqualität noch wenig beachtet. Im Ergebnis werden also nur bedingt gestaltungsrelevante Daten für umfassende Verbesserungsprozesse gesammelt (vgl. Oppen/Wegener 1997). Die Wirksamkeit von Qualitätsverbesserungsverfahren wird vor allem deshalb limitiert, weil durch die weiterhin weit verbreitete Abnahmepflicht von verwaltungsinternen Leistungen die Wahlmöglichkeiten für den Nutzer beschränkt sind. Feedbackverfahren verlieren systematisch an Relevanz, wenn der Nutzer durch Kontrahierungszwang zur Abnahme von Dienstleistungen verpflichtet wird und die Möglichkeit nicht gegeben ist, bei andauernder Unzufriedenheit den Anbieter zu wechseln.

Durch die geringe Relevanz systematischer Kundenfeedbackverfahren ist es kaum verwunderlich, dass neue Produkte in den untersuchten Kommunen zwar vorkommen, aber Prozess- und Strukturverbesserungen eine noch unterentwickelte Rolle spielen (siehe unten). Oftmals finden Produktweiterentwicklungen aufgrund der defizitären Kundenintegrationsverfahren nur reaktiv statt. So werden technische Innovationen, wie beispielsweise die Verwendung neuer IT-Systeme und -Verfahren (z.B. Fachanwendungen), häufig nur mit starker zeitlicher Verzögerung in den Kommunen verwendet. Externe (z.B. technologische) Entwicklungen sind regelmäßig die entscheidende Triebkraft für die Anpassung des kommunalen Dienstleistungsportfolios. Produktneuerungen werden aber auch häufig durch veränderte Normen und Regelungen ausgelöst. Gerade in den Bereichen Jugend und Soziales, Beschäftigung und auf dem Arbeitsmarkt haben Kommunen neue Leistungen kreiert infolge eines veränderten gesetzlichen Auftrages. Darüber hinaus können aber kaum nennenswerte Veränderungen im Produktportfolio kommunaler Dienstleister beobachtet werden. Dies liegt vor allem daran, dass die meisten kommunalen Dienstleister in Deutschland gar nicht die Möglichkeit haben, neue Produkte zu entwickeln, da die Kundenwünsche nicht bekannt sind, die Abnehmer nicht als Kunden wahrgenommen werden oder der Dienstleister nicht die Kompetenz besitzt, sein Leistungsangebot zu verändern. Wettbewerb erfordert aber pro-aktive Produktinnovation durch den kommunalen Dienstleister, weil eine Berücksichtigung von Kundenwünschen die Nachfrage nach den Leistungen sichern kann.

4.4 Finanzbeziehungen: Ressourcenautonomie und Preise als Wettbewerbsstrategie ■

4.4.1 Dezentrale Ressourcenautonomie als Strategie der Kommune ■

Die bisherige Verwaltungsmodernisierung deutscher Kommunen hat versucht, mit der Etablierung eines neuen Finanzmanagements die Nachteile des tradierten Haushalts- und Rechnungswesens zu überwinden. Gerade

83

hier bestehen in Deutschland erhebliche Defizite, weil die Kommunen und ihre Betriebe traditionell einer kameralistischen Haus- und Rechnungswesen unterliegen (vgl. Beyer/Plaß 2001; Budäus 2000; Lüder 2001; Reichard 1987). In vielen untersuchten Kommunen, welche die Produktbildungsphase abgeschlossen haben, konzentrieren sich die Bemühungen nun auf den Aufbau der Kosten- und Leistungsrechnung, die Entwicklung von internen Verrechnungssystemen sowie auf den freieren Umgang mit finanziellen Ressourcen innerhalb der Kameralistik (z.b. gegenseitige Deckungsfähigkeit, Auflösung von Sammelnachweisen). Das neue Finanzmanagement soll die Geschäftseinheiten motivieren, nicht mehr wie bisher in einjährigen Finanzzyklen zu denken, sondern die einzelbetriebliche Effizienz in den Vordergrund zu stellen. Der wichtigste Aspekt bei der Modernisierung des Finanzmanagements bezieht sich jedoch auf die Erhöhung der Ressourcenautonomie von Dienstleistern (vgl. Bals 2000a, b; KGSt 2002). Die Fähigkeit dezentraler Facheinheiten, weitgehend autonom über die Verwendung von Ressourcen zu entscheiden, ist eine Vorbedingung für die Wettbewerbsfähigkeit von Dienstleistungsproduzenten (vgl. Wegener 2002b). Die Schaffung von Autonomie wird in den Modernisierungsbestrebungen der letzten Jahre mit verschiedenen Budgetierungsverfahren angestrebt (vgl. Bals 2000a, b; KGSt 2002). Budgetierung bezeichnet im neuen Finanzmanagement das Verfahren der Haushaltsplanaufstellung und -bewirtschaftung. Bei der Aufstellung des Haushaltsplans werden den Fachbereichen und Dienstleistern im Rahmen des insgesamt für das Planjahr erwarteten Ressourcenaufkommens Budgets vorgegeben, innerhalb derer sie weitgehend selbstständig ihre Einzelansätze und das Leistungsprogramm festlegen können. Bei der Bewirtschaftung der Budgets und der Erstellung von Leistungen wird den Dienstleistern eine möglichst umfassende und weitgehende Autonomie und Autarkie eingeräumt (vgl. KGSt 1993a).

Ressourcenmanagement in Dortmund

Die Stadt Dortmund hat frühzeitig ihre Reformbemühungen auf die konzeptionelle Entwicklung eines Produktkataloges und einer Kosten- und Leistungsrechnung gelegt sowie anschließend mit der schrittweisen Umsetzung in den Ämtern begonnen. Basierend auf dem Produktkatalog wird heute in der gesamten Stadtverwaltung eine dezentrale Ressourcenverantwortung praktiziert. Den Ämtern werden globale Budgets zugeteilt, die ihnen Handlungsfreiräume sowohl bei den personellen Ressourcen (z.B. Mitarbeitereinsatz, Aus- und Fortbildung, Reisekosten) als auch bei den Sachkosten lassen. Daneben wurden einige organisatorische Regelungskompetenzen in die Fachämter verlagert. Die Dokumentation der outputorientierten Budgetierung erfolgt über den Produkthaushalt. Die Outputorientierung wird durch die produktorientierte Haushaltsgliederung im Zusammenhang mit Zielen und Kennzahlen gewährleistet. Der Produkthaushalt soll ferner im Zuge der Einführung des Neuen Kommunalen Finanzmanagements eine Verbindung von Input- und Outputorientierung herstellen sowie Ergebnisse und Wirkungen aufzeigen. Damit soll das Verhältnis von dezentraler Ergebnisverantwortung und gesamtstädtischer Steuerung auf eine neue Grundlage gestellt werden.

Die Schaffung von Ressourcenautonomie ist, obgleich sie ein Kernstück des Neuen Steuerungsmodells darstellt, in kaum einer der untersuchten Kommunen vollständig realisiert worden. Die begrenzte Verbreitung einer tatsächlichen Ressourcenautonomie begründet sich dadurch, dass aufgrund von Zurechnungsproblemen Personalressourcen nur sehr eingeschränkt dezentralisiert wurden und aufgrund der zeitversetzten Einführung einer Kosten- und Leistungsrechnung verschiedene (traditionelle) „Gemeinkosten" keine Berücksichtigung fanden. Darüber hinaus wurde – nicht nur im geschilderten Fallbeispiel – zwar die Verantwortung dezentralisiert, nicht aber die Verfügungsrechte über Ressourcen. In keiner Kommune kam es zu wesentlichen Änderungen an existierenden Abnahmeverpflichtungen, um die Dynamik des Wettbewerbs über vermehrte Wahlmöglichkeiten für die Nutzer zu steigern. Die Fachbereiche in den untersuchten Kommunen sind weitestgehend an den lokalen Produzenten gebunden (Ausnahmen gibt es für ausgewählte Leistungen). Diese in der Literatur als klar wettbewerbshinderlich identifizierte Regelung (vgl. KGSt 2002) wird aber in einigen Fallbeispielen durch Kundenfeedbackverfahren sowie durch Preis- und Leistungstransparenz tendenziell abgeschwächt. Über die Preistransparenz (z.B. Kosten pro PC, Programmierkosten pro Stunde) wird der Dienstleister gezwungen, seine Produkte und Leistungen in etwa auf Marktniveau zu halten. Auch müssen Wahlmöglichkeiten leistungsspezifisch[3] definiert werden und sich an der lokalen Leistungskette orientieren (vgl. Andersen 2004). Ein interessanter Befund ist allerdings, dass keine Fallstadt versucht, die vorhandene (und politisch gewünschte) Abnahmeverpflichtung mit den unterschiedlichen Formen der Bezahlung (z.B. Anreizbezahlung) zu koppeln, um den Druck auf den lokalen Dienstleister zu erhöhen. So begründen einige der untersuchten Kommunen die zurückhaltende Anwendung monetärer Anreizsysteme da-

---

3   Die Abschaffung des Kontrahierungszwangs gestaltet sich im IT-Bereich schwierig: Hier existieren bislang bestimmte technologische Wechselbarrieren, die Wahlmöglichkeiten für den Anwender technologisch nicht möglich bzw. wirtschaftlich unsinnig machen würden (vgl. Andersen 2004).

mit, dass die Probleme der Dienstleistungsproduktion (z.B. Outsourcing; Public Private Partnership) nur schwer an direkt und objektiv messbaren Merkmalen festgemacht werden können. Strategische Partnerschaften mit dem Dienstleister und Kundenfeedbackverfahren seien ausreichend für die Erzielung von Wettbewerbsfähigkeit. Allerdings stoßen diese Lösungsstrategien irgendwann auf modellspezifische Entwicklungsgrenzen. Wettbewerb ist ohne den Einbau von Wahlmöglichkeiten nicht denkbar.

■ *4.4.2 Preisbildung als Strategie des Dienstleisters*

Wettbewerbsfähigkeit erfordert vom kommunalen Dienstleister als Erbringer von Services die Fähigkeit, den Kunden klar definierte Produkte und Dienstleistungen mit Preisen anbieten zu können (vgl. Andersen/Reichard 2003; KGSt 2002; Wegener 2003a, b). Dafür müssen die Dienstleistungsproduzenten ihre eigenen Kostenstrukturen kennen und für die erstellten Dienstleistungen Preise kalkulieren können (vgl. KGSt 2002). Vielerorts verstärken kommunale Dienstleistungsproduzenten ihre Bemühungen, mit Hilfe einer Kostenrechnung ihre Dienstleistungen zu bepreisen und die ermittelten Produktkosten den Fachbereichen in Rechnung zu stellen. Dabei kann in den Landkreisen, Städten und Gemeinden eine Vielzahl unterschiedlicher Ausprägungen beobachtet werden. Im Wesentlichen können zwei Varianten unterschieden werden: Kostenumlage (innerhalb der Kostenrechnung) einerseits und Verrechnungspreise (Kosten-, Verhandlungs- und Marktpreise) andererseits (vgl. Horváth & Partner 2002; KGSt 1998b).

Bei den Kommunen zeigt sich sehr klar eine Präferenz für die Verwendung von Kostenpreisen, die in der Regel gekoppelt sind mit einem auf einer Auftraggeber-Auftragnehmer-Trennung basierenden Kontrakt- oder Vertragsmanagement.

Interne Leistungsverrechnung im Kreis Pinneberg

Die Kreisverwaltung Pinneberg praktiziert eine interne Leistungsverrechnung für sämtliche Serviceleistungen des Geschäftsbereichs „Innerer Service". Auf Grundlage der Informationen, die mittels der Kosten- und Leistungsrechnung gewonnen werden, werden für alle Leistungen Preise kalkuliert. Kalkulationsgrundlage sind dabei die Vollkosten ohne die Kosten der ehrenamtlichen Selbstverwaltung und des Zentralbereichs. Die Abnehmer der Leistungen erhalten monatlich Rechnungen und verbuchen diese haushaltswirksam als innere Verrechnungen.

Problematisch gestaltet sich vielerorts die Loslösung der auf der Kostenrechnung basierenden Leistungsverrechnung vom weiterhin kameralen Haushalt. So findet die Verrechnung in separaten Systemen (z.B. Excel- oder Access-Datenbanken) statt und bleibt, weil damit haushaltsunwirksam, auf dem Papier stehen. Verschärft wird die Situation dort, wo noch keine vollständige Ressourcenautonomie der Fachbereiche vorliegt, weil Serviceleistungen noch immer über zentrale Haushaltsstellen finanziert werden. Es werden dann zwar Produktkosten ermittelt, aber kein Zusammenhang zum realen Verbrauch hergestellt. Interne Serviceleistungen sind so weiterhin freie Güter für die konsumierenden Fachbereiche.

Vereinzelt werden die Preiskalkulationen der kommunalen Dienstleister dazu benutzt, um den Preis zwischen Kommune und Produzenten auszuhandeln. Die geringe Verbreitung könnte darin begründet liegen, dass die Kommunen bisher nur über unzureichende Auftraggeberkompetenzen verfügen, die es ihnen ermöglichen, dem Dienstleister gegenüber eigene Kostenvorstellungen durchzusetzen. Die Kommunen haben häufig noch nicht ausreichend Fähigkeiten zur eigenständigen Preisermittlung, zur Überprüfung der internen Gebotshöhe des Dienstleisters oder zur Leistungsspezifikation entwickelt. Stattdessen werden entweder bürokratische Steuerungsverfahren weiterverwendet oder es können „Ausweichstrategien" beobachtet werden, um so den internen Dienstleister zur Reduzierung seiner Preise zu zwingen. So wird die Überprüfung der Gebotshöhe in der Regel dem örtlichen Rechnungsprüfungsamt überlassen; oder es werden durch die Verwaltungsführung pauschale Kürzungsvorgaben gemacht; oder es wird bisweilen sogar die Privatisierung der Leistungsproduktion in den Raum gestellt.

Marktorientierte Preiskalkulation in Heidelberg

Die Stadt Heidelberg strebt im Bereich Straßenunterhaltung die verstärkte Marktorientierung bei der Preiskalkulation an. Mit Hilfe eines Markttestverfahrens vergleicht der städtische Dienstleister seine Preise mit konkurrierenden Anbietern. Er muss dabei mit dem Bruttopreis kostengünstiger sein als der preiswerteste Anbieter, bezogen auf alle Positionen des ausgeschriebenen Bauleistungskataloges. Ziel es ist, die Wettbewerbsfähigkeit auch bezüglich des Nettopreises zu erreichen.

Auch Marktpreise werden in den untersuchten Kommunen kaum genutzt. Wenn dies geschieht, dann nur sehr sporadisch und für ausgewählte Dienstleistungen, und zwar dort, wo ein Markttest einfach durchführbar ist (z.B. Beratungsleistungen, Anwaltshonorare). Eine systematische Ausrichtung an Marktpreisen mittels Markttests kann also nicht beobachtet werden.

Preisbildungen von Dienstleistern sind mit einigen „typischen" Problemen konfrontiert. Bei der Kalkulation von Kostenpreisen werden häufig nur ausgewählte Kosten verwendet, die sich aus den Personal- und den Sachkosten zusammensetzen. Kalkulatorische Kosten und Gemeinkosten werden oft nur teilweise oder noch gar nicht angesetzt. Die Ausblendung einiger Kosten in der Kostenrechnung kann aber nur eine Übergangsphase darstellen. Sie ist unter Umständen erforderlich, wenn der Dienstleister noch nicht in der Lage ist, alle Kosten zu erfassen und zu berechnen. Die Wettbewerbsfähigkeit kommunaler Dienstleistungsproduzenten erfordert in jedem Fall eine Bepreisung der eigenen Produkte und Dienstleistungen mit Hilfe einer Kostenrechnung. Dabei gilt es, sämtliche Kosten der Dienstleistungsproduktion zu berücksichtigen, somit auch die Kosten, die der entsprechende kommunale Dienstleister, der Eigenbetrieb oder ein anderer öffentlicher Produzent nicht als Kosten wahrnimmt, die er direkt und unmittelbar beeinflussen kann (z.B. Kosten politischer Führung, Kosten der Demokratie). Die Dynamik des Wettbewerbs soll gerade die im Wettbewerb stehenden Dienstleistungsproduzenten ermuntern, gegenüber Auftraggebern und Produzenten von Vor- und Teilleistungen eine kritische Kontrolle über die Kostenstrukturen zu bewahren. Dabei können Kosten- und Preisvergleiche mit konkurrierenden Anbietern hilfreich sein, um so die eigenen Kostenstrukturen in Richtung Marktpreise zu verbessern. Dies erscheint aufgrund des zunehmenden Drucks, dem Dienstleistungsproduzenten ausgesetzt sind, zwingend erforderlich.

■ 4.5 Steuerungsbeziehungen: Strategisches und betriebliches Management als Wettbewerbsstrategie

■ *4.5.1 Strategische Steuerung und Politiklernen als Strategie der Kommune*

Die Erfahrungen der letzten Jahre haben gezeigt, dass die neuen Managementkonzepte die Defizite bürokratischer Organisationen nicht haben beheben können. Vielmehr zeigen die untersuchten Kommunen, dass im Zuge des Reformprozesses neue Probleme aufgetreten oder bestehende Defizite intensiviert worden sind (vgl. Naschold 1998a; Wegener 2002b). Die mit der Optimierung des tradierten Finanzmanagements verbundene Konzentration auf die Wirtschaftlichkeitsdimension hat vielerorts zu suboptimalen Ergebnissen geführt, weil versucht wurde, die Effizienz ohne Berücksichtigung der Folgen für die Zielerreichung zu verbessern. Wirtschaftlichkeitssteigerungen können dann einem Verlust an Wirksamkeit gegenüberstehen (vgl. Schedler/Proeller 2000). Viele Städte haben auf Verselbstständigungen und produktbezogene Organisationsformen gesetzt. Dadurch sind aber die Strukturdefizite bürokratischer Organisationen eher intensiviert worden. Ähnlich den Erfahrungen der Privatindustrie hat die Verselbstständigung von Organisationseinheiten bisher weit unterschätzte Zentrifugalkräfte freigesetzt (vgl. Naschold 1998b). Das Gefahrenpotenzial dieser Organisationsform liegt darin, dass durch die Verfolgung dezentraler Ziele das „Gemeinwohl" der Gesamtorganisation außer Acht gelassen wird. Eng damit verbunden ist die Erkenntnis, dass Auftraggeber durch die im Zuge von Verselbstständigungsstrategien erfolgende Abkopplung der Produktion entscheidungsrelevantes Wissen über Produkte und Dienstleistungen sowie Produktionsprozesse, -verfahren und -standards verlieren.

Das Neue Steuerungsmodell und insbesondere seine Weiterentwicklung zum Strategischen Management seit 2000 (vgl. stellvertretend: Heinz 2000; Hill/Wegener 2002; KGSt 2000b; Naschold/Bogumil 1998; Reichard 2001a; Schedler/Proeller 2000) bezieht wesentliche Überlegungen der betriebswirtschaftlichen Literatur (vgl. Bleicher 2001; Horváth & Partner 2001; Kaplan 2000) zu den beschriebenen Problemkreisen ein und versucht die bisherige interne Reformperspektive um eine Wirkungsdimension zu erweitern. Wirkungsbezogene Steuerung von Dienstleistungen der Verwaltung kann danach über eine bloße Ergebnisbetrachtung des Verwaltungshandelns aus fachlicher, marketing- oder betriebswirtschaftlicher Perspektive hinausführen. „Guter Service" der Verwaltung zielt auf mehr als auf bloße Kundenzufriedenheit ab.

Das strategische Management ist von der Grundannahme bestimmt, dass strategisches Denken wesentlich den Erfolg der Kommune bestimmt. Dabei umfasst die Messung des Erfolgs nicht nur die Wirtschaftlichkeitsdimension von Verwaltungshandeln, sondern die Ergebnis- bzw. Wirkungsdimension rückt in das Zentrum. Nur so können im Wettbewerb stehende Dienstleistungsproduzenten im Sinne der Kommune gesteuert und für die Lösung lokaler Probleme herangezogen werden.

Der Ansatzpunkt des strategischen Managements ist eine wesentliche Änderung in der Ausrichtung der Verwaltungsmodernisierung. Zum einen geht es um bessere Verknüpfung der einzelnen, teilweise heute bereits vorhandenen Reformbausteine des Neuen Steuerungsmodells und damit um eine konsequente Weiterentwicklung der Verwaltungsreformen. Zum anderen geht es aber vor allem um die Förderung eines strategischen Denkens und Handelns in der Kommune. Nur so können die im „alten" Neuen Steuerungsmodell fehlenden externen Veränderungsmotoren Wettbewerb und Kooperation in die Produktion eingebaut werden (vgl. Wegener 2002b).

Strategische Steuerung im Landratsamt Ludwigslust

Das Landratsamt Ludwigslust hat sich im Jahre 2001 als erste deutsche Kommune dazu entschlossen, sämtliche IT-Dienstleistungen an das externe Dienstleistungsunternehmen Deutsche Telekom AG auszulagern (Outsourcing). Mit der Auslagerung verfolgt das Landratsamt das Ziel, die Modernisierung der eigenen IT-Infrastruktur, insbesondere im Desktop- und Netzwerkbereich, voranzutreiben und zugleich Wirtschaftlichkeitsgewinne für die Konsolidierung des kommunalen Haushalts zu realisieren. Das Outsourcing der Informationstechnologie ist schnell mit der Erkenntnis verbunden gewesen, dass der sinnvolle Einsatz von IT in ausgelagerten Produktionsstrukturen die Ablösung bisheriger traditioneller Steuerungsverfahren und die übergreifende Koordinierung und Planung des gesamten IT-Einsatzes erfordert. Zu diesem Zweck wurde die zentrale Struktureinheit „Informationsmanagement" beim Landrat gebildet, die aus einem so genannten Informationsmanager besteht. Der Informationsmanager vertritt die Belange der IT auf Vorstandsebene und sorgt dafür, dass die IT nicht mehr als Querschnittsaufgabe des Hauptamtes, sondern als strategische, wettbewerbsrelevante Ressource in der Kommune wahrgenommen wird. Das Landratsamt hat die traditionelle IT-Bewirtschaftung ersetzt durch eine partnerschaftliche Planung zwischen Dienstleister und Kommune auf zentral-administrativer Ebene, gekoppelt mit einer zentralen Budgetierung und Bezahlung, einer dezentralen Qualitätsstrategie sowie einem Top-down-Kulturwandel mittels Konzeptionalisierungen (IT-Strategie) und Standardisierungen (Betriebs- und Fachkonzepte) durch die Führungskräfte (Landrat, Informationsmanager).

Der Fall verdeutlicht, dass es mit der Einrichtung einer zentralen Steuerungsinstanz gelingen kann, dem Steuerungsvakuum zu begegnen, das durch die Auslagerung der Dienstleistung und damit einhergehende Abwanderung von Beschäftigten aus der Kernverwaltung entstanden wäre. Die Verwaltung verfügt weiterhin über die technologische und fachliche Kompetenz, die es ihr ermöglicht, Ziele und Prioritäten an den Dienstleister zu formulieren und so den IT-Einsatz auf die fachlichen Anforderungen und die Geschäftsprozesse der einzelnen Leistungsbereiche abzustimmen.
Eng verbunden mit der strategischen Steuerung ist die Frage, wie die Politik Wissen erlangt über die Dienstleistungsproduktion als Ganzes, oder andersherum, wie die verantwortlichen kommunalen Akteure über den Dienstleistungsbereich Wissen erwerben und dieses Wissen in die Zielformulierung einfließen lassen können. Dies ist insbesondere dann

relevant, wenn die Entscheidung für eine alternative Dienstleistungsproduktion gefällt wurde und die Kommune neue Kompetenzen erwerben muss, um die Dienstleistungen spezifizieren und überwachen zu können („smart buyer"-Problematik).

Im Zuge der durch das Neue Steuerungsmodell geprägten Verwaltungsmodernisierung haben sich in den letzten Jahren verschiedene Formen des Berichtswesens herausgebildet. Ziel ist es, die aus der Auftraggeber-Auftragnehmer-Trennung resultierenden Informationsasymmetrien zu minimieren. Um den unterschiedlichen Informationsbeziehungen zwischen Auftraggeber (Verwaltungsführung, Fachbereiche) und Auftragnehmer und damit den unterschiedlichen Informationsbedürfnissen Rechung zu tragen, wird das Berichtswesen üblicherweise in zwei Ebenen unterteilt: die strategische Ebene einerseits und die operative Ebene andererseits. Generell soll das Berichtswesen aber nach dem Prinzip der Ergebnissteuerung nicht nur über Produkte und deren Umsetzung informieren, sondern auch über die Nachfrage, die erreichten Wirkungen und mögliche Probleme. Viele Kommunen erproben derzeit unterschiedliche Berichtsformate und -frequenzen und deren Angemessenheit für die Bedarfe verschiedener Adressatengruppen wie Politik und Verwaltungsführung.

Stadt- und Gemeinderäte klagen zuweilen über die Informationsflut, weil die Angaben nur bedingt in die tägliche politische Arbeit umzusetzen sind. Die Gestaltung des derzeitigen Berichtswesens, das sich im Wesentlichen auf interne Informationen konzentriert, weckte bislang kaum das Interesse der Politik. Das interne Berichtswesen darf nicht, wie so oft, Datenfriedhöfe in der Verwaltung schaffen. Deshalb müssen Politik und Verwaltungsführung selbst festlegen, welche Kriterien der internen Leistungsproduktion sie als zentral ansehen. Es kommt somit darauf an, ein (politisches) Berichtswesen zu entwickeln, welches internen betrieblichen Anforderungen genügt, sich dabei aber nicht nur auf die Finanzen beschränkt. Relevantes Wissen über die Dienstleistung (z.B. Nachfrageinnovationen) und die Produktion (z.B. Produktionsverfahren, Standards) müssen gesammelt und für Verwaltungsführung und Politik nutzbar gemacht werden (vgl. Wegener 2002b). Dabei kann auch die Klärung der Marktsituation der jeweiligen Dienstleistungen hilfreich sein, wenn sie sich auf eine Markt- und Wettbewerbsanalyse stützen kann, um hierdurch relevante Informationen über den eigenen Markt und die potenziellen Konkurrenten zu erhalten (vgl. Andersen et al. 2003; Bruhn 2002; KGSt 2002). Durch die Nutzung der Vorteile des gemeinsamen Lernens (z.B. Vergleichsringe, Netzwerke) mit unterschiedlichen Partnern (z.B. Politik, Verwaltung, Wirtschaft, Verbände, Bürger) werden Wege eröffnet, Wissen in der Kommune zu akkumulieren und so für die Produktionssteuerung nutzbar zu machen. Nur so können Innovationen entwickelt und letztendlich die lokalen Probleme gelöst werden (vgl. Wegener 2002b).

Das betriebliche Berichtswesen ist gegenwärtig nicht ausreichend für die strategische Steuerung von unterschiedlichen Dienstleistungsproduzenten. Dienstleister liefern überwiegend Informationen über die unmittelbaren Produktionsprozesse (z.b. Produktkosten, Anzahl der Beschwerden pro Produkt, Schnitthöhe des Straßenbegleitgrüns, Anzahl der Nasswischquadratmeter, Servererreichbarkeit) übermitteln. Diese sind aber keine ausreichende Grundlage für die strategische Steuerung durch die Politik, weil mittels Kosten- und Produktionsdaten keine Ergebnis- und Wirkungsziele formuliert werden können. Dafür benötigen Politik und Verwaltungsführung weitere Kanäle der Informationsbeschaffung, beispielsweise von Bürgern, Mitarbeitern und anderen Produzenten, um Wissen über Produkte, Prozesse und Innovationen zu erlangen, die es ihnen ermöglichen, strategische Ergebnis- und Wirkungsziele zu formulieren und so den Produzenten zu steuern. Entsprechende systematische Ansätze sind in den untersuchten Kommunen kaum zu beobachten.

■ *4.5.2 Steuerung betrieblicher Prozesse als Strategie des Dienstleisters*

Die Wettbewerbsfähigkeit kommunaler Dienstleister kann durch einen Wandel der betrieblichen Steuerung von der Struktur- und Funktionsorientierung zur Prozessorientierung bei der Dienstleistungserstellung unterstützt werden. Ein zentrales Element der Veränderung ist hierbei die Etablierung eines Prozessmanagements (vgl. Heinz 2000).

Eine umfassende Sichtweise des Prozessmanagements beinhaltet die planerischen, organisatorischen und kontrollierenden Maßnahmen zur zielorientierten Steuerung der Leistungserstellung für Kriterien wie Qualität, Zeit, Kosten oder Kundenzufriedenheit (vgl. Helbig 2003). Prozessmanagement kann zu ressortübergreifenden Prozessen und infolgedessen zur Integration unterschiedlicher Bereiche führen. Rückenwind erhalten prozessorientierte Ansätze seit der verstärkten Qualitätsdiskussion (siehe oben). Prozessorientierung gilt hier als ein grundlegender Faktor, da Qualität nicht ausschließlich ergebnisbezogen geprüft werden kann, sondern im Wesentlichen im Rahmen des Betriebsprozesses entsteht (Oppen 1995). Förderliche Faktoren sind die Neuordnung von Kompetenzen, Verantwortung und Aufgaben. Durch Dezentralisierung können qualitätsfördernde Faktoren wie Selbstabstimmung und Selbstkontrolle in die Leistungserstellung integriert werden. Ausgehend von diesem Ansatz sind verschiedene prozessorientierte Managementkonzepte wie Lean Management, Total Quality Management, Geschäftsprozessmanagement oder Business Process Reengineering entstanden (vgl. Oppen 1998b; Stöbe-Blossey 2001).

Diese Entwicklung wird im Rahmen der kommunalen Verwaltungs-modernisierung aufgegriffen, bei der Verbesserungen der Produkte und Leistungen mit der Identifikation, Bewertung und Optimierung der Ent-stehungsprozesse verknüpft werden sollen. Die Betrachtung der eigenen Prozesse führt zu einer ergebnisorientierten Sicht auf das eigene Produkt und den Vorgang der Leistungserstellung.

In den untersuchten Kommunen (z.b. Celle, Dortmund, Leipzig) sind erste Ansätze für eine Prozessorientierung zu erkennen. Vereinzelt werden Ämter aufgelöst und zu größeren Fachbereichen zusammengefasst (Bürgerdienste, Technik und Bau), neue kundenorientierte Prozesse (z.b. Auftragsmanagement, Problemmanagement) oder Komplettbearbeitungen (z.B. Personalausweis) umgesetzt. Ein umfassendes Prozessmanagement ist in den untersuchten Dienstleistungsbereichen bisher aber nicht ver-wirklicht worden. Häufig weisen die operativen und strategischen Ziel-vorgaben der betrieblichen Steuerung noch hohe Diskrepanzen auf. Ein zufrieden stellendes Gleichgewicht zwischen den funktionalen Strukturen und einer ausreichenden Prozessorientierung konnte noch nicht hergestellt werden. Prozessorientierte Ansätze im Rahmen von Reformbestrebungen werden oft in Projektform aufgesetzt, haben aber häufig keinen nachhaltigen Einfluss auf die Strukturen. In der Etablierung eines Pro-zessmanagements liegen deshalb hohe Optimierungspotenziale hinsicht-lich der Wettbewerbsfähigkeit kommunaler Dienstleister. Als erfolgskriti-sche Gestaltungsaufgabe wird dies jedoch in den Kommunen bisher nur selten begriffen.

4.6   Das Wettbewerbsprofil deutscher Kommunen   ■

In Deutschland dominiert seit einigen Jahren vor allem das Instrument der Verselbstständigung, insbesondere die Umwandlung der Dienstleister in eine private Rechtsform. Da strukturelle Veränderungen innerhalb der tra-dierten bürokratischen Organisation als schwer realisierbar angesehen werden, versuchen viele Kommunen durch Verselbstständigungen und Rechtsformumwandlung eine gewisse Flexibilisierung durch die Befrei-ung von für sie geltenden gesetzlichen Normierungen (z.B. Haushalts- und Dienstrecht) zu erreichen. Rechtsformumwandlungen und Privatisie-rungen werden dabei wie selbstverständlich mit „Wettbewerb" umschrie-ben. Letztlich werden damit in Deutschland die Probleme und Herausforderungen des Wettbewerbs, insbesondere des Wettbewerbs zwischen öffentlichen und privaten Dienstleistungsanbietern, nicht differenziert erfasst. Allerdings rückt das Thema Wettbewerb in den letzten Jahren zunehmend in den Vordergrund kommunaler Modernisierungsstrategien. Kommunen versuchen mit verschiedenen Instrumenten und Verfahren, ihre Dienstleister zu optimieren und fit für den Wettbewerb zu machen.

Tabelle 1 bringt zum Ausdruck, bei welchen Bausteinen und Kriterien die untersuchten Kommunen positiv vorangekommen sind und wo demgegenüber Defizite und Schwächen zu verzeichnen sind.

≡ **Tab. 1:** Entwicklungsgrad des Wettbewerbs in den Untersuchten Kommunen[*]

	Entwicklungsgrad		
	Gering	Mittel	Hoch
Verselbstständigung			x
Partnerschaften	x		
Kontraktmanagement		x	
Nutzerintegration	x		
Ressourcenautonomie	x		
Preisbildung		x	
Strategische Steuerung und Politiklernen	x		
Steuerung betrieblicher Prozesse	x		

[*] Vgl. Fußnote 2 auf Seite 73

Die aufgelisteten Kriterien ergeben sich aus der in den vorangegangenen Ausführungen vorgenommenen Unterteilung der eingangs benannten vier Themenfelder: Organisationsbeziehungen, Leistungsbeziehungen, Finanzbeziehungen und Steuerungsbeziehungen. Das Profil lässt eine deutliche Tendenz in Richtung Modernisierung der internen Verwaltungsstrukturen und -instrumente erkennen. Es gibt eine klare Dominanz aufbauorganisatorischer Veränderungen *(Verselbstständigung)* und interner Steuerungsinstrumente *(Kontraktmanagement, Preisbildung)*. Demgegenüber wird schnell deutlich, dass bislang die Voraussetzungen für die Nutzung von Wettbewerb denkbar schlecht sind *(Ressourcenautonomie)*. Die Autonomie über Ressourcen im eigentlichen Sinne, d.h. verknüpft mit der Möglichkeit, den Produzenten auszuwählen, ist in den Kommunen kaum realisiert worden. Daher ist es auch wenig verwunderlich, dass es bisher nicht gelungen ist, eine externe Orientierung in die kommunale Dienstleistungsproduktion einzubauen, die sich auf die Berücksichtigung von Nutzerpräferenzen *(Nutzerintegration)*, der strategischen Zielformulierung *(strategische Steuerung und Politiklernen)* sowie der partnerschaftlichen Problembearbeitung *(Partnerschaften)* stützt. Die fehlenden strategischen Rahmenbedingungen seitens der Kommune bewirken auch, dass es für die Dienstleister wenig Anreize gibt, ein zufrieden stellendes Gleichgewicht zwischen den funktionalen Strukturen und einer ausreichenden Prozessorientierung herzustellen und diese in den Mittelpunkt ihrer Steuerung zu stellen *(Steuerung betrieblicher Prozesse)*.

4.7 Binnenoptimierungen, Privatisierungen, aber wenig ■ Wettbewerb

Zum Schluss stellt sich die Frage, inwieweit Kommunen für den Wettbewerb gerüstet sind. Die Bilanz aus den Fallbeispielen ist eher ernüchternd. Es gibt in den meisten Kommunen innovative Ansätze an verschiedenen Punkten (vgl. Abbildung 1 „Wettbewerbsprofil"), aber es ist in keiner der Kommunen ein konsistenter Ansatz zu erkennen, der von Politik und Betrieb gleichermaßen unterstützt wird. Vielfach sind die Ausgangsbedingungen nach wie vor mangelhaft.

Was heißt das konkret? Durch die Fokussierung auf Verselbstständigungen und Modernisierungen der internen Verwaltungsstrukturen und -instrumente herrscht in Deutschland eine weiterhin binnenorganisatorische Reformperspektive vor, die eine externe Orientierung in Richtung eines systematischen Einbaus von Nutzerpräferenzen und -bedürfnissen in die Dienstleistungsproduktion ausblendet.

Besonders gravierend ist dabei der geringe Entwicklungsgrad der Ressourcenautonomie. Die fehlenden Wahlmöglichkeiten in der monopolisierten Dienstleistungsproduktion bewirken letztlich auch die geringe Nutzerorientierung und den Verzicht auf eine dezidierte Qualitätspolitik (vgl. Oppen 1998a). So muss der Abnehmer die Leistungen mit der angebotenen Qualität abnehmen, weil er aufgrund des Kontrahierungszwanges den Dienstleister nicht wechseln kann. Mit der Verankerung von Wechselmöglichkeiten („exit") für die Nutzer und damit von Konkurrenzmechanismen sollte sich auch die Wirksamkeit von bisher eher nutzlosen Feedbackverfahren („voice") für die Verbesserung der Dienstleistungsproduktion erhöhen. Die Nutzerpräferenzen dürften ernster genommen werden, wenn dem Dienstleister konkrete, aus dem Wettbewerb resultierende Sanktionen drohen.

Darüber hinaus sind die Instrumente und Verfahren, die eine externe Veränderungslogik in die Verwaltung bringen, durch einen geringen Entwicklungstand gekennzeichnet. Partnerschaften und strategische Steuerung gehören noch nicht zum Standardset der Kommunen. Kommunen versuchen häufig noch immer die Lösung für lokale Probleme selbst zu finden. Das Wissen externer Partner wird weder ausreichend gesammelt, noch für die Leistungserstellung gezielt nutzbar gemacht. Auch hat die Politik in den untersuchten Kommunen allenfalls in Ansätzen eine Strategie für die kommunale Dienstleistungsproduktion vorzuweisen, sodass kommunale Dienstleistungsanbieter stets unter Ungewissheit über ihre eigene Zukunft agieren und deswegen auch selbst keine offensive Strategie entwickeln.

Was sind die Konsequenzen hieraus? In kommunalen Dienstleistungsbereichen (z.B. Gebäudereinigung, Druckerei, IT), wo traditionelle Steuerungsverfahren (z.B. kamerale Haushaltmittel- und Personalbewirtschaftung) besonders schnell versagt haben und interne Reformmaßnahmen nicht (schnell genug) greifen, wird auf die Privatisierung der öffentlichen Leistungsproduktion als Allheilmittel zurückgegriffen. Die Qualitäts- und Effizienzdefizite werden per se als Versagen des öffentlichen Sektors ausgelegt und sollen durch Verlagerung von öffentlichen Aufgaben in den Verantwortungsbereich der Privatwirtschaft gemindert werden. Die Vermutung einer generell höheren Effizienz beim Privatsektor ist aber unzutreffend, wie die Erfahrungen verschiedener Ländern deutlich machen (vgl. den Beitrag von Wegener in diesem Band). Die Frage nach der Erstellungsform muss also differenzierter betrachtet werden. Die entscheidende Triebkraft für die Effizienz der Dienstleistungserstellung ist nicht der privatwirtschaftliche Charakter von Organisationen. Der Ersatz eines öffentlichen Monopols durch ein privates, wie es im Rahmen der Privatisierung der öffentlichen Dienstleistungsproduktion häufig geschieht, kann demnach nicht die Antwort der Kommunen sein. Wettbewerb ist vielmehr der Motor von Effizienz- und Innovationsprozessen und entscheidet damit über die Erstellungsform (vgl. Wegener 2002a; Andersen 2004). Somit wird zugleich deutlich, dass der in der deutschen Diskussion verwendete Wettbewerbsbegriff eine verkürzte Perspektive von Wettbewerb darstellt. Wettbewerb wird mit Rechtsformwandel und Privatisierungen umschrieben, womit aber wiederum nur auf die Frage nach der Erstellungsform angezielt wird.

Wettbewerbsfähigkeit steigern – aber wie? Das war die zentrale Fragestellung des Beitrages. Es ist deutlich geworden, dass Wettbewerb sich nicht auf einzelne Teilaspekte (z.B. Erstellungsform) beschränken darf. Es kommt vielmehr auf die Gesamtstrategie der Kommune an. Die Entscheidung für wettbewerbsfähige Dienstleister dreht sich weniger um die Wahl zwischen öffentlich oder privat. Die Wahl für eine bestimmte (lokal angemessene) Erstellungsform muss eingebettet sein in eine lokal passfähige Kombination der Governance-Mechanismen zwischen Auftraggeber und Auftragnehmer. Nicht die jeweilige Rechtsform oder einzelne Instrumente und Bausteine, sondern nur das *Design* der kommunalen Wettbewerbsstrategie entscheidet über die Effizienz und Effektivität der kommunalen Dienstleistungsproduktion.

Die bisherigen rechtlichen Rahmenbedingungen in Deutschland verhindern weitgehend den Wettbewerb zwischen öffentlichen und privaten Anbietern auf der kommunalen Ebene. Eine umfassende Etablierung von Wettbewerbsmechanismen sowie die Nutzung von innovativen und international erfolgreichen Lösungsstrategien sind in Deutschland bisher kaum möglich (vgl. Andersen/Reichard 2003). Allerdings sind die rechtlichen Regulierungen nur eine Ursache für die geringe Nutzung von Wettbewerb. Niemand hindert Kommunen daran, ihre Dienstleister wettbewerbsfähig zu machen. Der Beitrag hat deutlich gemacht, dass die Maßnahmen, die innerhalb des Rechtsrahmens möglich wären, von den Kommunen kaum umgesetzt werden. Die Voraussetzungen für die Nutzung von Wettbewerb liegen somit nicht nur auf der Bundes- und Landesebene, hier sind entsprechende Deregulierungen und Neufassungen des Kommunalwirtschafts- und Vergaberechts notwendig. Vielmehr liegen die (bisher ungenutzten) Voraussetzungen bei der Kommune.

Vor diesem Hintergrund stehen die Kommunen gegenwärtig an einer Weggabelung, wobei zwei unterschiedliche Pfade beschritten werden können. Der erste Pfad bedeutet eine Entscheidung für eine weitere Privatisierung und Deregulierung der öffentlichen Dienstleistungsproduktion mit der Folge des weiteren, eher ideologisch begründeten Rückzugs des Staates aus der Produktion öffentlicher Dienstleistungen. Ein Rückzug, der also nicht nach expliziten und überprüfbaren Kriterien – wie Effizienz, Effektivität und Qualität – erfolgt und der den Untergang der eigenen kommunalen Wirtschaft nach sich ziehen kann. Der zweite Pfad folgt einer Strategie für die Entwicklung wettbewerbsfähiger kommunaler Dienstleister mit der Perspektive auf einen fairen Wettbewerb zwischen öffentlichen und privaten Dienstleistern auf kommunaler Ebene. Die Kommune wird hierzu im Sinne des Gewährleistungsmodells umgebaut, und durch die genannten Gestaltungskriterien (z.B. Auftraggeber-Auftragnehmer-Trennung, Kostenrechnung, strategisches Management) werden klare Spielregeln („level playing field") und faire Bedingungen für diesen Wettbewerb geschaffen. Die Bemühungen werden durch Deregulierungen und Neufassungen des Kommunalwirtschafts- und Vergaberechts unterstützt, um es den kommunalen Dienstleistern schließlich zu ermöglichen, neue Geschäftsfelder zu erschließen. Dieser Weg ermöglicht den Erhalt der kommunalen Wirtschaft, soweit sie sich im Wettbewerb behauptet. Eine vertiefte politische und gesellschaftliche Diskussion dieser Strategieoptionen und eine nachfolgende Entscheidung durch die Politik erscheinen geboten.

5. Indienstnahme der Kooperation für den Wettbewerb?

Detlef Sack

Wenn über Reformbestrebungen im öffentlichen Sektor im Hinblick auf „Wettbewerb und Kooperation" nachgedacht wird, dann darf die Debatte um Public Private Partnerships nicht mehr fehlen.[1] PPPs sind en vogue. Dieses Kürzel ist Mitarbeitern lokaler Verwaltungen und Kommunalpolitikerinnen mittlerweile geläufig. So unterstellen DiGaetano und Strom (2003) einen allgemeinen Trend zur Einrichtung öffentlich-privater Kooperationen über Ländergrenzen hinweg. PPPs würden als Mittel verstanden, mit der globalen ökonomischen Restrukturierung und der wachsenden Konkurrenz zwischen Städten umzugehen. Allerdings handele es sich um eine relativ unbestimmte Konvergenz, ein genauerer Blick offenbare die tatsächliche Differenz und Variationsvielfalt, die sich hinter dem Label „PPP" verberge (DiGaetano/Strom 2003, S. 376f.). Der Umgang mit Partnerschaften auf der städtischen Ebene sei in Frankreich und Deutschland von der Tradition einer starken Staatszentrierung geprägt, die mit einem managerialistischen Verständnis seitens lokaler Gebietskörperschaften einhergehen. In den USA und Großbritannien entstünden aufgrund der offenen Haltung gegenüber privaten Akteuren eher korporatistische Arrangements in der Stadtentwicklung (ebd., S. 377ff.). Der Trend zur sektorübergreifenden Kooperation scheint allgemein, die Art und Weise der Einbeziehung von Unternehmen, Kund/inn/en und bürgerschaftlichem Engagement in die Erbringung öffentlicher Dienstleistungen gestaltet sich jedoch von Land zu Land unterschiedlich.[2]

---

1   Der vorliegende Text ist im Rahmen des Forschungsprojektes „Public Private Partnership – Hybridvarianten der Dienstleistungsproduktion" entstanden, das am Wissenschaftszentrum Berlin durchgeführt und vom Bundesministerium für Wissenschaft und Forschung finanziert wurde. Ich danke *Wolfgang Gerstlberger, Maria Oppen* und *Alexander Wegener* für anregende und hilfreiche Kommentierungen.

2   Insofern wird für PPP als Modernisierungsstrategie ein Befund bestätigt, der auf der Grundlage international vergleichender Untersuchungen auch für Reformbestrebungen im öffentlichen Sektor gilt, die im Paradigma des New Public Management (NPM) stattfanden (Löffler 2003; McLaughlin et al. 2003).

Gleichwohl sind PPPs in der politischen Diskussion umstritten: Die einen begreifen öffentlich-private Partnerschaften als einen politischen Kompromiss auf dem Weg zur vollständigen Privatisierung, als „ein Durchgangsstadium zur vollständigen materiellen Privatisierung" (Budäus 2003, S. 216). Im Rahmen eines neoliberalen Paradigmas bestehe der Trend zur Konversion gesellschaftlicher Probleme in Markgüter und zur Kommerzialisierung öffentlicher Dienstleistungen (Linder 1999, S. 42ff.). PPPs erscheinen in diesem Sinne als eine „eher kaschierende und kompensierende ‚Marketingstrategie'" (Budäus 2003, S. 217), die staatlichen Kompetenzverlust und privatwirtschaftliche Markterschließung bemäntelt. Die anderen sehen PPPs nicht nur als angemessene Organisationsform, um – angesichts staatlicher Finanzknappheit – die Erbringung von Dienstleistungen im öffentlichen Interesse sicherzustellen. Mitunter werden öffentlich-private Partnerschaften – in ausdrücklicher Abgrenzung zu neoliberalen Sichtweisen – auch als Organisationsformen verstanden, die bürgerschaftlichen Einfluss in Politikrealisierungsprozesse ermöglichen. PPPs werden somit als Ausdruck eines „aktivierenden Staates" begriffen (Damkowski/Rösener 2003, S. 172).

Im Folgenden werde ich in einigen einführenden Überlegungen auf die grundsätzliche Veränderung von Staatlichkeit und Leistungserbringungsprozessen im öffentlichen Sektor eingehen. Daran schließen sich eine Definition von PPP sowie ein Überblick über die historische Entwicklung und die Verbreitung öffentlich-privater Partnerschaften in Deutschland an. Dieser Beschreibung folgen Darstellungen der Erklärungsfaktoren für die Entstehung von PPPs und der bisherigen Kooperationserfahrungen. Ich schließe die Übersicht über die deutsche PPP-Entwicklung mit einigen Überlegungen zu einer nüchternen, aber kritischen Einschätzung von PPP im „aktivierenden Staat".

■ 5.1 Der „aktivierende" und „kooperierende" Staat

Im Zuge der Veränderung von Staatlichkeit im Kontext von Globalisierung, europäischer Integration sowie gesellschaftlicher Individualisierung und Ausdifferenzierung ist ein Wandel in der Definition von Staatstätigkeit festzustellen. Konstatiert wird unter anderem „eine tendenzielle Entwicklung vom Staat, der selbst Leistungen produziert und verteilt, zum Staat, der notwendige öffentliche Leistungen nur noch gewährleistet oder in Kooperation mit gesellschaftlichen Organisationen und privaten Unternehmen erfüllt (‚aktivierender' Staat)" (Benz 2001, S. 263). Der „Stellenwert von Kooperation als Instrument oder Verfahren staatlicher Aufgabenerfüllung" steigt im Vergleich mit bisherigen Steuerungsinstrumenten wie Recht und Geld (ebd., S. 237).

Dementsprechend sind „neue" Kooperationsformen unter den Begriffen der „Governance", des „Netzwerkregierens", aber auch der „Informalisierung" seit den 1990er Jahren zunehmend debattiert worden (als Überblick z.B. Pierre 2000; Kooiman 2003; siehe auch Oppen/Sack in diesem Band). Nun sind sektorübergreifende Kooperationsformen bei der politischen Entscheidungsfindung sowie bei der Erstellung von Gütern und Dienstleistungen im öffentlichen Interesse keine grundsätzlich neue Erscheinung. Formen der Zusammenarbeit zwischen öffentlichen Verwaltungseinheiten und Unternehmen, Verbänden, Kammern, Gewerkschaften, aber auch Bürgerinitiativen gab es bereits vor Beginn der hier skizzierten Debatte. Als neu lässt sich aber das Ausmaß der öffentlich-privaten Zusammenarbeit, deren zunehmend transnationaler Charakter sowie deren Bewertung kennzeichnen. Wenn nunmehr der Begriff der Kooperation in den Mittelpunkt staatlicher und verwaltungspolitischer Reformbestrebungen rückt, so wird damit neben der Beschreibung organisatorischer Veränderungsprozesse vor allem ein *normativer Wandel* markiert: Sektorübergreifende Kooperationen und Multiakteurskonstellationen erscheinen als wünschenswertes Moment modernisierter Staatlichkeit (Giddens 1999, S. 85ff.).

Hierbei speist sich das Postulat für „neue" Kooperationen aus vier unterschiedlichen Argumentationssträngen:

– Der erste orientiert sich an einem methodologischen Individualismus und betont eine gesteigerte Effizienz und Problemlösungsfähigkeit von Multiakteurskonstellationen. Durch die Konstellationen lassen sich unterschiedliche Ressourcen koppeln, Transaktionskosten reduzieren sowie Aufgaben an relativ flexible Agenten übertragen (zur ökonomischen Argumentation siehe z.B. Child/Faulkner 1998).

– Der zweite hebt in demokratietheoretischer Tradition die Beteiligung der Entscheidungsbetroffenen und die transparente Beratung als wesentliche Aspekte einer politischen Herrschaftsform hervor, die sich über gleichberechtigte Einbeziehung von Akteuren in Prozesse der Entscheidung und Durchsetzung kollektiver Werte und öffentlicher Güter legitimiert (zur demokratietheoretischen Argumentation vgl. Abromeit 2002).

– Für den dritten Argumentationsstrang wird Kooperation erforderlich, um den zentrifugalen Tendenzen einer zunehmenden gesellschaftlichen Individualisierung entgegenzuwirken und diesen durch

Beteiligung und Einbindung bürgerschaftlicher Akteure ein „community building" entgegenzusetzen (zur kommunitaristischen Argumentation siehe z.b. Haus 2003).

– Der vierte wiederum sieht aus einer institutionalistischen Sichtweise die Problemlösungsfähigkeit staatlicher Akteure aufgrund der Dynamik, Differenzierung und Komplexität sozioökonomischer Modernisierung angegriffen und plädiert deshalb für Methoden der „Co-Governance" (Kooiman 2003, S. 96ff.).

Je nach Politikfeld, Akteurskonstellation und institutioneller Ebene finden sich diese vier Argumentationsstränge in unterschiedlichen Mischungsverhältnissen, aber – und dies erscheint als Teil des „Neuen" der Steuerung und Leistungserbringung durch Kooperation – sie münden in ein normatives Postulat für sektorübergreifende Zusammenarbeit.[3]

Mit dem Phänomen und Postulat „neuer" sektorübergreifender Multiakteurskonstellationen ist zugleich eine Veränderung der Rolle staatlicher Akteure und ihrer Steuerungsmöglichkeiten verbunden. Traditionelle politische Legitimationsinstanzen behalten letztlich formal das Primat der Entscheidungsfindung, allerdings orientieren sie sich zunehmend an Kompromissen, die in öffentlich-privaten Netzwerken gefunden wurden. Wichtiger erscheint aber die veränderte Rolle der Exekutive. Deren Charakter wandelt sich unter dem Leitbild der „Co-Governance" (Kooiman 2003) von der hierarchischen Normdurchsetzung und Leistungserbringung zu einer initiierenden und koordinierenden Instanz.

Eine „gewährleistende", „ermöglichende", „aktivierende", „kooperative", „interaktive" oder „regulierende" Staatlichkeit[4] geht nicht allein mit

---

3   Diese Normativität steht gleichwohl in einem bestimmten, phasenweise diskutierten Spannungsverhältnis zu bekannten Nachteilen „neuer" Kooperationsformen. Zu nennen sind z.B. Entscheidungs- und Innovationsblockaden durch den Aufbau von Veto-Positionen, damit zusammenhängend strukturkonservative Handlungsorientierungen bzw. Einigungen auf dem „kleinsten gemeinsamen Nenner". Weiterhin sind eine zunehmende Intransparenz, die Ausschließung bestimmter Akteure sowie die Externalisierung von Kosten zuungunsten der Umwelt ebenso als negative Auswirkungen netzwerkartiger Organisationsformen zu benennen wie schließlich deren zunehmende Institutionalisierung, die mit Abschottungstendenzen, Schließungsprozessen und der Fixierung auf Eigeninteressen einhergeht (Messner 1995, S. 214ff.; Sack 2002, S. 115).

4   Die Adjektive kennzeichnen jeweils unterschiedliche Facetten einer veränderten Staatlichkeit (vgl. Grimm 1996 sowie Ellwein/Hesse 1997), werden aber mitunter auch für ähnliche Inhalte benutzt und sind in ihren Zuschreibungen keinesfalls schlüssig geklärt. Dies wird en detail deutlich, wenn in dem oben zitierten Grundlagenwerk zum modernen Staat der Begriff „enabling state" einmal als

dem Postulat für sektorübergreifende Zusammenarbeit einher, sondern beinhaltet folgerichtig ein verändertes Anforderungsprofil an eine Leistungstiefenpolitik staatlicher Institutionen. Bezüglich dieser Reformtendenz sprechen z.B. Naschold et al. davon, dass über das Aufgabenportfolio im öffentlichen Sektor „in einem einzelfallbezogenen, rationalen und transparenten Analyse- und Abwägungsprozess entschieden werden soll." Postuliert wird, „die Bürgerinnen und Bürger mit den politisch gewollten Leistungen in angemessener Qualität und zu günstigen Kosten zu versorgen. Zugleich ist die demokratische Mitwirkung und Kontrolle der Leistungserbringung sicherzustellen" (Naschold et al. 1996, S. 171). Die jeweiligen Entscheidungen für die Leistungserbringung in spezifischen Organisationsformen sind durch Wirtschaftlichkeitsvergleiche, die Spezifität der Ressourcen sowie die strategische Relevanz der Aufgabe bestimmt. Das organisatorische Arrangement im öffentlichen Sektor verändert sich in Richtung eines „weiten Kontinuums unterschiedlicher Kooperationsintensitäten, unterschiedlicher Wettbewerbssituationen sowie unterschiedlicher zeitlicher Bindungsdauer von Kooperationen" (ebd., S. 174).

PPP-Dimensionen und -Formen

Veränderte Staatlichkeit beinhaltet somit ein neues Mischungsverhältnis der Steuerungsprinzipien Hierarchie, Wettbewerb und Kooperation; „Co-Governance" wird relevanter. PPP sind ein Ausdruck dieser Entwicklung. Bei öffentlich-privaten Partnerschaften handelt es sich um die Kooperationen zwischen staatlichen, privat-gewerblichen und nichtstaatlichen Akteuren zur Erstellung bestimmter Leistungen. Diese können durchaus unterschiedliche Formen annehmen (Budäus/Eichhorn 1997). PPPs werden dadurch charakterisiert, dass unterschiedliche Handlungslogiken zu einer gemeinsamen Zielperspektive vermittelt werden. Diese Koppelung differenter Logiken unterscheidet PPPs von sektorinternen Kooperationen, z.B. von strategischen Partnerschaften zwischen Unternehmen, von inneradministrativen Koordinierungsprozessen sowie von der Zusammenarbeit zwischen Vereinen. Die gemeinschaftliche Not-for-profit-Logik des bürgerschaftlichen Engagements, die rechtsgebundene, kollektiv verbindliche und öffentlich legitimierte Rationalität staatlicher Instanzen, die Profiterwartungen privat-kapitalistischer Unternehmen sowie die Interessenvertretungslogik von Verbänden werden im Rahmen einer PPP je spezifisch kombiniert.

Gewährleistungsstaat übersetzt und in den Kontext neoliberaler Konzepte gestellt wird und ein anderes Mal als „aktivierender" Staat gilt, der positiv konnotiert ist (vgl. Benz 2001, S. 102f., 238, 263).

Zur Umsetzung des gemeinsamen Ziels bringen die jeweiligen Partner verbindlich personelle, finanzielle bzw. geldwerte Ressourcen ein. Über die Verteilung der Aufgaben sowie der Gewinne und Risiken besteht eine (zum Teil vertraglich festgelegte) belastbare Einigung. Im Anschluss an Überlegungen von Kouwenhoven (1993) stellten Budäus und Grüning (1997) einen – in der bundesdeutschen Debatte einflussreichen – engen und weiten PPP-Begriff vor. Ersterer ist durch öffentlich-private Interaktionen, den Fokus auf die Verfolgung komplementärer Ziele, Synergiepotenziale bei der Zusammenarbeit, Prozessoptimierung, die intakte Identität und Verantwortlichkeit der Beteiligten sowie die (gesellschafts-)vertragliche Formalisierung eingegrenzt, Letzterer unterscheidet sich bei sonst gleichen Elementen durch die Informalität der Kooperation (Budäus/Grüning 1997, S. 50ff.; Kouwenhoven 1993, S. 120; siehe auch Budäus 2003, S. 219f.). In einer weiteren Systematisierung von Public Private Partnerships unterteilt Budäus u.a. die finanzierungs- und managementorientierte sowie die bürgergeprägte PPP (Budäus 2003, S. 224f.).[5]

Auf der Grundlage der bisherigen Bestimmungen von PPP wird hier eine *Definitionsstruktur* entlang dreier Dimensionen (Interaktion, Funktion, Ressourcen) vorgeschlagen, die eine Zuordnung verschiedener PPP-Erscheinungsformen erlauben und dem tatsächlich vorzufindenden Formenreichtum öffentlich-privater Kooperationen gerecht werden soll. Mit der Frage der Formalisierung der Kooperation ist die Art der *Interaktion* angesprochen. Diesbezüglich lässt sich zwischen

– der Dauer (lang- oder kurzfristig),

– der Häufigkeit (viel oder wenig) und

– dem jeweiligen Formalisierungsgrad (geringe Formalisierung, vertrags- oder gesellschaftsrechtlich)

unterscheiden. Die zweite hier relevante Dimension ist die Funktion der jeweiligen PPP. In Erweiterung des entsprechenden Vorschlags von Budäus wird hier zwischen vier Aufgaben unterschieden, d.h. zwischen

– der Kodezision, d.h. einer konsultativ-kooperierenden Entscheidungsfindung,

---

5 Grundsätzlich befinden sich Bemühungen um die Definition und Kategorisierung des Begriffs PPP in einem Dilemma: Dem Wunsch nach trennscharfer Eingrenzung stehen faktisch vorzufindende „fließende Übergänge" (Budäus 2003, S. 219) zwischen unterschiedlichen PPP-Formen und die empirische Vielfalt des Phänomens entgegen. Vor dem Hintergrund meines Interesses, eine Übersicht über die deutsche PPP-Entwicklung zu geben, erscheint es mir sinnvoll, sowohl enge, d.h. formalisierte, als auch weite, d.h. eher informelle PPP-Formen in die weitere Erörterung einzubeziehen.

- der Koproduktion von Gütern und Dienstleistungen, d.h. einer gemeinsamen Erstellung innovativer Leistungen,
- der Kofinanzierung, d.h. die Ausführung von Leistungen (z.B. design, build, operate) zu geldwerten Konditionen, und
- der Managementorientierung, d.h. der Fusion öffentlich-administrativer und erwerbswirtschaftlicher Führungsinstrumente.

Schließlich differenzieren sich PPPs entlang der Dimension der Ressourcen, d.h.

- dem Charakter und der Spezifität der eingebrachten Ressourcen,
- der Symmetrie/Asymmetrie der Ressourcenverteilung sowie
- der Art der Ressourcenkoppelung.

Entlang dieser Dimensionen können die bekanntesten PPP-Formen im engen wie im weiten Sinne wie folgt zugeordnet werden: *Gemischtwirtschaftliche Unternehmen* sind durch die gesellschaftsvertragliche Kooperation von einer eher begrenzten Anzahl sektorenübergreifender Akteure gekennzeichnet. Eine gemeinsame Zielbestimmung, die Einbringung von spezifischen Ressourcen sowie die Risikoverteilung sind formalisiert, Interaktionen zwischen den unterschiedlichen Akteure sind während der Entstehungsphase einer gemischtwirtschaftlichen Gesellschaft besonders häufig und intensiv. Öffentlich-private Interaktionen setzen sich dann intensiv in der „arbeitenden" PPP fort, wenn auch das Personal (Geschäftsführung, Belegschaft) aus unterschiedlichen Bereichen rekrutiert wird. Im Kern dieser PPP-Organisationsform stehen die gemeinsame Erstellung bestimmter Leistungen im öffentlichen Sektor sowie die Optimierung der Arbeitsprozesse in ehemals administrativen Einheiten durch rentabilitätsorientierte Managementprozesse. Die sektorübergreifende Koproduktion steht auch im Mittelpunkt jener *Entwicklungspartnerschaften*, die zeitlich begrenzt eingerichtet werden, aber in der kurzen Zeitspanne durch einen intensiven Austausch und die Koppelung spezifischer, eher symmetrisch verteilter Ressourcen gekennzeichnet sind.

Unter *strategischen Netzwerken* lassen sich jene bereichsübergreifenden Multiakteurskonstellationen verstehen, in denen auf gering formalisierter Basis zumeist unter externer Moderation Interaktionen stattfinden, deren Häufigkeit auf einem mittleren Niveau variiert und von Themenkonjunkturen abhängig ist. Die Funktion dieser Netzwerke besteht in der Kodezision, d.h. in der Entwicklung von Strategien und Leitbildern, denen häufig insofern ein Querschnittscharakter zukommt, als sie unterschiedliche Politikfelder und Aufgabenbereiche umfassen. Einen koproduzierenden Charakter haben Multiakteurskonstellationen dann, wenn in ihrem Rahmen innovative Ideen entwickelt und operationalisiert werden. In der Regel werden mit der Fortentwicklung und Implementation solcher Maßnahmen jedoch entweder einzelne Netzwerkteilnehmer beauftragt oder neue Organisationseinheiten geschaffen. Die Ressourcen (z.b. Wissen, Finanzen) sind relativ weit und symmetrisch verteilt.

Im Rahmen von *Contracting-, Konzessions- und Betreibermodellen* mit einer begrenzten Zahl von Akteuren, deren vertragliche Beziehungen sich nach der Aushandlungsphase durch geringe, aber langfristig angelegte Interaktionen auszeichnen, geht es insbesondere um den Aspekt der Kofinanzierung von Dienstleistung im öffentlichen Interesse. Erstellung, Betrieb und Pflege von Anlagen und Produkten liegen bei einem Akteur, über Verträge sind die Eigentumsrechte, Zahlungen, Zuständigkeiten und Leistungsumfänge festgeschrieben. Auch wenn der Finanzierungsaspekt im Rahmen dieser PPP eindeutig im Vordergrund steht und im Rahmen dieser Modelle neben der Finanzkraft auch das Know-how und die Managementkompetenz von Unternehmen bei der Errichtung von Anlagen und deren Betrieb genutzt wird, so zeigen sich doch Übergangsformen, denen auch ein koproduzierender Charakter zukommt: Im Rahmen des *komplexen Contracting-out* werden Leistungen und entsprechende Qualitätsniveaus in einem öffentlich-privaten Austausch gemeinsam entwickelt. Der Tendenz nach sind die Ressourcen im Rahmen dieser Modelle sehr spezifischer Natur und asymmetrisch verteilt.

■ 5.2 Kontextbedingungen von PPP in Deutschland

Die Entstehung, Ausformung und Verstetigung dieser unterschiedlichen PPP-Formen findet innerhalb eines Widerspiels von Struktur-, Akteurs- und Innovationslogik statt (Schubert 1995). Damit steht die Frage im Raum, durch welche Kontextfaktoren die Gründung entsprechender sektorübergreifender Organisationsformen begünstigt wird. Zunächst muss – angesichts des hohen Anteils kommunaler Verwaltungstätigkeit im föderalstaatlichen Gefüge Deutschlands beschränke ich mich hier auf die kommunale Ebene – in diesem Zusammenhang auf das rechtliche Korsett wirtschaftlicher Aktivitäten von Städten und Gemeinden verwiesen werden. Aus den Gemeindeordnungen leitet sich generell die „kommunalrechtliche Schrankentrias" (Oebbecke 2001, S. 27) ab, d.h. der öffentliche Zweck, ein angemessener kommunaler Einfluss und die öffentliche Haftungsbegrenzung müssen satzungsgemäß sichergestellt sein. Bei der Gründung gemischtwirtschaftlicher Unternehmen sind wettbewerbsrechtliche sowie haushalts- und kommunalrechtliche Regelungen zu beachten (Schellenberg et al. 2002). Phänomene wie etwa das Contracting-out sowie Betreiber- und Betriebsführungsmodelle werden auch vom Verwaltungsverfahrensrecht erfasst (Ziekow 2001, S. 82ff.). Auch wenn an verschiedenen rechtlichen Restriktionen Kritik geübt wird,[6] so ist im Kern davon auszugehen, dass rechtliche Bestimmungen der Gründung von PPPs nicht grundsätzlich entgegenstehen.

Im europäischen Vergleich zeigt sich sodann, dass die institutionelle Förderung öffentlich-privater Partnerschaften in anderen Ländern weiter vorangeschritten ist: So wurden in verschiedenen europäischen Ländern, z.B. in Irland und den Niederlanden, PPP-Kompetenzzentren eingerichtet, in denen entsprechende Expertise gesammelt wird sowie laufende Projekte beraten werden. Außerdem wurden in einzelnen Ländern spezielle Programme initiiert. Zu den Vorreitern institutioneller Förderung gehört Großbritannien. Dort legte die damalige konservative Regierung die „Private Finance Initiative" (PFI) auf. Diese wurde unter der seit 1997 amtierenden Labour-Regierung einer umfassenden Überprüfung und Restrukturierung unterzogen, welche z.B. die Einrichtung einer zentralen Task-Force beim Finanzministerium und den Entwurf von Standardverträgen beinhaltete. Trotz anhaltender Kritik aus den britischen Gewerkschaften erscheint der Regierung unter Tony Blair die PFI derzeit weiterhin als wichtiger Weg, die angestrebte Verbesserung allgemeiner Dienstleistungen unter den Bedingungen knapper öffentlicher Haushalte umzusetzen.

In Deutschland kann für die 1990er Jahre konstatiert werden, dass es unterschiedliche aufgaben- und politikfeldspezifische Förderprogramme für die Erprobung modellhafter Lösungen gab, die auch öffentlich-private Kooperation als Kriterium für entsprechende Fördermittelvergaben beinhalteten. Dies gilt für die Bereiche Regional- und Stadtentwicklung, Beschäftigungsförderung sowie das Feld der sozialen Dienstleistungen. Allerdings erstreckten sich diese Anreize für sektorübergreifende Kooperationen auf die Teilnehmer der jeweiligen Modellprogramme und waren an deren Laufzeit gebunden (Oppen et al. 2003). In Deutschland gab es kein explizites PPP-Förderprogramm oder eine staatlich organisierte Bündelung entsprechenden Know-hows in einer zentralen Einrichtung.

---

6 So wird Änderungsbedarf bezüglich des Verwaltungsverfahrensrechts formuliert, um öffentlich-private Kooperationen zu erleichtern (Schuppert 2001). Von Experten der administrativen Praxis wird betont, dass die Beachtung der europäischen Wettbewerbspolitik sich nachteilig auf die Gestaltung gemischtwirtschaftlicher Unternehmen auswirke, da der Auftragsbestand, der von der öffentlichen Seite eingebracht wird, der Ausschreibungspflicht unterliegt.

Seit Ende der 1990er Jahre sind jedoch verschiedene Bestrebungen zu erkennen, PPPs einen neuen Stellenwert zuzumessen: Diesen kommt im bundesstaatlichen Programm „Moderner Staat – Moderne Verwaltung" eine maßgebliche Rolle zu. Im Blickpunkt einer „neuen Verantwortungsteilung" soll „das Zusammenwirken staatlicher, halbstaatlicher und privater Akteure zum Erreichen gemeinsamer Ziele stehen" (Bundesregierung 1999). Konkretisiert wird diese Zielorientierung insbesondere durch eine Initiative zur Reformulierung der verwaltungsverfahrensrechtlichen Regelungen für Public Private Partnerships. Ferner wurden Leitprojekte zur Förderung von Audit-Verfahren sowie PPPs in der Entwicklungspolitik und die Initiative D21 initiiert, deren Ziel die Generierung und Verbreitung von Innovationen im Informationssektor ist. Zu diesem Zweck wurde 2003 und 2004 ein PPP-Award ausgeschrieben und vergeben.

Zudem hat der geschäftsführende Vorstand der SPD-Bundestagsfraktion im Mai 2001 eine Projektarbeitsgruppe PPP eingerichtet. Deren Arbeit[7] wurde auch in der 15. Legislaturperiode des Bundestags fortgesetzt und mündete in einen Entschließungsantrag, der im Frühjahr 2004 von den Regierungsfraktionen SPD und Bündnis90/Die Grünen im Deutschen Bundestag verabschiedet wurde. In diesem werden so genannte „Öffentlich Private Partnerschaften" (ÖPP) als ein „wichtiger Baustein zur Modernisierung unseres Staatswesens" angesehen. Seit dem April 2001 existiert im Bundeskanzleramt ein „Arbeitskreis Private Infrastrukturfinanzierung" mit Unterarbeitsgruppen für die Bereiche Verkehr und Immobilien. Im Sommer 2001 hat die Bundesregierung eine Initiative „Private Finanzierung im Hochbau" aufgesetzt, die im September 2003 ihre Arbeitsergebnisse vorlegte. Im Oktober 2001 startete Nordrhein-Westfalen als erstes Bundesland eine eigene PPP-Initiative.[8]

---

7   Die AG verfolgte in ihren Beratungen explizit einen am britischen Beispiel orientierten PFI-Ansatz. Entsprechende Projekte wurden als Elemente zur Effizienzsteigerung sowie zur Modernisierung des Staates verstanden. Als Voraussetzungen für eine flächendeckende Implementation wird vorgeschlagen, mit dem „Public Sector Comparator" einen Bewertungsmaßstab in das Haushaltsrecht einzuführen Rechtliche Rahmenbedingungen sollen dahingehend reformiert werden, dass sie PPP-Projekte fördern. Und schließlich wird die Gründung eines „PPP-Kompetenzzentrums" angestrebt, um Expertenwissen und Beratungsleistungen zur Verfügung zu stellen, Pilotprojekte zu begleiten und „Best Practices" mit einer institutionalisierten Projektevaluation zu entwickeln (SPD-Bundestagsfraktion Dokumente 04/02).

8   Diese Initiative konzentriert sich auf die Organisation von Erfahrungsaustausch, Öffentlichkeitsarbeit und die Vorbereitung von Vergaberechts- und Organisationsleitfäden wie auch auf die Umsetzung verschiedener Pilotprojekte. Die

Festzustellen ist also insgesamt, dass explizite PPP-Fördermaßnahmen in Deutschland in der Diskussion, aber nur unvollständig umgesetzt sind. Es gab und gibt jedoch seit den 1990er Jahren eine Reihe von Programmen mit Anreizmechanismen zur Bildung von PPP, diese sind aber jeweils auf einzelne Politikfelder und Aufgabenbereiche bezogen und weisen mitunter eng begrenzte Zeithorizonte auf. Insofern bietet sich in Deutschland mit Blick auf die Kontextfaktoren von PPP-Gründungen eher das Bild einer „zerklüfteten Landschaft" denn die Ansicht eines übersichtlichen Arrangements von Förderinstitutionen.

5.3 PPP-Entwicklung in Deutschland ■

Wie haben sich vor diesem Hintergrund öffentlich-private Kooperationsformen entwickelt? Der Deutsche Städtetag hat im ersten Halbjahr 2002 unter seinen 235 Mitgliedsstädten eine Umfrage (mit einer Rücklaufquote von 80%) hinsichtlich der generellen Verbreitung von PPP/PFI-Projekten durchgeführt. Im Bundesdurchschnitt antworteten 53% der Städte, dass sie entsprechende Projekte durchführen. Insbesondere in Städten mit der Einwohnerzahl von 100.000 bis 200.000 (62%) sowie zwischen 200.000 und 500.000 (59%) werden PPP/PFI-Projekte realisiert.[9] Diese recht unscharfe Momentaufnahme, die keine Rückschlüsse auf die vorherrschenden PPP-Varianten sowie deren Verteilung auf unterschiedliche Aufgabenfelder erlaubt, soll im Folgenden durch einen historischen Abriss und Angaben zur Verbreitung von PPP-Formen in unterschiedlichen Handlungsarenen ergänzt werden (siehe dazu auch Oppen et al. in diesem Band).

Im Zeichen eines neuen Liberalismus seit Ende der 1970er und verstärkt seit Mitte der 1980er Jahre wurden auch in der damaligen BRD einige in der Öffentlichkeit breit diskutierte Projekte mit Hilfe von PPP umgesetzt. Ähnlich wie in den USA, wo der Begriff der Public Private

---

PPP-Initiative zielt auf Maßnahmen im Hochbau (Schulen, Verwaltungsgebäude, Gefängnisse) sowie mittelfristig auf die Verkehrsinfrastruktur.

9   Jenseits dieser allgemeinen (unveröffentlichten) Daten herrscht in der entsprechenden PPP-Literatur ein Mangel an differenziertem quantitativen Zahlenmaterial zur Verbreitung von PPP-Formen in den unterschiedlichen Handlungsfeldern. Über eine Reihe von Einzelfallstudien lässt sich das Aufkommen und die Verbreitung von PPP-Formen in den unterschiedlichen Aufgabenfeldern erschließen. Die detaillierte Datenübersicht ist bereits an anderer Stelle publiziert worden (Sack 2003) und soll hier lediglich in zusammengefasster Form referiert werden.

Partnership eng mit Initiativen des „urban renewal" verbunden ist (DiGaetano/Strom 2003, S. 377), zeigte sich auch in der Bundesrepublik die Stadtentwicklung als eines der Aufgabenfelder, in denen Beispiele öffentlich-privater Kooperationen weit über den jeweiligen lokalen Kontext hinaus Berühmtheit erlangten; zu nennen sind hier etwa der Media-Park in Köln, das Projekt Neue Mitte Oberhausen mit dem CentrO sowie der Wiederaufbau der Kasseler Unterneustadt (Heinz 1993, S. 5ff.; Roggencamp 1999, S. 59f.; Gerstlberger 1999, S. 96ff.). Weitere bekannte Beispiele finden sich im Entsorgungssektor, etwa mit der Dortmunder EntsorgungsGmbH, und im Verkehrsektor, wo das Güterverkehrszentrum Bremen, dessen Entwicklungsgesellschaft als PPP organisiert ist, bereits 1985 eröffnet wurde. In den Jahren 1989/90 waren in Nordrhein-Westfalen in knapp 95% der befragten Großstädte öffentlich-private Partnerschaften vorhanden. Von den landesweit 286 Kooperationsaktivitäten waren 70 (24,5%) in besonderer Rechtsform (49 GmbHs sowie 29 eingetragene Vereine) institutionalisiert. Technologieförderung und Stadtentwicklung waren die Aufgabenbereiche mit dem höchsten Institutionalisierungsgrad (Kruzewicz 1993).

Kennzeichnend für diese erste Phase der bundesdeutschen PPP-Entwicklung war die Orientierung an „großen" Projekten im Rahmen einer unternehmerisch orientierten Stadtpolitik, die auf die Bewältigung des sozioökonomischen Strukturwandels der Deindustrialisierung fokussierte. In dieser ersten Phase haben sich die PPP „bottom up" aus dem jeweiligen lokalen Kontext heraus entwickelt und stießen eine Debatte über öffentlich-private Kooperationen an. Deren Initiierung wurde in der ersten Hälfte der 1990er Jahre als „ein neuer Weg zur Stadtentwicklung" diskutiert – ausdrücklich mit Fragezeichen (Heinz 1993).

In der zweiten Phase der 1990er Jahre hat dann die bundesdeutsche PPP-Entwicklung einen deutlichen Aufschwung erfahren. In den Feldern der regionalen Strukturpolitik, der Stadtentwicklung sowie der Wirtschafts- und Beschäftigungsförderung sind strategisch orientierte öffentlich-private Netzwerke durch die Vorgaben Europäischer Förderpolitiken und durch nationalstaatliche bzw. föderale Programme wie etwa den Wettbewerb „Lernende Regionen", die Bund-Länder-Gemeinschaftsinitiative „Soziale Stadt" und die nordrhein-westfälische Strukturpolitik unterstützt worden (Heinze/Voelzkow 1997; Gerstlberger 2001; Diller 2002). In dieser Phase ist auch die Ausbreitung sektorübergreifender Multiakteurskonstellationen im Bereich von Initiativen zur Formulierung und Umsetzung Lokaler Agenda 21-Prozesse sowie im Bereich örtlich bezogener Sicherheitspolitiken, gemeint sind die so genannten kommunalen Präventionsräte, festzustellen (Ruschkowski 2002; Prätorius 2003, S. 312ff.).

In den 1990er Jahren wurde zudem die Entwicklung von PPPs im engen Sinne durch europäische wie bundesstaatliche Re-Regulierungen, die sich am Leitbild der wettbewerbsorientierten Liberalisierung orientierten, in den Sektoren Energiever- und Abfallentsorgung, Verkehr und Telekommunikation vorangetrieben (Raza 2001; Gesellschaft für öffentliche Wirtschaft 2001). Damit sahen sich deutsche Städte und Gemeinden zunehmend unter Druck, ihre Verwaltungen zu dezentralisieren und Organisationseinheiten in privatrechtlicher Gesellschaftsform auszugliedern. Im Zuge dieser Restrukturierungen im öffentlichen Infrastrukturbereich strebten bundesweit wie international agierende Konzerne, beispielsweise im Energiesektor, öffentlich-private Partnerschaften an, um sich in den veränderten Märkten neu zu positionieren (PricewaterhouseCoopers 2002, S. 36). Infolge dieser Veränderungen wurden zunehmend PPPs gegründet. Im Jahr 2002 führten nach einer Kommunalstudie[10] von PricewaterhouseCoopers in der Energieversorgung 62% der befragten Kommunen öffentlich-private Kooperationen durch, im Nahverkehr 53%, in der Wasserversorgung 43% sowie in der Abfallentsorgung 39% (PricewaterhouseCoopers 2002).

Waren die 1980er Jahre insbesondere durch die Bottom-up-Entwicklung von PPPs gekennzeichnet, so kamen in der nachfolgenden Dekade mit unterschiedlichen Förderprogrammen im Bereich raumrelevanter Querschnittspolitiken sowie Wettbewerbspolitiken im Feld der technischen Infrastrukturen institutionelle Veränderungen hinzu, die „top down" zur Verbreitung von PPPs beitrugen. Seit Beginn des neuen Jahrhunderts sind zwei Trends festzustellen, die eine neue dritte Phase der bundesdeutschen PPP-Entwicklung markieren könnten. Zu nennen sind hier die oben skizzierten politischen Initiativen zur Förderung von PPPs. Zum anderen wird durch diverse Fallstudien die Vermutung gestützt, dass auch im Bereich der personengebundenen sozialen Dienstleistungen „neue" partnerschaftliche Arrangements mit erheblichem Formenreichtum entstehen. So sind in diesem Feld weniger gemischtwirtschaftliche Unternehmen als vielmehr Vereine und Stiftungen sowie gering formalisierte öffentlich-private Netzwerke mit variierenden Zeithorizonten zu finden, denen vor allem eine koproduzierende Funktion im Sinne der Verbesserung bzw. des Erhalts soziokultureller Dienstleistungen eigen ist. Die Rede ist hier von einer zunehmenden Verbreitung hybrider Organisationsformen, die Notfor-profit-Zielsetzungen mit unternehmerischem Handeln und partner-

---

10 Dabei wurden 197 Kommunen mit über 50.000 Einwohner/innen befragt, 97 Antworten konnten ausgewertet werden. Von den fünfzehn größten bundesdeutschen Städten haben zehn an den Befragungen teilgenommen.

schaftlichen Strukturen verbinden (Evers et al. 2002).[11] Etwas zurückhaltender ließe sich von „Innovationsinseln jenseits korporatistischer Arrangements" (Oppen et al. in diesem Band) sprechen.

Ebenso wie über die Wirkung der derzeitigen politischen PPP-Initiativen können über die weitere Verbreitung von öffentlich-privater Partnerschaften im Feld der personengebundenen sozialen Dienstleistungen zurzeit kaum haltbare Aussagen gemacht werden. Auf der Grundlage der vorgeschlagenen PPP-Definition (siehe Abschnitt 3) und der empirischen Daten zur Verbreitung von PPP (siehe auch Sack 2003) kann jedoch an dieser Stelle festgehalten werden, in welchen Aufgabenfeldern die unterschiedlichen Typen öffentlich-privater Kooperationen verbreitet sind.

So lassen sich in Deutschland gemischtwirtschaftliche Gesellschaften in der Stadt- wie Regionalentwicklungspolitik, in der Wirtschaftsförderung, im Stadtmarketing und im Tourismus vorfinden. Ihre eigentliche Domäne ist aber das Feld der technischen Infrastrukturen, insbesondere Abfallent- und Energieversorgung, Verkehr, Wasser, Technologieförderung und E-Government. Kofinanzierung, Koproduktion und die Optimierung von Betriebsabläufen gehen in der Regel Hand in Hand, es handelt sich um dauerhafte, stark formalisierte Gesellschaften, die eine eigene Organisationsentwicklung durchlaufen, die sie gegenüber den ursprünglichen Kooperationspartnern mit einer gewissen Eigenständigkeit versieht. Am Markt treten sie zu anderen Unternehmen in Konkurrenz und können im günstigen Fall eine stabile Position aufgrund der durch öffentliche Beteiligung gesicherten Auftragsbestände geltend machen. Durch die Bündelung von Personal-, Know-how-, Finanz- und Vertriebsressourcen ist ihnen mitunter eine gewachsene Expansions- und Innovationsfähigkeit eigen. Ressourcenmangel, d.h. meist die fehlenden Finanzmittel öffentlicher Akteure und das fehlende Wissen privater Akteure über den öffentlichen Sektor, sowie die Komplementarität von Sachmitteln erklären das Zustandekommen öffentlich-privater Kooperation. Zudem wird deren Gründung auch durch einen eher komplexen bzw. unübersichtlichen Charakter des gemeinsamen Gutes begünstigt, so etwa bei der Entwicklung von E-Government-Lösungen oder im intermodalen Verkehr. PPPs dienen letztlich auch der Risikoverteilung bzw. -abwälzung. Mitunter verbergen sich hinter gemischtwirtschaftlichen Gesellschaften jedoch auch Konstellationen, in denen ein zentraler Akteur mit dominanter Ressourcenver-

---

11 Evers et al. (2002, S. 220) stellen explizit den Bezug zur bundesdeutschen PPP-Debatte her, indem sie darauf verweisen, dass entsprechende Organisationsformen auch unter der PPP-Überschrift thematisiert werden.

fügung das Ziel bestimmt, jedoch Partner einbindet, um Risiken zu verteilen und Akzeptanz zu steigern.

Contracting-, Konzessions- und Betreibermodelle sind ebenfalls vor allem im technischen Infrastrukturbereich zu finden, insbesondere im Verkehr, in der Abfallentsorgung und im öffentlichen Hochbau. Zu besonderer Prominenz ist in letzter Zeit das so genannte Cross-Border-Leasing gekommen, das eine besondere Kooperationsform darstellt. Im Mittelpunkt steht die Kofinanzierung; die durch den Charakter des öffentlichen Gutes mögliche Quantifizierung von Aufgaben und Leistungen ermöglicht eine – nach der vertraglichen Aushandlung – geringe, gleichwohl dauerhafte Interaktion. Genutzt werden technologisches Know-how, die Finanzkraft und die Managementkenntnisse von Unternehmen. Insbesondere im komplexen Contracting-out, in dem über Leistungsumfang und -charakter verhandelt wird, sind Potenziale der Koproduktion vorhanden.

PPPs im weiten Sinne sind vor allem in den raumrelevanten Querschnittspolitiken vorzufinden, d.h. in der Regional- und Stadtentwicklung, in Lokalen Agenda-21-Prozessen, lokalen Beschäftigungspolitiken und kommunalen Sicherheitspolitiken. Die Kodezision gilt als zentrale Funktion dieser strategischen Netzwerke; sie nutzen konsultativ-partizipatorische Entscheidungsfindungsprozesse einer Vielzahl unterschiedlicher Akteure in eher gering formalisiertem Rahmen und koppeln weit und eher symmetrisch verteilte Ressourcen. Gegenstand ist zum einen die Integration von differenten Aufgabenfeldern, es handelt sich also häufig um Querschnittspolitiken. Zum anderen weist das jeweilige öffentliche Gut zuweilen einen eher diffusen und umfassenden Charakter auf, wenn in entsprechenden Leitbildern mit den Begriffen „Nachhaltigkeit" oder „Ordnung" operiert wird.

5.4   Erklärungsfaktoren der PPP-Entstehung   ■

Der Überblick über die historische Entwicklung öffentlich-privater Partnerschaften seit den 1980er Jahren und die Zuordnung der PPP-Formen zu verschiedenen Aufgabenfeldern führen dazu, dass die Faktoren genauer identifiziert werden können, welche die Gründung von PPPs erklären.[12] Diese Faktoren bündeln sich jeweils in lokal spezifischen Mixturen.

---

12   In die Darstellung der Erklärungsfaktoren gehen zudem erste Befunde ein, die im Rahmen der Fallstudien des Forschungsprojektes „Public Private Partnership – Hybridvarianten der Dienstleistungsproduktion" erhoben wurden.

Zunächst weisen Form und Funktion öffentlich-privater Kooperationen gewisse Zusammenhänge zu den *zugeschriebenen Eigenschaften des öffentlichen Gutes* auf. Der Tendenz nach: Je eher diese quantitativ messbar erscheinen und sich die Erbringung in zergliederten Einzelschritten darstellen lässt, umso eher liegen kofinanzierende Vertragsformen nahe. Je diffuser und komplexer das öffentliche Gut erscheint, desto eher werden koproduzierende und konsultativ-koproduzierende Kooperationsformen in Erwägung gezogen. Die für interaktionsdichte und multifunktionale PPPs charakteristischen „schlecht strukturierten Ausgangssituationen" (Budäus 2003, S. 218) konkretisieren sich im dynamisch-komplexen Charakter der Leistungserbringungen ebenso wie in der diffusen Zielbestimmung, wenn z.b. von „Nachhaltigkeit" die Rede ist. Allerdings determinieren die (interpretierten) Eigenschaften des öffentlichen Gutes und der Dienstleistung mitnichten die Organisationsform der jeweiligen Erbringung, dafür erscheint deren Varianz zu hoch. Schließlich sind bei der Erbringungen von Dienstleistungen im allgemeinen Interesse neben PPPs stets auch sektorinterne Kooperationsformen sowie reine Eigenerstellung vorzufinden.

Die Entscheidung für die Gründung öffentlich-privater Partnerschaften geht auch auf *spezifische materielle Anreizstrukturen* in Gestalt temporärer und spezifischer Förderprogramme zurück, die die jeweilige Mittelvergabe an sektorübergreifende Kooperation koppeln. Zudem haben die *europäischen Re-Regulierungsbestrebungen* mit ihrer allgemeinen Wettbewerbsorientierung und der Liberalisierung in unterschiedlichen infrastrukturellen Sektoren nicht allein zu der zunehmenden privatrechtlichen Ausgliederung öffentlicher Organisationseinheiten geführt. Sie haben insofern zur Verbreitung von PPPs beigetragen, als private Konzerne an engen Kooperationsbeziehungen mit öffentlichen Verkehrs-, Energie- oder Abfallversorgern interessiert waren, um ihre Marktposition zu verbessern. Dieser Trend korrespondierte häufig mit der *öffentlichen Finanzmisere*, die auf Seiten kommunaler Entscheidungsorgane zu der Tendenz führte, sich auf die Suche nach privaten Partnern oder alternativen Finanzierungsformen zu begeben, um Dienstleistungsangebote aufrechtzuerhalten. Auf der lokalen Ebene zeigen sich jedoch zwei weitere Faktoren, welche die Einrichtung von PPPs befördert haben und weiterhin befördern. Zum einen geht die Einrichtung von PPPs auf die Erfahrung zurück, dass sich bestehende öffentliche Einrichtungen als wenig innovativ erwiesen haben und ihre Leistungsfähigkeit seit langem in der Kritik steht. Zum anderen gehen der Entscheidung für die Einrichtung von PPPs auch „mikropolitische Spiele" (Klenk in diesem Band) sowohl in den öffentlichen Organisationseinheiten als auch in den kommunalen Entscheidungszentren voraus, in denen sich machtvolle Akteurskoalitionen durchsetzen, die PPPs aufgrund politisch-ideologischer bzw. karriereorientierter Zielsetzungen durchsetzen wollen. Umgekehrt sei jedoch auch auf lokale Bürgerbegehren verwiesen, die in Düsseldorf und Hamm unmittelbar sowie in Bielefeld und Münster mittelbar zur Rücknahme von (Teil-) Privatisierungsbestrebungen führten (Bogumil/Holtkamp 2002, S. 83f.). Nach der Einführung direktdemokratischer Verfahren in den Kommunen müssen lokale Entscheidungen für PPPs „referendumsfest" sein bzw. dürfen nicht gegen Organisationsinteressen verstoßen, die Bürgerentscheide mit Erfolgsaussicht initiieren können. Für diese örtlichen politischen Auseinandersetzungen kann unterstellt werden, dass die Schwierigkeiten bei bundesweit bekannten Privatisierungsprojekten, beispielsweise im Fall des Flughafens Berlin-Brandenburg oder im Fall der Einführung eines Lkw-Mautsystems für deutsche Autobahnen, eine erhebliche kritische Symbolkraft entfalten.

5.5   PPP-Kooperationserfahrungen   ∎

Neben der Identifizierung erklärender Faktoren für die Gründung von PPPs erlaubt der aktuelle Forschungsstand, auch auf einige konkrete Kooperationserfahrungen öffentlich-privater Partnerschaften einzugehen. Anhand verschiedener Fallgeschichten (z.B. Gerstlberger 1999; Evers et al. 2002; Sack 2002; Oppen et al. 2003) lassen sich positive und negative Aspekte sektorübergreifender Zusammenarbeit in destillierter Form vorstellen. Jedoch bleibt zu konstatieren, dass die Forschung über den Wirkungsgrad von PPPs derzeit noch nicht weit gediehen ist.[13]

Im Überblick der PPP-Literatur wird hinsichtlich der eher positiven öffentlich-privaten Kooperationserfahrungen deutlich, dass die entsprechende Zusammenarbeit – insbesondere bei „engen" PPPs – zunächst durch klare Zielformulierungen gekennzeichnet ist. Es hat sich eine tragfähige Schnittmenge gemeinsamer Perspektiven ergeben, die aus Sicht privatgewerblicher Akteure einen rentablen „business case" beinhaltet und aus Sicht öffentlicher Akteure politisch legitimierte Anforderungen an Güter und Dienstleistungen im öffentlichen Interesse umfasst. Auf dieser Grundlage sind Aufgaben und Risiken transparent und belastbar verteilt sowie Nachschusspflichten geregelt worden. Die operative Eigen-

---

13   Im Folgenden werde ich die Situation der Beschäftigten in gemischtwirtschaftlichen Unternehmen nicht diskutieren, da diesem Thema ein eigener Artikel in diesem Band gewidmet ist (Sack/Schneider in diesem Band).

ständigkeit der PPPs ist gewährleistet. Innerhalb der Kooperationsprozesse hat es nicht allein (vertragliche) Zuständigkeitsfestschreibungen und Finanzierungsregelungen, sondern auch einen organisierten Prozess des Wissensaustausches gegeben. Der Prozess der Annäherung und Verhandlung von Akteuren mit unterschiedlichen Rationalitäten ist durch Moderationsinstanzen so gestaltet worden, dass spezifische Sollbruchstellen des PPP-Prozesses (z.B. Vorlage eines rentablen Geschäftsplans, Überleitung der Beschäftigten, Vorlage eines Leitbildes) definiert und der jeweilige Ressourceneinsatz voneinander abhängig gemacht wurde. Die Interaktionen basieren jedoch nicht allein auf formal gestalteten Prozeduren, sondern auch auf persönlicher Kooperationsbereitschaft und affektiven Vertrauensbeziehungen, teilweise auf einer lokalen „PPP-Kultur", in die bisherige positive Erfahrungen ebenso eingehen wie die Herkunft von Kooperationspartnern aus einem gemeinsamen sozialen Milieu.

Sektorübergreifende Kooperation kann zu einer verbesserten Dienstleistungsqualität im öffentlichen Sektor beitragen. *Innovationsleistungen* bestehen in der Integration zuvor getrennter Aufgabenfelder und Lösungsmodelle, etwa in der Stadtentwicklung oder der Beschäftigungspolitik, wenn räumliche Maßnahmen mit neuen sozialen Dienstleistungen verbunden werden oder wenn im E-Government städtische Internetportale mit E-Learning-Projekten verbunden werden. Festzustellen sind auch Innovationen im Sinne neuer Standardsetzungen, soll heißen, dass unterschiedliche Partner sich auf wechselseitig zu überprüfende Kriterien und Indikatoren festlegen, die unterschiedliche Perspektiven widerspiegeln, und diese in kollegialen Begehungen sowie Benchmarking-Verfahren weiterentwickeln.

Gleichwohl sind auch einige eher negative Kooperationserfahrungen zu benennen: So sind gemischtwirtschaftliche Unternehmen auch wieder aufgelöst worden, weil – etwa im Fall der Leipziger Lecos GmbH (Andersen in diesem Band) – aus Sicht des beteiligten Unternehmens die Rentabilität nicht gesichert werden konnte oder weil – so bei der Dortmunder EntsorgungsGmbH – die PPP aufgrund der Auflagen der nationalstaatlichen Wettbewerbsbehörde beendet werden musste. Zudem ist festzustellen, dass im Rahmen von PPPs – mit der logischen Ausnahme strategischer Netzwerke, die bürgerschaftliches Engagement integrieren – der Aspekt der Orientierung der PPP-Tätigkeit an den Bedürfnissen von Nutzern/Nutzerinnen bisher kaum thematisiert wird. Schließlich sei auf das Problem des „doppelten Deregulierungsstresses" verwiesen (Sack 2002, S. 13, 209f.): Sektorübergreifende Multiakteurskonstellationen müssen sich in einem transaktionskostenaufwändigen Prozess auf eine gemeinsame Zielsetzung und Aufgaben- wie Risikoverteilung einigen. Sie sind aber zugleich mit externen Turbulenzen konfrontiert, d.h. beispielsweise mit gesetzlichen Neuregelungen im Zeichen einer Wettbewerbs- und Liberalisierungspolitik, die dazu führen, dass ständig neue Anpassungsleistungen vorgenommen werden müssen und die Zielerreichung erheblich verzögert wird.[14]

5.6   Indienstnahme der Kooperation für Wettbewerb?   ■

Mit der Darstellung von PPP-Kooperationserfahrungen schließt sich der Kreis zu den obigen Ausführungen zum „aktivierenden Staat". Die jeweiligen PPP-Formen sind materieller Ausdruck neuer Entscheidungs- und Leistungserbringungsformen im Rahmen einer veränderten Staatlichkeit. Festzustellen ist eine zunehmende Verbreitung öffentlich-privater Kooperationen, festzuhalten bleiben auch ambivalente Erfahrungen mit sektorübergreifender Zusammenarbeit.

Meine abschließenden Überlegungen zu dem Phänomen PPP im „aktivierenden Staat" fokussieren zunächst auf den Aspekt der Steuerung. In der Terminologie einer veränderten Leistungstiefenpolitik heißt es dazu: „Steuerbarkeit setzt voraus, dass die steuernden politischen bzw. administrativen Akteure über die Kompetenz verfügen, Ziele zu definieren, deren Erreichung zu überwachen und gegebenenfalls Fehlentwicklungen auch unter ökonomischen Gesichtspunkten zu korrigieren" (Naschold et al. 1996, S. 173). Gegenüber dieser Vorstellung von strategischer Steuerung führen zunehmende Ausgliederungen, darin auch das Wachstum „enger" PPPs, zu einer ansteigenden Unübersichtlichkeit und fehlenden Zurechenbarkeit im öffentlichen Sektor (Bogumil/Holtkamp 2002, S. 75ff.; Trapp/ Bolay 2003). Diese Tendenz der Dezentralisierung unterstützt eher eine inkrementalistische denn eine steuernde Logik, d.h. üblich sind diskontinuierliche Ad-hoc-Anpassungen, die im Sinne mikroökonomischer Rationalität erfolgen. Diese mögen einzelfallspezifisch jeweils sinnvoll sein, aber sie genügen kaum dem oben genannten Anspruch. Eine Kontrolle der Dienstleistungserbringung im öffentlichen Interesse durch demokratisch legitimierte Institutionen ist durch diese Fragmentierungstendenz eingeschränkt. Die Frage ist offen – weil noch nicht hinreichend erforscht –,

---

14   Dieses Problem wurde im Rahmen einer Studie zur Planung und Umsetzung intermodaler Verkehrsknotenprojekte identifiziert (Sack 2002), seine Grundstruktur lässt sich aber auf andere Aufgabenfelder übertragen, z.B. wenn im Feld der sozialen Dienstleistungen eine diskontinuierliche Praxis von Förderprogrammen und Beschäftigungsförderung innovative PPPs mit der plötzlichen Reduktion öffentlicher Finanzmittel kollidiert.

inwieweit die Beteiligung privater Unternehmen zu einer Verschärfung dieser Steuerungsproblematik führt.

Auf einer abstrakteren Ebene liegt der Beitrag der PPP im Rahmen des „aktivierenden" Staates zunächst darin, dass durch die Betonung des Partnerschaftsgedankens die Wertgleichheit von Interessen, d.h. deren prinzipielle Tausch- bzw. Nutzbarkeit unterstellt wird. Die Vorstellung letztlich einigungs- und problemlösungsorientierter Kooperationsprozesse weist – beispielhaft in dem häufig vorzufindenden Begriff der „Win-win-Situation" – eine spezifische Verzerrung auf: Konsensuale Gesellschaftsmodelle werden gedanklich gegenüber Konfliktmodellen politischer Herrschaft privilegiert. Somit ist die analytische Vernachlässigung eines Machtstrebens um seiner selbst Willen ebenso angelegt wie die Dethematisierung grundlegender bzw. nicht wertgleicher gesellschaftlicher Widersprüche (vgl. Mayntz 2001). In diesem Zusammenhang sei auf zweierlei verwiesen: So sind zum einen auch in „weiten" PPPs, wie etwa Netzwerken in der Stadt- und Regionalentwicklung, mitunter Exklusionen und Vertretungsdefizite spezifischer Akteure vorzufinden, z.B. von Umweltorganisationen oder Frauenverbänden, die weniger durch problemlösungsorientierte Überlegungen motiviert sind, sondern auf machtpolitische Motive zurückgehen (Heinze et al. 1997). Zum anderen neigen manche dieser – auch bürgerschaftlich organisierten – Netzwerke ihrerseits zu Ausgrenzungen externer Gruppen, so z.B. wenn kommunale Präventionsräte mit Blick auf den Topos „Ordnung" Maßnahmen durchsetzen, die sozial Marginalisierte aus städtischen Räumen vertreiben.

Im Hinblick auf das durch den Titel dieses Bandes umrissene Thema sei schließlich darauf aufmerksam gemacht, dass PPPs auch eine Logik der Indienstnahme von Kooperationspotenzialen für Wettbewerb befördern (können). Dies ist bezogen auf gemischtwirtschaftliche Unternehmen ursprünglich intendiert: Verselbstständigte öffentlich-private Organisationseinheiten koppeln Ressourcen, um in Konkurrenz zu Eigenbetrieben oder rein privaten Unternehmen zu treten. Diese Indienstnahme wird jedoch auch dort offenbar, wo öffentlich-private Netzwerke dazu dienen, im Rahmen interkommunaler Standortkonkurrenzen die Position zu verbessern. Dies gilt beispielsweise, wenn mit Beteiligung von Bewohner/inne/n geplante und gestaltete Stadtteile nach außen als attraktive Wohnviertel für hoch qualifizierte Dienstleister angepriesen werden. Ein anderes Beispiel sind kulturelle Einrichtungen, getragen von lokalen Kunst- und Musikinitiativen, die zum touristischen Anziehungspunkt stilisiert werden. Die entsprechenden Not-for-profit-Interessen von Bewohner/inne/n und Nutzer/inn/en müssen durch diese Ausrichtung an Konkurrenz nicht aufgehoben werden, die Kooperationspotenziale können lediglich zusätzlich für eine Positionierung von Städten und Gemeinden genutzt werden. Argwohn ist jedoch dort angebracht, wo wettbcwerbliche Orientierungen die Ziele der partizipatorischen und nutzerbestimmten Gestaltung lokaler Lebensbedingungen dominieren.

Zusammengefasst ist öffentlich-privaten Partnerschaften im Rahmen der Reformbestrebungen im öffentlichen Sektor durchaus Problemlösungspotenzial eigen. Dieses ergibt sich jedoch nicht selbstläufig, sondern ist in einem moderierten und überlegten Gestaltungsprozess zu organisieren. Eine nüchterne Betrachtung von PPPs hebt sich von den eher euphorisch gestimmten Perspektiven ab, die vehement das normative Postulat der Kooperation vertreten. Ein „rationaler Gebrauch" (Wegener in diesem Band) von Kooperation verweist nicht allein auf implizite Probleme der unterschiedlichen PPP-Formen, sondern auch auf neue Schwierigkeiten, die durch sektorübergreifende Zusammenarbeit auftreten können. Im „aktivierenden Staat" sind auch nach der Einrichtung öffentlich-privater Partnerschaften Fragen nach angemessener Nutzer/innen-Orientierung, demokratischer Legitimation und sozialer Ausgrenzung nicht nur weiterhin drängend; entsprechende Probleme bekommen mitunter eine neue Gestalt.

6. PPP als neuartiges Regelungsmuster zwischen öffentlicher Hand und Unternehmen

Wolfgang Gerstlberger, Wolfram Schmittel
unter Mitarbeit von Jens Janke

6.1 Ausgangssituation ■

6.1.1 Das Aufkommen von Public Private Partnerships ■

Seit Ende der 1970er, Anfang der 1980er Jahre steht mehr und mehr die Frage im Raum, ob anstehende gesellschaftliche Probleme nicht effizienter und effektiver von öffentlichen und privaten Akteuren gemeinsam gelöst werden könnten (Kouwenhoven 1993, S. 119).[1] Diese Überlegung führte zu einem wachsenden Interesse an neuartigen bereichsübergreifenden Kooperationsweisen. Für einen Beziehungswandel zwischen öffentlicher Verwaltung und Unternehmen kommen (weiter nach Kouwenhoven 1993) vor allem zwei Motive zum Tragen. Erstens ein finanziell-ökonomisches: Der Staat stößt – insbesondere auf der Ebene der Kommunen – zunehmend an finanzielle Grenzen für seine investiven Vorhaben. Damit gewinnt die Organisation privater Beteiligungen an Bedeutung. Die Akteure des privaten Sektors haben in diesem Zusammenhang eher das Problem, wie finanzielle Überschüsse unter bestmöglicher Risikoverteilung in neuen Geschäftsfeldern Ertrag bringend angelegt werden können. Zweitens gibt es ein führungsstrategisches Motiv: Der Staat sieht sich mehr und mehr gezwungen, sein Handeln an Kriterien der Effektivität und Effizienz, d.h. an ökonomisch-unternehmerischen Zielvorgaben, zu orientieren. Für Akteure des privaten Sektors erhalten angemessene „government relations" einen neuen Stellenwert. Insgesamt ist diese Motivationslage also durch Interdependenzen bei finanziellen und strategischen Fragen geprägt.

---

1 Der Beitrag ist eine Zusammenfassung des Sondierungsprojektes „Public Private Partnership als mehrdimensionale Governance-Strategie des kooperativen Staates". Das Vorhaben wurde von der Hans-Böckler-Stiftung, Düsseldorf (Projekt-Nr. 2003-481-6), gefördert.

121

Die neuartigen Kooperationsformen der Public Private Partnership unterscheiden sich von den Formen traditioneller Zusammenarbeit zwischen öffentlichen und privaten Akteuren im Wesentlichen dadurch, dass sie weniger institutionalisiert sind. PPP hat im Regelfall Projektcharakter. Unternehmerisches bzw. ökonomisches Denken wird bei der Verteilung von Aufwand, Risiken und Ertrag maßgeblich und das Erzielen synergetischer Gewinne handlungsleitend. PPP ist mithin eine

> „Methode der kooperierenden Problemerfassung, der Mobilisierung aller Kräfte und der Bündelung der Ressourcen für eine gemeinsam formulierte Erneuerungsstrategie." (Kruzewicz/Schuchardt 1989, S. 763)

■ *6.1.2 Public Private Partnership in deutschen Kommunen: Drei Wellen – und nun der Durchbruch?*

Für die *ersten* deutschen – auch bewusst so bezeichneten – PPP-*Projekte* Ende der 1980er bzw. zu Beginn der 1990er Jahre ist charakteristisch, dass sie den Spagat zwischen haushaltsorientierten und politisch motivierten standortbezogenen Zielen erprobten. Neue, in der Regel städtebauliche (Groß-)Projekte zur Aufwertung kommunaler Standorte sollten mit möglichst geringer Inanspruchnahme der kommunalen Haushalte verwirklicht werden. Der Media-Park in Köln, das Zentrum für Kunst und Medientechnologie (ZKM) in Karlsruhe oder auch die Internationale Bauausstellung (IBA) Emscher Park sind die wahrscheinlich bekanntesten Beispiele für derartige PPP-Pionierprojekte (Gerstlberger 1999; Heinz 1999). Mitte der 1990er Jahre folgten weitere städtebauliche PPP-Projekte mit ähnlich ambitioniertem Anspruch. Alle genannten Pilotprojekte waren bzw. sind hinsichtlich ihrer finanziellen, ihrer städtebaulichen und ihrer standortbezogenen Bewertung mehr oder weniger umstritten. Die im Regelfall sehr anspruchsvollen Projektziele konnten in keinem Fall vollständig realisiert werden (Gerstlberger 1999; Heinz 1999; Kirsch 1996). Als wesentliche, nach wie vor bedeutsame Forschungsfrage aus dieser frühen PPP-Forschungstradition lässt sich festhalten: Welchen Beitrag liefern PPPs für die Formulierung und Realisierung mehrdimensionaler Zielsysteme bei komplexen (Groß-)Projekten?

Für breitere kommunale bzw. öffentliche und privatwirtschaftliche Entscheiderkreise wichtiger wurde die *zweite PPP-Welle*, die den Anwendungsbereich über städtebauliche Pilotprojekte hinaus erweiterte. Sie wurde zu Beginn der 1990er Jahre – im Anschluss an die deutsche Wiedervereinigung – durch den besonderen Nachholbedarf der neuen Bundesländer hinsichtlich Infrastrukturentwicklung ausgelöst. Besonders in den Aufgabenfeldern Städtebau, Ver- und Entsorgung (Abfall und Abwasser), Straßenbau, ÖPNV, Wirtschafts- und Technologieförderung sowie Tourismusmanagement konnten in den neuen Ländern die ersten differenzierteren PPP-Erfahrungen für unterschiedliche Aufgabenfelder und Grundmodelle gesammelt werden (Deutscher Städte- und Gemeindebund 2002). Für diese Phase der deutschen PPP-Entwicklung liegen allerdings – verglichen mit der ersten Welle – nur wenige Untersuchungen vor (Buck/Ellwein 1995; Walcha/Hermanns 1995). Folgende zentrale Forschungsfragen kristallisierten sich dabei heraus:

–   Welchen Einfluss haben Informationsasymmetrien und weitere unterschiedliche Ausgangsvoraussetzungen des öffentlichen („lokale Verwaltung") und des privaten Partners („internationales Unternehmen") auf die Gestaltung und die Ergebnisse einer PPP?

–   Wie kann dem finanziellen und/oder technischen (Teil-)Ausfall eines privaten Partners im Vorfeld und wie im Falle des tatsächlichen Eintretens dieser Situation wirksam begegnet werden?

–   Welche PPP-Konstellationen begünstigen negative Auswirkungen für Bürgerinnen und Bürger (Gebührenerhöhungen, Leistungsverschlechterungen) und/oder öffentliche Beschäftigte (Tarifbedingungen, Arbeitsvolumina und -dichte)?

–   Welche Instrumente und Kontrollmechanismen sind geeignet, um diese PPP-Risiken zu vermeiden bzw. zu verringern?

Im Grundsatz betreffen derartige Forschungsfragen auch die Verwaltungen in den alten Bundesländern (Schiller-Dickhut 1992; Ziekow 2003; Heinz 2002).

Zeitlich um einige Jahre versetzt diffundierten die breiter angelegten PPP-Experimente der zweiten Welle ab Mitte der 1990er als *dritte Welle* wieder zurück in die alten Bundesländer. Neben öffentlich-privaten Gesellschaften (Kooperationsmodellen) gewannen im Zuge dieser Entwicklung Betreiber-, Leasing-, Konzessions-, Contracting-, Forfaitierungs- und Investorenmodelle an Bedeutung. Dafür bildeten ökonomisch orientierte Deregulierungs- und Liberalisierungsbestrebungen den Rahmen (Budäus/Eichhorn 1997; Gottschalk 1996). In diesem Kontext gewannen Vorbereitungs- und Umsetzungsfragen an Bedeutung:

–   Welche wirschaftlichen Berechnungs- bzw. Vergleichsgrundlagen werden für die fundierte Grundsatzentscheidung über ein PPP-Projekt benötigt? Wie lässt sich darauf aufbauend die projektspezifische Verteilung öffentlicher und privater Risiken vornehmen?

–   Welchen Anforderungen müssen Leistungsbeschreibungen, Ausschreibungsverfahren und -unterlagen, (Muster-)Verträge sowie gegebenenfalls Satzungen und Geschäftsordnungen genügen?

– Wie können Kreditaufnahmen/Finanzierungen, Personalüberleitungen, Datenschutz und steuerliche Regelungen zugleich rechtlich einwandfrei und wirtschaftlich effektiv gestaltet werden?

Es ist unstrittig, dass PPP seit einigen Jahren auch in Deutschland an Bedeutung zu nimmt. So beschwört man nicht nur, dass PPP „vor dem Durchbruch" stehe (Napp/Oelschläger 2003), dass Deutschland „reif für PPP" sei (Schäfer 2003). Es kommt auch ein veritabler Institutionalisierungsprozess in Gang. Indikatoren sind die Gründung von PPP-Institutionen auf Bundes- und auf Länderebene (Föderales Kompetenzzentrum PPP des Bundes, geplantes Kompetenznetzwerk der Länder), Standardisierungsansätze (wie das Gutachten PPP im öffentlichen Hochbau) sowie eine wachsende Zahl von Leitfäden, Fachtagungen und Fachveröffentlichungen. Allerdings ist es zur Zeit noch offen, wie wichtig die neuartigen Formen der Zusammenarbeit zwischen öffentlichen und privaten Akteuren auf lokaler, regionaler und nationaler Ebene in den unterschiedlichsten kommunalen Aufgabenbereichen und in verschiedenen Politikfeldern tatsächlich werden.

■ *6.1.3 Forschungsdefizite bei PPP in Klein- und Mittelstädten – Ziele der Sondierung*

Der Schwerpunkt bisheriger Untersuchungen lag und liegt bei PPP-Vorhaben in Großstädten, den Vorreitern für diese Kooperationsformen. Mittlerweile experimentieren jedoch auch Klein- und Mittelstädte mit PPP. Sie können dabei auf langjährige Erfahrungen mit zumindest PPP-ähnlichen Formen der Zusammenarbeit mit Privaten zurückgreifen, die sie vor allem bei der Stadtentwicklung und im Städtebau gemacht haben. Zugleich sind jedoch die Informations- und Wissensdefizite über PPP in Klein- und Mittelstädten nicht zu übersehen. Die Sondierung verfolgt in diesem Zusammenhang drei Ziele:

– Erhebung von Literatur und Materialien zu PPP in Klein- und Mittelstädten in Deutschland;
– systematische Auswertung aus der Governance-Perspektive und
– Erkundung und Vertiefung praxisrelevanter Thematiken, an denen Orientierungshilfen für PPP in Klein- und Mittelstädten anknüpfen können.

Zum ersten Ziel: Wegen des knappen Zeitbudgets (April bis Oktober 2003) und auch der Datenlage (Sack 2003) schieden empirische Primärerhebungen aus. Es kam also nur die Erhebung von Sekundärquellen in Betracht. Die Suchpfade waren vielfältig und konzentrierten sich auf die

Auswertung von Literatur und Zeitschriften, die Recherche in Fachdaten-banken und im Internet sowie den Austausch mit Wissenschaftlerinnen und Wissenschaftlern, die an weiteren Projekten mit PPP-Bezug arbeiteten. Im Hinblick auf die systematische Analyse, das *zweite Ziel*, ließen wir uns von folgenden Überlegungen leiten. PPP wird in Deutschland weitge-hend aus getrennten (disziplinären) Perspektiven betrachtet, die jeweils eine bestimmte Erfolgsdimension besonders betonen:

- aus einer (betriebs-)wirtschaftlichen Perspektive mit der zentralen Frage, ob PPP als Finanzierungsmodell für öffentliche Leistungs-erbringung geeignet ist (Kirchhoff/Müller-Godeffroy 1992; Zim-mermann 1997);
- aus einer verwaltungsrechtlichen, die den Aspekt des (neu zu entwi-ckelnden) Kooperationsrechts betont (Schuppert 2001) und
- aus einer organisationswissenschaftlichen, die der Frage nachgeht, wie sich PPP auf die kommunale Handlungsfähigkeit auswirkt (Gerstlberger 1999).

Die Eindimensionalität des jeweiligen Zugangs begrenzt die Analyse- und Einschätzungsmöglichkeiten von PPP. Sie hat zu einigen Engführungen bzw. Betrachtungsdefiziten beispielsweise hinsichtlich der „Arbeitsebene" von PPP-Projekten und der Beteiligung zivilgesellschaftlicher Akteure (des dritten Sektors) geführt. Es war also für die Sondierungsstudie ein Ansatz zu suchen, der eine mehrdimensionale Sichtweise auf PPP offeriert und eine Heuristik liefert, mit deren Hilfe eine systematische Analyse durchgeführt werden kann, die wiederum die Grundlage für handlungs-strategische Ansatzpunkte zu bilden vermag. Diesem „Anforderungsprofil" kommt die Governance-Perspektive nahe. Sie thematisiert Steuerungs-bzw. neuartige Regelungsmuster, die sich zwischen verschiedenen Akteu-ren, auf unterschiedlichen politischen Ebenen in einer Vielzahl von Auf-gaben- und Politikfeldern und in unterschiedlichen institutionellen Kon-texten herausbilden. Öffentlich-private Partnerschaften lassen sich gut als eine besondere Form solcher neuen Steuerungs- bzw. Regelungsmodi be-trachten. Dieser steuerungstheoretische Ansatz für Public Private Partner-ship wird im folgenden Kapitel 2 erörtert. Die Dokumentation und Aus-wertung der PPP-Fallbeispiele in Klein- und Mittelstädten erfolgt in Kapi-tel 3; sie mündet in eine Zwischenbilanz (Kapitel 4).

Hier werden auch unter dem Rubrum „weiterführende Überlegungen" Anknüpfungspunkte für Handlungsstrategien, das *dritte Ziel*, entwickelt. Wenn wir vorsichtig von Anknüpfungspunkten für Handlungsstrategien sprechen, so ist dies den Möglichkeiten und Grenzen der Sondierungsstu-die geschuldet. Gegenstand (PPP in Klein- und Mittelstädten), Materialien und Forschungsressourcen erlauben nicht, einen Handlungsleitfaden im herkömmlichen Sinne, also mit entsprechenden Konkretisierungen und Detailvorschlägen, vorzulegen. Dies könnte erst auf der Basis vertiefender Fallstudien erfolgen. Was die Sondierung leisten kann, ist, wichtige Thematiken im PPP-Prozess „freizulegen", für die in besonderer Weise Analyse-, Beratungs- und Handlungsbedarf erkennbar ist.

■ 6.2 Analytisch-konzeptionelle Grundlegung

■ *6.2.1 Begriffliche Annäherung an Public Private Partnership*

Obwohl es schlüssige Annäherungen an Public Private Partnership gibt, die sich historisch am erstmaligen Gebrauch des Terminus und dem entsprechenden Kontext orientieren, ist PPP in der bundesdeutschen, aber auch in der internationalen Debatte ein schillernder, wenig trennscharfer Begriff geblieben (Budäus/Grüning 1997; Sack 2003). So werden sehr unterschiedliche Erscheinungsformen der Zusammenarbeit öffentlicher und privater Akteure in den verschiedensten kommunalen und überkommunalen Aufgabenfeldern mit der Bezeichnung PPP bedacht. Dies gilt mitunter auch für solche Kooperationen, die lange vor dem Aufkommen genuiner PPP-Projekte üblich waren. Mit dieser Formenvielfalt korrespondiert die große Anzahl von Definitions- und Systematisierungsversuchen. Einige sind unlängst im Rahmen des BMBF-Projekts „Public Private Partnership – Hybridvarianten der Dienstleistungsproduktion" zusammengetragen und geordnet worden (Sack 2003).

Angesichts der nicht abgeschlossenen Debatte um die begriffliche Klärung von PPP greifen wir auf das Hilfsmittel der Arbeitsdefinition zurück und nehmen die grundlegende Arbeit von Kouwenhoven (1993) zum Ausgangspunkt. Ihre zentralen Gedanken sind von Budäus und Grüning (1997) rezipiert und fortentwickelt worden und haben auf diesem Weg weitere Verbreitung gefunden (z.B. Flohé 2001). Einzelne Elemente der Analyse wie z.B. die Interdependenz der Akteure als notwendige Bedingung sowie der Grad der Formalisierung als Unterscheidungskriterium finden sich bei Fürst (2001), Benz und Fürst (2003), Gerstlberger (1999) und IfU (Institut für Unternehmenskybernetik e.V. 1998) wieder. Von PPP sprechen wir demzufolge,

> „wenn Interaktion zwischen öffentlicher Hand und Privaten besteht, wenn der Fokus auf das Erreichen konvergierender Ziele gerichtet ist, wenn bei der Erreichung der Ziele Synergie-Effekte nutzbar gemacht werden können, wenn die Ziele sowohl sozialen als auch kommerziellen Charakter

haben und wenn die Identität und Verantwortung der Partner intakt bleibt." (Budäus/Grüning 1997, S. 50 als Übersetzung von Kouwenhoven 1993, S. 120)

Für diese Begriffsbestimmung ist konstitutiv, dass PPP von einer spezifischen „Partnerschaft" her gedacht wird. Diese ist dadurch charakterisiert, dass öffentliche und private Akteure – bei originär divergierenden Zielvorstellungen – projektbezogen konvergierende, komplementäre Ziele entwickeln, auf denen aufbauend man gemeinsame Handlungsergebnisse erzielen kann, die ein Partner allein nicht erreichen könnte. Wesensmerkmal von PPP in diesem Sinne ist die „*Koproduktion*" (Sack 2003) von gleichrangigen Partnern (Fischer 2003, S. 94).

Budäus und Grüning haben eingewandt, dass Formen öffentlich-privater Zusammenarbeit, die durch die Beibehaltung von Zielkonflikten, also nicht durch die Herstellung von Zielkomplementarität gekennzeichnet sind, nicht mit diesem Partnerschaftsbegriff erfasst werden und folglich von PPP abgegrenzt werden sollten. Für diesen Typus öffentlich-privater Zusammenarbeit schlagen sie den Begriff Contracting-out vor. Damit würden Kooperationsformen wie Outsourcing, Leasing, Franchising, Objektgesellschaft, Betreibermodell und ähnliche vom Begriff PPP abgegrenzt (Budäus/Grüning 1997, S. 54). In Literatur und Praxis ist man diesem Argument nicht gefolgt. Die genannten Kooperationsformen firmieren ebenfalls als PPP (Deutscher Städte- und Gemeindebund 2002). Im Unterschied zu PPP als „Koproduktion" wird hier PPP von der Finanzierungsseite her gedacht. Öffentliche Akteure zielen mit einer PPP-Vereinbarung auf eine Entlastung des Haushaltes, private auf eine akzeptable Rendite. Wesensmerkmal von PPP in diesem Sinne ist also die „*Kofinanzierung*" (Sack 2003).

Neben den Zielvariablen der Koproduktion und Kofinanzierung ist eine Organisationsvariable, auf die wiederum Budäus und Grüning (1997) aufmerksam gemacht haben, von Bedeutung: der *Grad der Formalisierung* einer Kooperation. Öffentlich-private Zusammenarbeit kann sowohl in einem (eher) informellen Rahmen stattfinden, wie z.B. in einer Regionalkonferenz, als auch in einem (eher) formellen Rahmen, also weitestgehend vertraglich abgesichert und durch die Gründung einer Gesellschaft institutionalisiert.

Diese Grundmerkmale der Arbeitsdefinition von PPP lassen sich systematisch zusammenführen (vgl. Abbildung 1). Exemplarisch ist im Koordinatenkreuz jeweils ein Beispiel abgebildet.

≡ **Abb. 1:** Arbeitsbegriff PPP nach Koproduktion, Kofinanzierung
und Grad der Formalisierung

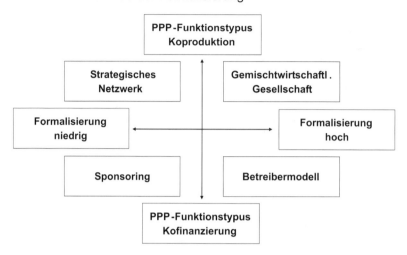

■ **6.3 Begriffliche Annäherung an Governance**

In den aktuellen Wandel des Staatsverständnisses ist eine neue Sicht auf
die *Steuerung* durch den Staat eingebettet. Es geht nun nicht mehr allein
um die Aspekte der faktischen Steuerung, von Steuerungsversagen oder
der Unmöglichkeit von Steuerung überhaupt. In das Blickfeld ist überdies
geraten, dass der hierarchische Staat nicht mehr in allen Politikfeldern im
Zentrum steht, dass eine Ausdifferenzierung staatlichen Handelns auf verschiedenen Ebenen stattgefunden hat und dass zusätzliche privatwirt-
schaftlich organisierte und zivilgesellschaftliche Akteure sowie NGOs in
den politischen Arenen mit agieren. Damit wird ein Steuerungsbegriff, der
an Staat, Hierarchie und lineare Ursache-Wirkungsbeziehungen gekoppelt
ist, zu eng. Seit Ende der 1980er Jahre hat sich daher ein Begriff etabliert,
der diese Sachverhalte reflektiert. Governance, häufig mit „*Regelung*"
oder „*Regelungsmuster*" übersetzt, deckt im deutschen Sprachgebrauch
den alten Steuerungsbegriff mit ab, ist aber weiter konzipiert als dieser
und erfasst auch die Interaktionen in den vorgenannten Konstellationen
(Mayntz/Scharpf 1995, S. 16).
Die Anzahl der begrifflichen Annäherungen an Governance ist kaum
übersehbar. Dies ist dem Umstand geschuldet, dass hinter Governance

„kein scharf konturiertes theoretisches Konzept" (Klenk/Nullmeier 2003, S. 19) steht. Vielmehr präsentiert sich der Governance-Diskurs „als ein Gewirr heterogener Entwürfe ... ökonomischer, politik- und verwaltungswissenschaftlicher sowie organisationstheoretischer Provenienz" (ebd.; auch Stoker 1998). Die theoretischen und definitorischen Unschärfen haben der Verbreitung von Governance-Ansätzen allerdings keinen Abbruch getan, diese vielleicht sogar befördert. Dabei kann die Gefahr nicht von der Hand gewiesen werden, dass Governance als „Containerbegriff" (Brand 2003) genutzt wird. Diese Problematik ist verwandt mit der, die wir im Zusammenhang mit dem Begriff Public Private Partnership beschrieben haben.

Governance wird mittlerweile in vielerlei Bezugsrahmen verwandt: im gesamtstaatlich-gesellschaftlichen Rahmen (UN Commission on Global Governance 1994), in räumlichen Bezügen (Local, Urban, Regional, Global Governance), in sektoralem Zusammenhang (New Public Governance, Corporate Governance), technikinduziert (Electronic Governance) und in einer besonderen normativen Ausprägung (Good Governance). Angesichts des komplexen Verwendungszusammenhangs und der Unschärfen verwenden wir wie beim Begriff PPP auch für Governance einen Arbeitsbegriff, der sich an bekannten Definitionsversuchen orientiert. Als Referenz wählen wir einen Vorschlag, der im Kontext langjähriger Erfahrungen im angelsächsischen Raum gemacht worden ist (Stoker 1998) und analytische und konzeptionelle Entsprechungen in der hiesigen Debatte hat (Mayntz/Scharpf 1995; Botzem 2002).

In der Vielfalt der Annäherungen an Governance hat man ein „baseline agreement" identifiziert, nämlich

> „that governance refers to the development of governing styles in which boundaries between and within public and private sectors have become blurred. The essence of governance is its focus on governing mechanisms which do not rest on recourse to the authority and sanctions of government" (Stoker 1998, S. 17).

Auf dieser Grundlage wird eine „governance perspective" vorgeschlagen. Ihre Forschungsqualität ist eine vor-theoretische, d.h. der Beitrag, den diese Perspektive zur Theoriebildung leisten kann, hat weder den Rang einer „causal analysis" noch einer „new normative theory".

> „The value of the governance perspective rests in its capacity to provide a framework for understanding changing processes of governing." (Ebd., S. 18)

Mit anderen Worten: Die Governance-Perspektive vermag wichtige Fragen aufzuwerfen und ermöglicht auch bereits vorläufige Antworten. Inwieweit am Ende dieses Erkenntnisprozesses ein Paradigmenwechsel steht, ein neuer theoretischer Erklärungsansatz staatlich-gesellschaftlicher Steuerung, bleibt offen. Wesentliche Teilfragen betreffen dabei:

- die zunehmende Komplexität der Architektur des Regierungssystems und sich daraus ergebende Legitimationsprobleme;
- die Verlagerung der Verantwortung vom staatlichen zum privaten und gesellschaftlichen Sektor und die sich daraus ergebende Unsicherheit über Verantwortlichkeiten;
- die gegenseitige Abhängigkeit (Power Dependence) von Entscheidungsinstitutionen bei kollektiven Handlungen und die sich daraus ergebende Möglichkeit von unbeabsichtigten Entscheidungsfolgen, Unsicherheit, offenem Ende;
- die Rolle autonomer, sich selbst steuernder Akteursnetzwerke (Regimes) und die Möglichkeit, dass es zu einem Verantwortlichkeits-/ Rechenschaftsdefizit (Accountability Deficit) kommt gegenüber weniger starken Mitgliedern innerhalb des Netzwerkes bzw. gegenüber vom Netzwerk ausgeschlossenen Akteuren;
- die Fähigkeiten staatlicher institutioneller Steuerung (Government), sich neuer Handwerkszeuge und Techniken zur Steuerung und Führung zu bedienen (Light-touch Form of Government) und die Gefahr, dass es zu einem Scheitern dieser Ansätze (Governance Failure) kommt.

Im Rahmen der Sondierungsstudie begreifen wir Governance auf dieser Grundlage als eine (vortheoretische und zugleich analytische wie normativ-konzeptionelle) Perspektive. Sie ist auf neuartige Regelungen bzw. Regelungsmuster gerichtet. Diese entstehen durch Aushandlungsprozesse, durch Interaktionen zwischen Akteuren des öffentlichen und des privaten Sektors (mitunter auch des gesellschaftlichen Sektors) und stellen den Akteuren einen institutionellen Rahmen, d.h. Strukturen und Formen für ihre Kooperationen bereit. Governance ist damit zugleich „a code for less government" (Stoker 1998, S. 18).

■ *6.3.1 Schnittstelle Governance – Public Private Partnership*

Was leistet der Governance-Ansatz für das Verständnis von PPP? Public Private Partnership ist augenscheinlich eine spezifische Form von Governance (Kouwenhoven 1993, S. 119, 121; Klenk/Nullmeier 2003; Stoker 1998). Denn PPP steht für spezifische Regelungsmuster, die aufgrund von Interaktionen zwischen öffentlichen und privaten Akteuren entstehen und diesen einen institutionellen Rahmen bereitstellen. In diesem können sie bei einer Vielzahl kommunaler Aufgaben- und überkommunaler Politik-felder handeln. Anders gewendet: Der Governance-Ansatz erschließt für PPPs *mögliche Regelungsmuster, Akteurskonstellationen, Interaktionen* und *Kooperationsformen.* Er verspricht daher, verschiedene, in der Regel getrennte Sichtweisen auf PPP zusammenzuführen (dazu Hill/Klages 2000).

Die steuerungstheoretisch orientierte Governance-Perspektive auf PPP, die in der Sondierungsstudie aufbereitet wird, unterscheidet sich damit wesentlich von der in Praxisleitfäden bevorzugten rechtlich-betriebswirt-schaftlichen Sichtweise, die PPP „als alternativen Beschaffungsansatz" betrachtet (Bertelsmann Stiftung et al. 2003; PricewaterhouseCoopers 2003). Diese Differenz ist allerdings nicht als Gegensatz, sondern als Komplement zu begreifen.

Zu den Regelungsmustern – forschungsleitende Fragen

In der Literatur werden mehrere Regelungsmuster idealtypisch unter-schieden. Klassisch geworden sind zunächst drei Idealtypen (Le Galès 1998, S. 484; Larmour 1997): Governance auf der Grundlage von Hierar-chie bzw. von staatlicher Steuerung, von Markt und Wettbewerb sowie von Gemeinschaft (community, cooperative/reciprocal regulation). Später sind zwei weitere Grundtypen ergänzt worden: Governance auf der Grund-lage von Assoziationen (Streeck/Schmitter 1984; Le Galès 1998, S. 484; Mayntz 1987, S. 92) sowie Governance auf der Grundlage von Netz-werken. Von einem Zweig der Forschung werden dabei Netzwerke als eigenständige Governance-Form, von einem anderen lediglich als hybride Mischform hierarchischer und marktorientierter Steuerungselemente be-griffen (Klenk/Nullmeier 2003, S. 34).

Diese unterschiedlichen Regelungsmuster, die verschiedenen „Rege-lungslogiken" folgen, sind nicht isoliert voneinander zu betrachten. In der Praxis gibt es nämlich so gut wie

> „kein gesellschaftliches Regelungsfeld ..., das ausschließlich durch *eine* (Hervorh. d. Verf.) Governance-Form geordnet wird. Zwar sind für be-stimmte Regelungsfelder bestimmte Governance-Formen typisch: So ist für den Staat (immer noch) die Hierarchie die charakteristische Steue-rungsform, im Feld der Privatwirtschaft dominiert der Marktmechanis-mus."

Daneben sind auch andere Regelungsmuster gebräuchlich. Institutionelle Arrangements zeichnen sich „durch einen *Governance-Mix*" (Hervorh. d. Verf.) aus.

„Die Frage ist, welches Element in der Organisations- oder Sektorstruktur dominiert: das marktliche, das hierarchische, das assoziative, das gemeinschaftliche oder das der Vernetzung?" (Klenk/Nullmeier 2003, S. 23, ergänzend Le Galès 1998, S. 493)

Überträgt man diesen Befund auf PPP, stellen sich als forschungsleitende Fragen zum Regelungsmuster von PPP, die die Sondierung strukturieren und zukünftige Untersuchungen praxisrelevanter Thematiken anleiten können:

- Welcher Governance-Mix ist typisch für PPP-Projekte?
- Welches Governance-Element dominiert bei den jeweiligen PPP-Formen?

Zu den Akteurskonstellationen – forschungsleitende Fragen

Die an einem PPP-Projekt möglicherweise Beteiligten können systematisch nach der Zugehörigkeit zum öffentlichen, privaten und dem gesellschaftlichen Sektor zusammengestellt werden (siehe Abbildung 2) (Conradi 2003; Großmann 2003; Schäfer 2003). Dabei wird erkennbar, wie komplex die Akteurskonstellation werden kann. Die praxisorientierte Literatur hat diesem Umstand bislang wenig Rechnung getragen.

Sie hat sich überwiegend auf Akteure des öffentlichen und des privaten Sektors – und hier vor allem auf die Leitungsebene – konzentriert. Vor diesem Hintergrund stellen sich als forschungsleitende Fragen zur Akteurskonstellation bei PPP-Projekten:

- Welche Akteure sind faktisch beteiligt? Wie komplex ist die Akteurskonstellation?
- Welche Akteure werden – aus welchen Gründen – nicht beteiligt?

Zu den Interaktionen – forschungsleitende Fragen

Interaktionen, die von den beteiligten Akteuren gegenseitig aufeinander bezogenen Handlungen, finden im Rahmen von PPP unter einer besonderen Bedingung statt: Mindestens zwei grundlegend unterschiedliche Handlungslogiken, nämlich die politisch-administrative, gemeinwohlorientierte und die betriebswirtschaftlich-ökonomische, müssen „miteinander auskommen". In noch komplexeren Akteurskonstellationen treten überdies Handlungslogiken gesellschaftlicher Akteure hinzu. Um tatsächlich Synergien zu erzielen, sind also besondere Fähigkeiten und ein spezifisches Handlungsmanagement notwendig.

Abb. 2: Idealtypisches maximales Spektrum einer PPP-
Akteurskonstellation

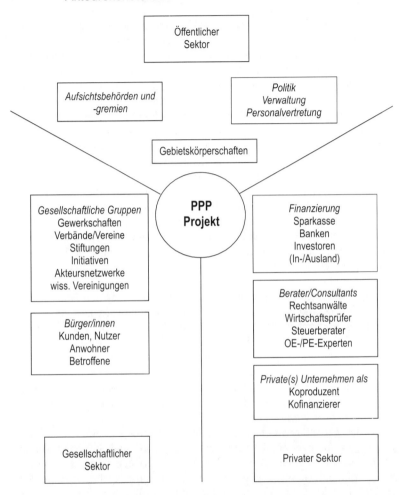

Was die Fähigkeiten angeht, so benötigt z.b. der öffentliche Partner (Hill/
Klages 2000, S. 7f.): Anschlussfähigkeit zur Überwindung von Schnittstellen und zur Bildung von Netzwerken, Partnerfähigkeit im Sinne des
fairen, gleichberechtigten Umgangs miteinander und der gegenseitigen In-
teressenwahrung, Projektfähigkeit im Sinne der Koordination der einzelnen Handlungsbeiträge und der Konzentration auf ein gemeinsames Pro-

jektziel, Verhandlungsfähigkeit zum Zwecke der Komplexitätsbewälti-
gung und zur Suche nach Kompromiss und Konsens sowie Kritik- und
Lernfähigkeit.

Für die Handlungsorganisation (Handlungsmanagement) gilt (Gerstl-
berger/Hoeppner 2003, S. 16ff.), dass in der *Eingangsphase der strategischen Vorbereitung* durch die Administration unter möglichst frühzeitiger
Einschaltung des privaten Partners (Jacob/Kochendörfer 2000, S. 113)
Eckdaten erfasst, Zielobjekte identifiziert, die Finanzierungsproblematik
vorgeprüft, die Vergabe-/Subventionsproblematik untersucht sowie Kos-
tenvergleichsanalysen durchführt werden. In der anschließenden Phase der
Projektvorbereitung wird das Projektteam gebildet, sind ein Zeit- und
Finanzplan aufzustellen, soziale, Personal- und Rechtsfragen, Finanzie-
rung, Refinanzierung und Risikoabsicherung zu klären und eine „cultural
due diligence"-Prüfung durchzuführen. Für die *Umsetzungsphase* schließlich ist das Projektmanagement im engeren Sinne einschließlich Monitor-
ing, Controlling und Regeln für das Konfliktmanagement zu installieren.
An diesem Ablauf orientieren sich auch die neuesten Leitfäden für PPPs.
Sie beschreiben die einzelnen Phasen im Detail, erörtern die zentralen
Rechtsfragen und präsentieren in Ansätzen Instrumente zur Wirtschaft-
lichkeitsberechnung (Bertelsmann Stiftung et al. 2003; Pricewaterhouse-
Coopers 2003).

Ein vorläufiges Prozessmodell für PPP-Projekte, das den Blick auf die
Interaktionsbedingungen lenkt und damit eine Governance-Perspektive
einnimmt, verdanken wir Kouwenhoven (1993, S. 124ff., übersetzt bei
Budäus/Grüning 1997, S. 65). Er unterscheidet zwischen Start- und Prozessbedingungen.

Primäre Startbedingungen sind demzufolge: Interdependenz der Akteure, und Konvergenz/Komplementarität der Ziele. Als *sekundäre Startbedingungen* gelten: Vorhandensein eines politischen Netzwerks und eines
Vermittlers bzw. Brokers.

Zu den *Prozessbedingungen* zählen: gegenseitiges Vertrauen und Vor-
richtungen, die Missbrauch begrenzen, klare Ziele und Strategien (unumstritten und schriftlich aufgezeichnet), klare Kosten-, Risiko- und Ge-
winnverteilung (unumstritten und schriftlich aufgezeichnet), klare Pro-
jektstufenstruktur, im Voraus festgelegte Konfliktlösungsmechanismen,
Rechtmäßigkeit, Berücksichtigung der Interessen Dritter, angemessene
Kontrollmechanismen, markt- und erfolgsorientiertes Denken, interne
Koordination sowie eine angemessene Projektorganisation.

Wir verdichten diese Aspekte der möglichen PPP-Interaktionen zu folgenden Forschungsfragen:

- Welche besonderen Fähigkeiten zur Interaktion haben die öffentlichen und privaten Akteure erworben?
- Welche der von Kouwenhoven identifizierten Prozessbedingungen werden erfüllt, welche nicht?

Zu den Kooperationsformen bei Public Private Partnership – forschungsleitende Fragen

Als grundlegend erachten wir die Unterscheidung in die beiden Typen PPP als „Koproduktion" und PPP als „Kofinanzierung" (Abbildung 1, S. 128). Die Formenvielfalt, die damit abgedeckt wird, findet man in der Literatur unterschiedlich systematisiert (Gerstlberger/Hoeppner 2003; Napp/Oelschläger 2003; Neuschäffer 2003; PricewaterhouseCoopers 2003). Wir orientieren uns an einem Vorschlag des Deutschen Städte- und Gemeindebundes (DStGB 2002). Er unterteilt PPP-Modelle im Wesentlichen in zwei aufeinander bezogene Kategorien: die Form der Organisation (Organisationsmodelle) und die Form der Finanzierung (Finanzierungsmodelle). Organisations- und Finanzierungsmodell hängen in der Weise zusammen, dass durch die Wahl der Rechtsform und der funktionalen Aufgabenzuständigkeit, die Finanzierung sowie die Risikoverteilung bestimmt werden.

Für die *Organisationsmodelle* von PPP schlagen wir folgende Arbeitssystematik vor (Bertelsmann Stiftung et al. 2003; Kirchhoff/Müller-Godeffroy 1992):

- Betreibermodell (Privater als Erfüllungsgehilfe der öffentlichen Hand),
- Kooperationsmodell (gemeinsames, gemischtwirtschaftliches Unternehmen, in der Regel Mehrheitsanteil des kommunalen Gesellschafters),
- Beteiligungsmodell (u.a. private Finanzierungsgesellschaft als – unter Umständen stille – Gesellschafterin einer kommunalen Eigengesellschaft; Beteiligungsgesellschaft),
- Konzessionsmodell (Leistung des privaten Unternehmens gegen die Konzession, die Kosten über vom Nutzer zu entrichtende Entgelte zu finanzieren; Übertragung von Risiken auf eine Projektgesellschaft),
- strategisches Netzwerk/strategische Allianz (z.B. regionale Entwicklungskonferenzen, Entwicklungspartnerschaften für E-Government).

Öffentlich-rechtliche Handlungsformen wie Regie- und Eigenbetriebe, öffentliche Betriebe in privater Rechtsform sowie Eigengesellschaften werden nicht unter den Begriff PPP subsumiert (Gerstlberger/Hoeppner 2003, S. 34, 36, 54).

In die Arbeitssystematik für die *Finanzierungsmodelle* nehmen wir (wiederum in Anlehnung an Deutscher Städte- und Gemeindebund 2002; PricewaterhouseCoopers 2003, S. 58) die folgenden Formen der Kapitalbereitstellung auf:

- Haushaltsmittel, Fördermittel, Kommunalkredite, kommunale Anleihen;
- kommunal oder staatlich verbürgte Kredite;
- Factoring, Forfaiterung;
- Leasing, US-Cross-Boarder-Leasing;
- Miete, Mietkauf;
- Firmenkredite oder Eigenkapital eines privaten Investors (Investorenmodell, PFI);
- Fondsfinanzierung (Fondsmodell);
- Contracting.

Organisationsmodelle und Finanzierungsmodelle werden in vielfältiger Weise miteinander kombiniert, sodass die einfache Zuordnung *einer* Finanzierungsform zu *einer* Organisationsform im Einzelfall häufig nicht möglich ist. Im Prinzip kann eine Verknüpfung der beiden Formen erfolgen.

Im Hinblick auf die Kooperationsformen von öffentlichen und privaten Akteuren werfen wir damit folgende forschungsleitende Fragen auf:

- Welcher Funktionstypus von PPP wird (in Klein- und Mittelstädten) bevorzugt: PPP im Sinne von „Koproduktion" oder im Sinne von „Kofinanzierung"?
- Welche Organisations- bzw. Finanzierungsmodelle werden – in welchen Kombinationen und für welche Aufgabenbereiche – angewandt?

■ *6.3.2 PPP als spezifische Form von Governance: Heuristik*

Die Überlegungen, wie PPP als spezifische Form von Governance zu strukturieren und zu operationalisieren ist, haben wir in einer Heuristik (Tabelle 1) zusammengeführt. Sie demonstriert, wie die beiden Grundtypen von PPP – „Kofinanzierung" und „Koproduktion" – in der Governance-Perspektive verglichen werden können. Zu diesem Zweck haben wir – in strukturierender Absicht für die Sondierungsstudie, in vertiefender Absicht für weiterführende Untersuchungen – operationalisierbare Forschungsfragen formuliert. Diese Forschungsfragen sind nicht als abschließend zu verstehen. Darüber hinaus kann die Heuristik zu weiteren Fragestellungen hinführen und unter Umständen die Bildung von Hypothesen (über kausale Zusammenhänge) anstoßen. Dies gilt nicht nur für den Untersuchungsgegenstand der Sondierungsstudie (PPP in Klein- und Mittelstädten), sondern im Prinzip für Kommunen unabhängig von der Gemeindegröße.

Der Heuristik wurde anhand der auswertbaren Beispiele einem Plausibilitätstest unterworfen. Dabei entstand das folgende Tableau (Tabelle 1) als Zwischenergebnis.

Tab. 1: Heuristik für PPP als spezifischer Form von Governance ≡

PPP-Funktionstypus Kofinanzierung	Governance-Perspektive (Forschungsfragen)	PPP-Funktionstypus Koproduktion
Hierarchie Markt/Wettbewerb	Regelungsmuster (dominante Regelungslogik, Governance-Mix)	Netzwerk Hierarchie Markt/Wettbewerb
wenig komplex keine Akteure des 3. Sektors	Akteurskonstellation (Beteiligung, Nichtbeteiligung)	komplex gelegentlich Akteure des 3. Sektors
eher traditionelle Fähigkeiten Prozessbedingungen?	Interaktion(-sbedingungen) (besondere Fähigkeiten der Akteure, Prozessbedingungen)	eher neue Fähigkeiten Prozessbedingungen?
eher hoch	Grad der Formalisierung	niedrig mittel hoch
Betreibermodell Konzessionsmodell	Kooperationsformen (Organisations-/Finanzierungsmodelle)	Kooperationsmodell Beteiligungsmodell Strategische Partnerschaft „Handschlag-PPP"

137

■ 6.4 Einige empirische Befunde zu PPP in Klein- und Mittelstädten aus der Governance-Perspektive

■ *6.4.1 Zu den Fallbeispielen und dem Auswertungsverfahren*

Repräsentative statistische Daten zu PPPs und insbesondere zu PPPs in Klein- und Mittelstädten fehlen weitgehend (PricewaterhouseCoopers 2003; Sack 2003). Vergleichende Untersuchungen zu den Erfahrungen einzelner Kommunen mit PPPs sind rar. Wenn wir den Schwerpunkt auf Klein- und Mittelstädte legen, so stellt sich eine grundsätzliche Frage: Handelt es sich bei PPPs in Klein- und Mittelstädten um ein Spezifikum? Inwieweit gibt es Differenzen bzw. Gemeinsamkeiten verglichen mit PPPs in den Großstädten? Unterschiede bei der finanziellen Größenordnung der PPP-Vorhaben oder bei den Kapazitäten, welche die kommunalen Verwaltungen vorhalten können, sind evident. Spielen daher in Klein- und Mittelstädten z.B. einzelne Promotoren in der Verwaltung eine größere Rolle? Sind hier eher informelle Kooperationsformen (wie etwa die so genannte „Handschlag-PPP", Heinz/Scholz 1996) und „Koppelgeschäfte" strukturelle Elemente von PPPs? Gibt es also erkennbare Unterschiede hinsichtlich der Governance-Struktur?

Fragen wie diese vermag die Sondierungsstudie nicht systematisch zu beantworten, wohl aber begründet und im Detail aufzuwerfen. Wegen der Begrenztheit der gesammelten Informationen und der unterschiedlichen Qualität des Quellenmaterials kann der Anspruch einer theoretisch fundierten empirischen Sozialforschung nur begrenzt eingelöst werden. Das recherchierte Material sollte daher vorwiegend als „Illustrationsmaterial" betrachtet werden.

Es wurden PPP-Vorhaben in 21 Klein- und Mittelstädten ermittelt. Zusätzlich ist ein Landkreis in die Untersuchung mit aufgenommen worden, der als Agglomerationsraum mehrerer Klein- und Mittelstädte angesehen werden kann. Dabei handelt es sich nicht um eine Totalerhebung, sondern um eine Auswahl von Fällen, die im Rechercheraster der Sondierung aufgrund der Material- bzw. Quellenlage „hängen geblieben" sind (Tabelle 3).

Die Auswertung orientiert sich an den Fragestellungen, die aus der Governance-Perspektive heraus entwickelt worden sind. Zusätzlich sind zwei Dimensionen berücksichtigt worden – allgemeine Rahmenbedingungen und Output/Outcome – die sich in vergleichbaren Auswertungen bewährt haben (PricewaterhouseCoopers 2003; Deutscher Städte- und Gemeindebund 2002). Das Auswertungsschema gliedert sich demnach folgendermaßen (vgl. Tabelle 3):

Tab. 2:   Ermittelte PPP-Vorhaben nach Gemeindegrößenklassen   ≡

Gemeindegrößenklassen[1] (Einwohnerzahl)	Anzahl der recherchierten PPP-Vorhaben
Kleinstädte (5.000-19.999)	8[2]
Kleine Mittelstädte (20.000-49.999)	8
Große Mittelstädte (50.000-99.999)	5
Landkreise als Agglomerationsraum mehrerer Klein- und Mittelstädte	1
Summe	22

1) Nach städtebaulichen Konventionen unterscheidet man zwischen Landstädten mit 2.000-4.999 Einwohnern, Kleinstädten mit 5.000-19.999, kleinen Mittelstädten mit 20.000-49.999 Einwohnern, großen Mittelstädten mit 50.000-99.999, Großstädten mit 100.000-999.999 Einwohnern und Millionenstädten.
2) Darunter ist auch eine Landgemeinde mit ca. 4.000 Einwohnern aufgeführt.

Tab. 3:   Auswertungsschema   ≡

allgemeine Rahmenbedingungen	Governance-Struktur	Evaluation
Aufgabenfeld Bezeichnung des PPP-Vorhabens Gemeindegröße (Einwohner) Ausgangssituation Ziele der PPP Projektbeginn Investitionsvolumen	PPP-Funktionstypus dominantes Regelungsmuster Akteurskonstellation Interaktion Kooperation: Organisations- und Finanzierungsmodell Grad der Formalisierung	Output Outcome

6.4.2   Ergebnisse aus Sicht des Governance-Ansatzes   ∎

Zu den allgemeinen Rahmenbedingungen

Die *Aufgabenfelder*, in denen PPP zur Anwendung kommt, sind vielfältig. Unter systematischen Gesichtspunkten kann man sie (in Anlehnung an Sack 2003) einteilen nach:

– raumrelevanten Querschnittspolitiken (rQ) (auf regionaler Ebene: Regionalkonferenzen, Entwicklungsagenturen, Regionalmarketing; auf lokaler Ebene: Stadtentwicklung, Stadtplanung/Städtebau, Wohnungswesen, Wirtschaftsförderung/Stadtmarketing);

139

- raumrelevanten Sektorpolitiken (rS) (Hochbau, Gebäudeunterhaltung);
- personengebundenen sozialen Dienstleistungen (psD) (u.a. Kinder-, Jugend-, Alters-, Pflegeeinrichtungen, Krankenhäuser);
- technischer Infrastruktur (tI) (Ver- und Entsorgung, Nahverkehr, Verkehrsinfrastruktur);
- E-Government (eG) (virtuelle Rathäuser, Marktplätze).

Nach dieser Systematik entfallen von den ausgewählten Fallbeispielen sieben auf raumrelevante Querschnittspolitiken, sieben auf technische Infrastruktur, fünf auf raumrelevante Sektorpolitiken und drei auf das Feld E-Government. Diese Verteilung ist zweifellos nicht repräsentativ ermittelt. Sie deutet aber doch gegenwärtige Schwerpunkte für PPP-Aktivitäten an, wie sie sich auch in der Literatur wieder finden (Sack 2003). Auffällig ist, dass kein PPP-Beispiel auf dem Feld der personengebundenen sozialen Dienstleistungen dokumentiert werden konnte (vgl. dazu den Beitrag von Oppen et al. in diesem Band).

Die *Ausgangssituation und Ziele*, die die Kommunen bei dem jeweiligen PPP-Projekt haben, sind zwar fallspezifisch. Es sind jedoch keine grundsätzlichen Unterschiede zu bekannten Problemlagen und Zielsetzungen erkennbar.

Die Mehrzahl der PPP-Vorhaben wurde zu etwa gleichen Teilen zwischen 1990 und 1994 sowie zwischen 1995 und 1999 strategisch vorbereitet und *begonnen*. Die dokumentierten Fälle weisen also auf eine ganze Dekade hin, in der sich Klein- und Mittelstädte PPP zugewandt haben. Hatten bestimmte Aufgabenfelder dabei „Konjunkturen"? Bei den vorliegenden Beispielen fällt auf, dass PPP-Vorhaben in den Aufgabenfeldern „raumrelevante Querschnittspolitiken" und „technische Infrastruktur" besonders Anfang bis Mitte der 1990er Jahre initiiert wurden. Solche in den Aufgabenfeldern „raumrelevante Sektorpolitiken" und „E-Government" kamen hingegen erst nach 1995 auf. Es muss hier offen bleiben, ob dies eine Entwicklung darstellt, die allgemein so verlaufen ist.

In knapp zwei Drittel der Fälle liegen Angaben zum *Investitionsvolumen* vor. Bildet man fünf Klassen – bis 10 Mio. Euro, 11-20 Mio. Euro, 21-50 Mio. Euro, 51-100 Mio. Euro sowie 101 Mio. und mehr Euro –, liegen die weitaus meisten der dokumentierten PPP-Vorhaben (N = 9) in den beiden unteren Klassen. Wenige nur sind den drei oberen Klassen zuzuordnen (N = 4). Dabei ist zu berücksichtigen, dass in einem Falle das PPP-Vorhaben einen gesamten Landkreis (Sanierung und Unterhaltung der Bildungseinrichtungen im Landkreis Offenbach) umfasst und in einem weiteren Fall eine kreisfreie Stadt, Gemeinde(n) und den Landkreis sowie das Land einbezieht (Verkehrslandeplatz Kassel-Calden). Die PPP-Vorhaben sind im Kontext der recherchierten Klein- und Mittelstädte in der Regel sicherlich „Großvorhaben", in Relation zu den bisher durchgeführten und aktuell laufenden Pilotvorhaben in einzelnen Großstädten aber eher klein dimensioniert (Tabelle 4).

Tab. 4: PPP in ausgewählten Klein- und Mittelstädten – nach Aufgabenfeldern, Beginn und Investitionsvolumen ≡

PPP-Aufgabenfelder[1]	PPP-Projekte (Anzahl)	Projektbeginn				Investitionsvolumen (Euro)					
		vor 1990	1990-94	1995-99	2000-04	bis 10 Mio.	11-20 Mio.	21-50 Mio.	51-100 Mio.	über 101 Mio.	ohne Ang.
rQ	7	1	5	1		3	1			1	3
rS	5			3	2	1				1	2
tl	7	1	4	2		2	1	1	1	1	1
eG	3			2	1	1					2
∑	22	2	9	8	3	5	4	1	1	3[2]	8

Anmerkungen:
1) rQ = raumrelevante Querschnittspolitiken, rS = raumrelevante Sektorpolitiken, tl = technische Infrastruktur, eG = E-Government
2) Darunter sind zwei PPP-Vorhaben, die über den Gestaltungsraum der einzelnen Kommune hinausgehen.

Zur Governance-Struktur

Betrachtet man den PPP-*Funktionstypus*, stellt man bei den dokumentierten Fallbeispielen in Klein- und Mittelstädten ein ziemlich ausgewogenes numerisches Verhältnis zwischen PPP im Sinne von Koproduktion bzw. von Kofinanzierung fest (Tabelle 5). Dieser Befund ist insofern überraschend, als man aufgrund des vorherrschenden Motivs für die Bildung einer öffentlich-privaten Partnerschaft (Beseitigung finanzieller Engpässe in den Kommunen durch Akquise privaten Kapitals und Know-hows) eine Vorrangstellung von PPP als Kofinanzierung hätte erwarten können. Offenbar gibt es eine Abhängigkeit davon, ob das PPP-Vorhaben zum Aufgabenfeld der raumrelevanten Querschnittspolitiken oder der raumrelevanten Sektorpolitiken gehört. Im ersten Fall dominiert die Koproduktion und im zweiten die Kofinanzierung. Natürlich ist die empirische Basis noch zu schmal für eine belastbare Bewertung derartiger Sachverhalte. Es eröffnet sich jedoch die Frage, ob in Klein- und Mittelstädten eine Bereitschaft entsteht, sich auf neue Formen der Herstellung öffentlicher Güter gemeinsam mit privaten Dienstleistern einzulassen, und zwar parallel zur Mobilisierung von privatem Investitionskapital. Sollte das Aufkommen einer solchen Parallelstrategie nachgewiesen werden können, wäre dies ein Indiz dafür, dass (auch) Klein- und Mittelstädte begonnen haben, die verschiedenen Optionen öffentlich-privater Zusammenarbeit auszuschöpfen.

Auch bei der Frage, welcher *Governance*-Mix, also welche Kombination von Regelungslogiken für die dokumentierten PPP-Fälle typisch ist, ergibt sich grob ein zweigeteiltes Bild (Tabelle 5). Während vor allem in den traditionellen kommunalen Aufgabenfeldern Ver- und Entsorgung sowie Hochbau (rS, tI) bei fast allen PPP-Projekten ein Governance-Mix ausschließlich aus hierarchischer und marktorientierter Regelungslogik vorherrscht, ist der Governance-Mix bei PPPs in einigen anderen Feldern zumindest noch um Elemente der Netzwerklogik ergänzt. Diese Projekte lassen sich besonders den neueren bzw. in den letzten Jahren neu interpretierten Aufgabenfeldern E-Government bzw. Stadtentwicklung, Stadtmarketing/Citymanagement (rQ) zuordnen. Wie die Mischformen der Regelungslogiken im Einzelfall ausgeprägt sind, also welche Elemente der unterschiedlichen Regelungsmuster eine Verbindung eingehen, ist auf der Sondierungsstufe nicht zu erschließen.

Als Begründung für die Zweiteilung zeichnet sich ab, dass im ersten Fall bereits etablierte Aufgaben bzw. Leistungen lediglich in veränderter Form – nach Möglichkeit kostengünstiger, schneller, umweltfreundlicher – realisiert werden. Im zweiten Fall hingegen müssen innovative Konzepte für Leistungen/Aufgaben bzw. Prozesse entwickelt und umgesetzt werden, die zumindest für die einzelne Verwaltung neu sind. Der Anreiz, über originär privates Kapital und Know-how hinaus zusätzlich auch komplexere PPP-Erfahrungen aufzubauen, ist daher für die Entscheidungsträger in der Kommunalpolitik und -verwaltung grundsätzlich deutlich höher zu veranschlagen.

Die *Akteurskonstellation* kann prinzipiell eher komplex oder eher auf wenige Akteure eingeschränkt sein. Entsprechende Fallbeispiele halten sich ungefähr die Waage. Es war zu erwarten, dass viele PPP-Vorhaben auf dem Feld raumrelevanter Querschnittspolitiken eher komplexe Akteurskonstellationen haben, und ebenso, dass viele PPPs auf dem Feld raumrelevanter Sektorpolitiken eher weniger komplex sind. Die PPP-Projekte zu E-Government warten sämtlich mit einer Vielzahl unterschiedlicher Akteure auf.

Tab. 5: PPPs in ausgewählten Klein- und Mittelstädten – nach
Aufgabenfeldern, Funktionstypus, Governance-Mix,
Akteurskonstellation

PPP-Aufgabenfelder[1]	PPP-Projekte (Anzahl)	mit PPP-Funktionstypus		mit Governance-Mix[2]				mit Akteurskonstellation	
		Koproduktion	Kofinanzierung	H	M	N	A	weniger komplex	komplex
rQ	7	6	1	7	7	5	1	2	5
rS	5		5	5	5			4	1
tl	7	4	3	7	7	1		4	3
eG	3	2	1	3	3	3	1		3
insgesamt (Anzahl)	22	12	10	22	22	9	2	10	12

Anmerkung:
1) rQ = raumrelevante Querschnittspolitiken, rS = raumrelevante Sektorpolitiken, tl = technische Infrastruktur, eG = E-Government
2) H = Hierarchie, M = Markt, N = Netzwerk, A = Assoziation

Womit hängt der Grad der Komplexität der Akteurskonstellationen zusammen? Zunächst natürlich mit der Struktur (querschnittlich bzw. sektoral) der Aufgabenfelder, in denen ein PPP-Projekt angelegt ist. Die Vielschichtigkeit ist aber auch Resultat finanzieller Anreizprogramme, die eine Förderung an Partizipation binden. Dass eine komplexe Akteurskonstellation zu signifikant anderen Ergebnissen führt als eine enge öffentlich-private Partnerschaft, wird in öffentlichen Förderprogrammen zumindest implizit unterstellt. Diese Annahme ist bisher noch nicht systematisch untersucht worden. Vergleiche zwischen multidimensionalen und eng auf Hierarchie und Wettbewerb bezogenen PPPs stehen noch aus. Bemerkenswert ist jedoch, dass ein überdurchschnittliches PPP-Engagement eng verbunden zu sein scheint mit Aktivitäten zur Bürgerbeteiligung, der Einwerbung öffentlicher Fördermittel, interkommunaler Kooperation und der Beteiligung an Verbundprojekten zwischen Kommune(n) und/oder Land bzw. Bund (Gerstlberger/Sack 2003).

Start- und Prozessbedingungen für PPP-Vorhaben sowie möglicherweise notwendige *besondere Interaktionsfähigkeiten* sind mithilfe des vorliegenden Materials so gut wie nicht zu eruieren. Allenfalls ist ein bestimmter Promotorentypus bei PPPs in Klein- und Mittelstädten zu erkennen. Dieser Promotorentyp zeichnet sich nach den fragmentarisch vorhandenen Beschreibungen dadurch aus, dass er die verschiedenen konzeptionell dargestellten Governance-Typen, -Funktionen und -Fähigkeiten gleichsam in einer Person vereint. Damit ist gemeint, dass hierarchische bzw. rechtliche Kompetenzen, „Netzwerk- und Vertrauensarbeit" sowie Kontakte zu Märkten, Assoziationen (Vereine, Verbände etc.) und Gemeinschaftsinitiativen bei einzelnen Personen gebündelt werden. Bei derartigen PPP-Promotoren bzw. -Brokern kann es sich sowohl um Bürgermeister oder Verwaltungsexperten handeln als auch um Vereinsvertreter/innen, Repräsentanten der Landesebene, privater Unternehmen oder Beschäftigtenvertreter. PPP-Koproduktion kann demnach grundsätzlich mit einem „Co-Management" aus Sicht von Beschäftigten und ihren Vertreter/inne/n kombiniert werden (Schneider 2002). Ähnliches scheint auch für Kombinationsmöglichkeiten zwischen Formen von PPP-Koproduktion mit bürgerschaftlicher Beteiligung und der Idee der „Bürgerkommune" zu gelten.

Die *Organisation* der PPP-Vorhaben erfolgt in den dokumentierten Fällen nach drei *Modellen*: dem Kooperations- (N = 10), dem Betreiber- (N = 9) oder dem Beteiligungsmodell (N = 3). Während das Kooperationsmodell vorrangig bei PPP im Rahmen raumrelevanter Querschnittspolitik Verwendung findet, erhält das Betreibermodell bei PPP im Rahmen raumrelevanter Sektorpolitik den Vorrang. Beide Modelle werden auch bei PPP-Vorhaben für technische Infrastruktur gewählt. Ein nach Aufgabenfeldern spezifischer Schwerpunkt für Beteiligungsmodelle ist – wegen der Datenlage – nicht auszumachen. Bei PPP für E-Government kommen alle drei Organisationsmodelle vor, was auf eine größere Variabilität in diesem Sektor schließen lässt. Hinsichtlich der *Finanzierung* der PPP-Vorhaben sind die erhobenen Daten wenig aussagekräftig und lückenhaft. Man kann nur allgemein konstatieren, dass in vielen Fällen eine Mischfinanzierung mit den Komponenten privates Kapital, öffentliche Fördermittel sowie Haushaltsmittel/Kommunalkredite stattfindet. Der Einsatz öffentlicher Fördermittel (Land, Bund, EU) ist – vermutlich weniger vom Finanzvolumen als von der Anzahl der Fälle her – nicht unerheblich. Er ist bei der Hälfte der PPP-Vorhaben ausgewiesen.

Welcher *Zusammenhang* besteht zwischen *Organisations- und Finanzierungsmodellen*? Auch zu dieser Frage ist nur eine Anmerkung möglich. Im Rahmen von Mischfinanzierungen wird bei den Betreibermodellen privates Kapital vorrangig eingesetzt, bei Kooperationsmodellen kommt öffentlichen Fördermitteln, zumindest nach der Fallhäufigkeit, eine erhebliche Bedeutung zu. Bei Beteiligungsmodellen ist ein vergleichbarer Bias nicht zu erkennen.

Der *Grad der Formalisierung* kann bei den einzelnen PPP-Vorhaben hoch, mittel oder niedrig sein, wobei er im Zusammenhang mit vertraglichen Regelungen als eher hoch, im Zusammenhang mit Netzwerk-Arrangements als eher niedrig eingestuft wird. Ein Element hochgradiger Formalisierung (Verträge) ist bei allen PPPs vorhanden. Bei PPPs mit einer komplexen Akteurskonstellation sind zugleich auch Elemente mittlerer und niedriger Formalisierung zu vermuten.

Zur Evaluation

Dass PPP-Vorhaben im Hinblick auf das Ergebnis (Output) und die Auswirkungen (Outcome) systematisch evaluiert werden, ist anhand des recherchierten Materials nicht feststellbar. Einschätzungen wie „positive Erfahrungen", „negative Erfahrungen", „Lessons Learned" beruhen in der Regel auf ganzheitlich-intuitiven „Impressionen" von Beteiligten.

Dieser Sachverhalt ist auch dem Umstand geschuldet, dass sich das Instrumentarium zur systematischen Evaluation von PPP-Vorhaben in der Bundesrepublik noch in einem frühen Entwicklungsstadium befindet. Gleichwohl sollten die Angaben, die im Rahmen der Fallbeschreibungen gesammelt wurden, genutzt werden, um einen ersten Eindruck über positive und negative Erfahrungen zu gewinnen, die bei den einzelnen PPP-Vorhaben in Klein- und Mittelstädten gemacht worden sind. Sie sind oben (Tabelle 6) als „Argumentationshaushalt" tabellarisch aufbereitet, und zwar nach positiven und negativen Erfahrungen während der Eingangsphase des PPP-Vorhabens, der Vorbereitungsphase und während der Umsetzungsphase sowie weiter nach positiven und negativen „Posten" einer vorläufigen Bilanz. Für die 22 untersuchten PPP-Beispiele wurden in 21 Fällen positive Einschätzungen mitgeteilt, in zehn Fällen auch negative. Wir vermuten, dass diese Differenz eher ausdrückt, dass man kritische Situationen seltener offenbart, als dass nur in etwa der Hälfte der dokumentierten PPP-Vorhaben tatsächlich negative Erfahrungen gemacht worden sind.

6.5   Zwischenbilanz und weiterführende Überlegungen   ■

Der eingeschränkte empirische Blick auf die PPP-Realität in Klein- und Mittelstädten lässt zwei generelle Einschätzungen zu. Sie lassen sich mit

≡ **Tab. 6:** Positive und negative Erfahrungen mit PPP-Vorhaben in Klein- und Mittelstädten

Phasen/ Bilanz	Positive Erfahrungen (N = 21)	Negative Erfahrungen (N = 10)
Eingangs- phase/ strategische Vorbereitung	Fundierte Grundlagenermittlung (Stärken-Schwächen-Analyse, Markt- umfeldanalyse, Wirtschaftlichkeits-, Machbarkeitsuntersuchungen, Kauf- kraftdaten, Erfahrungen anderer Kom- munen); frühzeitiges Einbeziehen unterschied- licher Interessenlagen.	
Vorbereitung	Zügige Verhandlungen; Partizipationsmöglichkeiten im Ent- scheidungsfindungsprozess; Detaillierte Ausschreibung, dadurch passende Angebote.	Unterschätzung des Zeitfaktors (bei Verhandlungen, Vertragsgestaltung, Ausschreibung); Verzögerung bei der Mittelbewilligung (komplizierte rechtliche Prüfung).
Umsetzung	Engagierte Promotoren; Projektentwickler aus der Region/ Kommune (regional-lokale Lösung); (externer) Controller, dadurch Kosten- einsparungen.	Unterschätzung des Zeitfaktors und des Aufwandes für einzelne Projekt- schritte; Akzeptanzproblem bei Beschäftigten Verzögerungen wegen Eigeninteres- sen Privater (Eigentümer); Konkurrenz von Stadtteilen um den Standort des Vorhabens, Konkurrenz zwischen Stadtrat und „Bürgerexper- ten"; personelle Engpässe in der Verwal- tung, keine Eigenlösung möglich, komplizierte Rechtsfrage.
Bilanz/ erwartete Ergebnisse	Insgesamt positive Bewertung der Ko- operationsbeziehungen, Win-win- Situation; hoher Zielerreichungsgrad (Arbeits- plätze, Produktivitätssteigerung, Qua- litätsverbesserung, Bewirtschaftung, Transparenz u.a.); schnelle Durchführung der Maßnah- me Kosteneinsparungen, stabile Gebüh- ren, Umsatzsteigerung; PPP-Vorhaben als Referenz für priva- te Anbieter; Lerneffekte, Know-how.	Kein Interessenausgleich zwischen Befürwortern und Gegnern des Vor- habens; Ziele nur zum Teil erreicht (Vermie- tungen, Kosteneinsparungen der Kom- mune, Gewinn privater Investoren).

„vorsichtigem Optimismus" einerseits und „Bedarf an vertiefter Analyse des Innen- und Außenlebens von PPP" andererseits charakterisieren. Zwei Aspekte erhalten dabei ein neues Gewicht.

1. Auch Klein- und Mittelstädte lassen sich seit geraumer Zeit auf PPPs ein. Damit gewinnt die Frage nach der Spezifität von PPPs in Klein- und Mittelstädten an Bedeutung, also nach Besonderheiten etwa der Rahmenbedingungen und auch der Akteure, der Ablauf- und der Aufbauprozesse.
2. Das „Innen- und Außenleben" von PPPs ist weitgehend terra incognita.

Was die spezifischen Umstände für PPPs in Klein- und Mittelstädten angeht, wurden Hinweise gefunden auf:

–   personelle Engpässe in Verwaltungen für das neue Aufgabenfeld PPP;
–   Schwierigkeiten mit der komplexen Rechtsmaterie;
–   Abstimmungsprobleme mit der jeweiligen Kommunalaufsicht;
–   einen Promotorentypus, der Hierarchie-, Netzwerk-, Assoziations- und Gemeinschaftskompetenz in sich vereint (Bürgermeister, Verwaltungsexperten, teilweise auch Personalvertreter);
–   eine Projektgröße von PPPs, die im Rahmen der Klein- und Mittelstädte den Rang eines Großvorhabens haben und deshalb unter Umständen an die Kapazitätsgrenzen ortsansässiger KMU stößt;
–   Vorteile von bzw. Präferenzen für regional-lokale Projektentwickler;
–   informelle PPP-Formen, wie „Handschlag-PPP", bei denen sich spezifische Zielvorstellungen erst im Projektverlauf herausbilden können;
–   die Praxis nichtmonetärer Koppelgeschäfte und die damit unter Umständen verbundene Gefahr einer „PPP-Dominanz" durch ein lokal verankertes Großunternehmen;
–   gelegentliche Parallelplanung eines PPP-geeigneten Projekts als öffentliches und öffentlich-privates Vorhaben mit entsprechendem Mehraufwand;
–   mitunter mangelnden Erfahrungsaustausch, wenn mehrere PPP-Projekte gleichzeitig in einer Kommune durchgeführt werden.

Die Governance-Perspektive, in analytischer Absicht auf PPP als neuartigem Regelungsmuster zwischen Akteuren des öffentlichen und des privaten Sektors gerichtet, hat bei den Fallbeispielen der Klein- und Mittelstädte Folgendes sichtbar gemacht:

- Die unterschiedlichen Regelungslogiken, ihre Fusion und die damit notwendig werdenden besonderen Interaktionsfähigkeiten der beteiligten Akteure sowie die Start- und Prozessbedingungen sind bislang kaum thematisiert.
- Auch eine systematische Evaluation von Ergebnissen (output) und Auswirkungen (outcome) spielt noch keine große Rolle.
- Der Schwerpunkt der Beschreibungen liegt zweifellos bei den Kooperationsformen, d.h. den Organisations- und Finanzierungsmodellen; allerdings sind die Angaben insbesondere bei Finanzierungsfragen oft nur fragmentarisch.

Für die weitere Erkundung von PPPs in Klein- und Mittelstädten (und darüber hinaus in Großstädten) zeichnet sich die Notwendigkeit einer Erweiterung des Governance-Ansatzes ab. Zugleich sind einige praxisrelevante thematische Schwerpunkte erkennbar, an denen Orientierungshilfen anknüpfen können.

Die *Governance-Heuristik* sollte um die *Ergebnisdimension* erweitert werden. Die Frage nach Output, den Ergebnissen von PPPs, orientiert an der Zielerreichung der Partnerschaft, und Outcome, den Auswirkungen im Sinne von unmittelbaren und mittelbaren Folgen der Zusammenarbeit, schließt sich – ähnlich einer „Prüfvariablen" – an die Analyse der Regelungsmuster von PPPs an. Auch Rahmenbedingungen von PPPs sind mit der vorliegenden Governance-Heuristik nicht erfasst. Dabei ist der Einfluss institutioneller Vorgaben, also die Einbettung der Kommunen in den Aufgaben-, Planungs- und Finanzverbund des Bundes und der Länder, in Gemeindeordnungen, Haushaltsrecht, Steuerrecht, Vergaberecht u.a.m. prägend für Einrichtung und Ausgestaltung lokaler PPPs (Großmann 2003; Schäfer 2003; Schuppert 2001). Diese Vorgaben stehen zudem häufig in einem sowohl inhaltlichen als auch akteursbezogenen Zusammenhang mit anderen kommunalen Planungszielen und Investitionsvorhaben (Ziel-, Vorhaben-, Akteursverschränkung). In einem umfassenderen Governance-Ansatz wäre also auch die *Kontextdimension* von PPP zu berücksichtigen.

Welche *praxisrelevanten Governance-Themenfelder* bedürfen einer Vertiefung? PPP lebt vom Zusammenwirken verschiedener *Handlungslogiken*. Bisher wissen wir kaum etwas darüber, wie sie bei PPP tatsächlich fusionieren, welche Teilelemente (wie z.B. Vertrauen) besondere Bindungswirkung entfalten und wie der Governance-Mix ausbalanciert ist (vgl. dazu den Beitrag von Oppen et al. in diesem Band).

Die Unterschiedlichkeit der Handlungslogiken macht auch in den untersuchten Beispielen deutlich, dass es besonderer *Interaktionsfähigkeiten* bedarf, sie füreinander fruchtbar zu machen, also Synergien zu erzeugen. Diese „Anschlussfähigkeiten" werden unter dem Aspekt der Start- und Prozessbedingungen mitunter als „PPP-Kultur" thematisiert. Einerseits bedarf das Arbeitsmodell, auf welches wir für die Erfassung der Prozessbedingungen rekurriert haben, des empirischen Tests unter den Bedingungen, die bei Klein- und Mittelstädten gegeben sind. PPP-Kultur, die das Verknüpfen von Vertrauen, Kommunikation, Erfahrungstransfer, Innovationsbereitschaft und Verlässlichkeit von Regelungen (Gerstlberger/ Hoeppner 2003) impliziert, muss sich andererseits mit der Frage auseinander setzen: Kommen in der neuartigen Kooperationsform PPP doch eher traditionelle Handlungsmuster der beteiligen Akteure zum Tragen, die der (Komplexität reduzierenden) Strategie folgen, Neuartiges zu Altbekanntem „kleinzuarbeiten"? Findet demnach faktisch eine kommunikative und fachliche Kompetenzerweiterung für PPP bei den verschiedenen Akteuren überhaupt statt? Damit rückt auch die Arbeitsebene ins Blickfeld. Zwar besteht gegebenenfalls für eine Überleitung von Personal in öffentlich-private Gesellschaften auch für kleinere Kommunen ein praktikables Vertragsinstrumentarium. Fragen nach notwendigen Qualifizierungsmaßnahmen und begleitender Personal- und Organisationsentwicklung sind jedoch noch weitgehend unbearbeitet.

Bei der Akteurskonstellation stellt sich die Frage, wie die Entscheidung über Teilnahme oder Nichtteilnahme eines bestimmten Akteurs oder einer Akteursgruppe motiviert ist. Seitens einzelner Klein- und Mittelstädte wissen wir beispielsweise, dass die regionale/lokale Einbindung eines privaten Unternehmens durchaus als positives Auswahl- und Ergebniskriterium gesehen wird. Viele Mittelständler haben von diesem Standortvorteil bislang noch nicht profitiert. Ihre Teilhabe an PPP-Projekten ist im Vergleich zu Großunternehmen zurzeit erst schwach ausgeprägt (Fischer 2003). Weitgehend unbekannt ist dabei vor allem auch, welche Rolle die verschiedenen Berater im PPP-Prozess spielen (werden). Das gleiche gilt für die Finanzierungsseite. Während hinsichtlich der Rolle privater und öffentlicher Großbanken für kommunale PPP-Projekte in den letzten Jahren sowohl konzeptionelle Überlegungen als auch Erfahrungsberichte dokumentiert wurden (Gerstlberger/Hoeppner 2003), besteht hinsichtlich der PPP-Praxis von Sparkassen und Genossenschaftsbanken in kleineren Städten und Gemeinden Unklarheit. Auf eine „vergessene Akteursgruppe", die Architekten, ist erst unlängst – verbunden mit einer starken Kritik am Gutachten „PPP im öffentlichen Hochbau" („erstaunliche Unkenntnis über die Planung von Hochbauten") – hingewiesen worden (Conradi 2003, S. 657). Diese Wissensdefizite verweisen auf den Formierungsprozess der PPP-Akteure, der gegenwärtig – auch in Bezug auf

Klein- und Mittelstädte – abläuft. Er macht deutlich, dass „Akteurskon-stellation" nicht allein darauf zielt, welche Akteure an einer PPP teilneh-men, sondern dass es auch um deren Koalitionsfähigkeit im Rahmen einer PPP bzw. des PPP-Marktes geht. Welche strategischen Möglichkeiten es hier beispielsweise auch für Gewerkschaften und Personalvertretungen gibt, bedarf der vertiefenden Analyse (vgl. dazu Sack/Schneider in diesem Band).

Hoch *formalisierte* Bestandteile von PPPs, wie in erster Linie Ver-tragsmodelle, werden zurzeit – auch was die Personalüberleitung angeht – mit Nachdruck bearbeitet und kommuniziert. Der Bereich informeller PPP, wie z.B. die Handschlag-PPP im Kontext von Koppelgeschäften, ist dagegen noch weitgehend unentdeckt. Es ist zu vermuten, dass diese The-matik bei Klein- und Mittelstädten eine gewisse Relevanz hat. Ein interes-santes Ergebnis der Sondierung war, dass PPP etwa gleich häufig auf den Typus *Koproduktion* und den Typus *Kofinanzierung* hinauslief. Diese (nicht repräsentative) Verteilung hängt mit der hohen Anzahl von PPP-Vorhaben in raumrelevanten Querschnittspolitiken zusammen, die in der Recherche berücksichtigt wurden. Sie eröffnet dennoch die Frage, ob – bei einer Stabilisierung des Befundes – die Häufigkeit des PPP-Typus Koproduktion einen Indikator für den Zuwachs an (wahrgenommenen) Eigengestaltungsmöglichkeiten der Kommunen darstellt.

Die *Evaluationsdefizite* bei PPP-Vorhaben betreffen sowohl die er-zielten Ergebnisse (Output) als auch die eingetretenen Folgen und Aus-wirkungen (Outcome). Das Evaluationsfeld der *Ergebnisse (Output)* ist vergleichsweise überschaubar. Mit welcher Methodik kann der Output festgestellt werden? Prinzipiell wird dabei zu unterscheiden sein, ob für ein PPP-Vorhaben klar abgrenzbare Aufgaben und Leistungen definiert werden können (ein Bauprojekt, die Sanierung einer Anlage) oder ob sie komplex sind (Errichtung und Betrieb eines Regionalflughafens). Wann hat eine PPP als „erfolgreich", wann als „gescheitert" zu gelten? Für die Entwicklung von Erfolgs- und Misserfolgskriterien sind Best-Practice-Studien gefragt. Nicht aus dem Blick geraten sollte jedoch, dass man auch aus Worst-Case-Untersuchungen Lehren ziehen kann. Forschungsprak-tisch scheinen „gescheiterte PPPs" eine ähnliche Leerstelle zu sein (Fi-scher 2003), wie sie für die Netzwerkforschung (zerrissene Netze) festge-stellt worden ist (Klenk/Nullmeier 2003, S. 36). Weitaus umfassender als das Evaluationsfeld Output ist das der *Folgen und Auswirkungen (Out-come)*. Exemplarisch seien genannt: Die Rolle politischer Gremien bzw. Selbstverwaltungsorgane und ihre möglichen Veränderungen im Zusam-menhang mit PPPs als erster Aspekt. Kann es zu einer Verschiebung des Einflusses gewählter ehrenamtlicher Kommunalpolitiker zugunsten des hauptamtlichen Verwaltungsmanagements kommen? Verwaltungskulturelle Entwicklungen sind ein zweiter Aspekt. Können Kooperationserfahrungen, die im Rahmen von PPP gemacht werden, der Verbreitung von „markt- und erfolgsorientiertem Denken" im Verwaltungsalltag Vorschub leisten? Erfolgsmaßstäbe für Bürgerinnen und Bürger und für gesellschaftliche Gruppierungen schließlich stellen einen dritten Aspekt dar. Sind neben den bisher vorwiegend angelegten finanziellen Kriterien (wie z.b. Gebührenentwicklung) weitere Erfolgsmaßstäbe aus Bürgersicht zu entwickeln? Diese Überlegung bietet sich für die Bearbeitung als Leitfrage an. Die Sondierung von PPP als neuartigem Regelungsmuster zwischen öffentlicher Hand und Unternehmen hat einige erste Antworten gegeben und viele Fragen aufgeworfen. Sich damit weiter auseinander zu setzen, ist eine Voraussetzung dafür, dass die Potenziale von Public Private Partnership ausgeschöpft werden können.

7. Neue soziale Partnerschaften in staatlich regulierten Wohlfahrtsmärkten

Maria Oppen, Detlef Sack, Alexander Wegener

Im sozialen Sektor wird in Deutschland von öffentlich-privaten Partnerschaften oder Allianzen nur vereinzelt und erst in allerjüngster Zeit gesprochen. Empirisch lässt sich allerdings durchaus eine zunehmende Verbreitung hybrider Organisationsformen beobachten, die Gemeinwohlziele mit unternehmerischem Handeln in partnerschaftlichen Strukturen verbinden (vgl. Evers et al. 2002; Eichler 2000).[1] Eine mögliche Erklärung für diese im Vergleich mit anderen öffentlichen Aufgabenfeldern verzögerte Entwicklung mag darin liegen, dass aufgrund veränderter rechtlicher Rahmenbedingungen erst im Verlauf der 1990er Jahre privatgewerbliche Dienstleistungsanbieter in verschiedenen Segmenten von Sozial- und Gesundheitsdienstleistungen stärker Fuß fassen konnten. Zuvor haben Nonprofit-Organisationen und staatliche bzw. parastaatliche Einrichtungen solche Aufgaben arbeitsteilig durchgeführt. Historisch betrachtet haben Verhandlung, Kooperation und Abstimmung zwischen diesen Akteuren also eine lange Tradition. Bereits in der Weimarer Republik verfestigte sich, was wir heute als korporatistisches Aushandlungs- und Verflechtungssystem zwischen öffentlichen und gemeinnützigen Trägern kennen.

Erst mit den verschiedenen Initiativen einer ordnungspolitischen Umsteuerung durch Einlagerung wettbewerblicher und kooperativer Elemente in die wohlfahrtsstaatliche Leistungsproduktion ist das tradierte Governance-Arrangement in Bewegung geraten. Zu beobachten ist seither eine Pluralisierung von Akteuren, Interessen und Handlungsorientierungen. Mit dem einsetzenden Bedeutungsverlust tradierter Netzwerke entstehen neue Unsicherheitszonen, aber auch Chancen und Impulse für lokale Kooperationsexperimente. Uns wird im Folgenden interessieren, welche Bedingungen zur Entstehung neuer Public Private Partnerships (PPPs) im Sozialen Sektor beigetragen haben und welche spezifischen Funktionen sie übernehmen, welche Potenziale sie entfalten.

---

1   Der Beitrag entstand im Rahmen des Forschungsprojekts „Public Private Partnership – Hybridvarianten der Dienstleistungsproduktion", einer international vergleichenden Untersuchung, die am Wissenschaftszentrum Berlin durchgeführt wurde, gefördert vom Bundesministerium für Bildung und Forschung.

153

Dabei weisen PPPs nach unserer Vorstellung spezifische Charakteristika auf: Auf der Akteursebene entscheiden formal *autonome Akteure* mit je eigener Zielsetzung und Ressourcenausstattung darüber, ob sie bestimmte Leistungen im Austausch mit anderen Akteuren produzieren wollen. Auf der Kooperationsebene finden zwischen den Beteiligten Interaktionen statt, denen bestimmte *organisatorische Formen* – vertragliche oder eher informelle – gegeben und durch die Ressourcen gekoppelt werden. Die Zusammenführung komplementärer Ressourcen erfolgt im Hinblick auf eine gemeinsam definierte Funktion. Das Spezifische an der sektorenübergreifenden Kooperation ist, dass die beteiligten Akteure in verschiedene *institutionelle Arrangements* eingebunden sind, die sich grob mit den drei unscharfen „Großbegriffen" Staat, Markt und Gesellschaft umreißen lassen. Somit sind die kooperierenden Akteure in ihren Handlungen auch von unterschiedlichen Regeln und differierenden Grundüberzeugungen bestimmt und geleitet. Daraus kann sich zum einen die im Vergleich zu sektorinternen Leistungsprozessen relative Labilität der gemeinsamen Koordination und Ressourcenkoppelung ergeben. Darin kann aber zugleich der komparative Nutzen der Kooperation liegen: Die Kombination unterschiedlicher materieller Ressourcen, Fähigkeiten und Ideen kann zur Entwicklung neuer Problemdefinitionen und Lösungsmöglichkeiten führen. Dies wäre eine Stärke „neuer" sektorübergreifender Zusammenarbeit gegenüber den traditionellen Korporatismen. Dieser Frage wird anhand von drei PPP-Fallstudien nachgegangen, eingebettet in die institutionellen Rahmenbedingungen des jeweiligen Subsektors wohlfahrtsstaatlicher Dienstleistungen. Zunächst geben wir jedoch einen Überblick über die Entwicklung des Wohlfahrtskorporatismus in Deutschland.

■ 7.1 Entwicklung des deutschen Wohlfahrtskorporatismus

In der deutschen Tradition ist Sozialpolitik nie ausschließliche Staatsangelegenheit gewesen, sondern sie bewegt sich seit ihrer Entstehung im Spannungsfeld zwischen Staat und Gesellschaft (vgl. Pankoke 1970). Eine wichtige Rolle spielen zwischen dem Privatbereich von Familie/Verwandtschaft und Staat bzw. öffentlichem Sektor die so genannten intermediären Instanzen oder Drittsektororganisationen. Diese zivilgesellschaftlichen Assoziationen hatten von Beginn an „einen maßgeblichen Einfluss auf Entstehung und Entwicklung des deutschen Systems sozialpolitischer Leistungen" (Enquete-Kommission „Zukunft des bürgerschaftlichen Engagements" des Deutschen Bundestags 2002, S. 496). In den 20er Jahren des 20. Jahrhunderts sind für die Wohlfahrtsverbände Bestandsgarantien

154

gesetzlich abgesichert worden, die das Zusammenwirken öffentlicher und Nonprofit-Organisationen bis heute prägen: Den Assoziationen wird ein „bedingter Vorrang" eingeräumt und den öffentlichen Trägern zugleich eine Förderverpflichtung und Gewährleistungsverantwortung übertragen (vgl. ebd.). Dies macht die spezifische Struktur der deutschen Wohlfahrtspflege bis heute aus. Im internationalen Vergleich ist das deutsche korporative Sozialstaatsmodell nicht allein durch das vorherrschende Versicherungsprinzip gekennzeichnet, sondern auch durch den Grundsatz der Subsidiarität. Dieser wurde durch die starke Rolle der Assoziationen ebenso ausgefüllt wie durch eine Verpflichtung zur Selbsthilfe, die der Familie, besonders aber den Frauen im männlichen Ernährermodell zugeschrieben wird (vgl. Lewis 1992). „Der Staat" ist also neben Familien, Wohlfahrtsverbänden, selbstverwalteten Versicherungsträgern und Markt nur eine Instanz der Wohlfahrtsproduktion neben anderen (vgl. Evers/Olk 1996).

Der Ausbau des Sozialstaates insbesondere in den 60er und 70er Jahren des 20. Jahrhunderts hat nicht nur zu einer Expansion des öffentlichen Sektors, sondern vor allem zu einem „geradezu explosionsartigen Wachstum" der Wohlfahrtsverbände beigetragen. Sie wurden aber zugleich immer enger in einen regulierten kooperativen Verbund öffentlicher Aufgabenerledigung eingebunden (Enquete-Kommission „Zukunft des bürgerschaftlichen Engagements" des Deutschen Bundestags 2002, S. 498). Sie führten eine steigende Zahl von öffentlichen Programmen und sozialen Aufgaben durch und wurden hierfür mit den entsprechenden staatlichen Finanzmitteln ausgestattet.

Dies zeigt sich beispielsweise am Beschäftigungswachstum: Während sich zwischen 1960 und 1990 die Zahl der Arbeitsplätze im gesamten öffentlichen Sektor etwa verdoppelte (von 2,1 Mio. auf 4,3 Mio.), hat sie sich im Nonprofit-Sektor verdreifacht (von 380.000 auf 1,25 Mio.).[2] Dies ist wesentlich auf Steigerungsraten in den beiden Subsektoren Gesundheitswesen und soziale Dienste zurückzuführen.[3] Umgekehrt heißt das, dass die Betätigung von Nonprofit-Organisationen gerade im Gesund-

---

2   Die diesem Abschnitt zu Grunde liegenden Daten basieren auf Ergebnissen des Johns Hopkins Comparative Nonprofit Sector Project, zit. nach Anheier (1999).

3   Diese beiden Subsektoren machen (1990) zusammen fast 70 Prozent aller Beschäftigten im deutschen Nonprofit-Sektor aus, und sie weisen zwischen beide 1960 und 1990 Zuwächse um fast 400 Prozent auf. In beiden Subsektoren hat der Nonprofit-Sektor zugleich erheblichen Anteil an der Bereitstellung von Dienstleistungen insgesamt. Nahezu jede/r dritte Beschäftigte im Krankenhaus, zwei von drei Beschäftigten in Pflegeheimen, in Altenwohnheimen und Kindertagesstätten und mehr als 80 Prozent der Arbeitsplätze in der Behindertenhilfe sind dem Nonprofit-Bereich zuzuordnen.

heitswesen und im Bereich sozialer Dienste zu über 80 Prozent auf öffentliche Mittel angewiesen ist. Subsidiaritätsprinzip und die gesetzlich garantierte Vorrangregelung bilden demnach das „ökonomisches Fundament" dieser Organisationen. Typisch für beide Subsektoren ist darüber hinaus die Dominanz der Professionen bzw. der bezahlten Beschäftigung: Weniger als zehn Prozent der Arbeit wird durch freiwillige Helfer/innen geleistet.

Mit diesen Entwicklungen erodierten sukzessive die spezifischen Vorteile des Dritten Sektors gegenüber rein staatlicher Leistungserbringung. Solche Vorteile wurden vor allem in den Selbstregulierungskapazitäten und in der pluralen Wertbindung der Wohlfahrtsorganisationen verortet, die eine flexiblere, lokal angepasstere und bedürfnisorientierte Dienstleistungskultur versprachen. Mit der Zentralisierung der Verbände und ihrer immer engeren Einbindung in das System öffentlicher sozialer Dienste („neokorporatistisches Verflechtungssystem", Heinze 2000, S. 36) haben Prozesse der Verrechtlichung, Standardisierung und Professionalisierung auch hier, wie im öffentlichen Sektor insgesamt, Fuß gefasst. Justizierbarkeit und Kontrollierbarkeit von Befunden und Verfahren sowie die „arbeitsteilige Gliederung des Falles" (Gross 1983, S. 140) waren Entwicklungen, die zur Rede von der „Bürokratieüberwälzung" und der „Verstaatlichung der Nächstenliebe" (vgl. Enquete-Kommission „Zukunft des bürgerschaftlichen Engagements" des Deutschen Bundestags 2002, S. 499) führten. Hierüber geriet auch die Einbindung bürgerschaftlichen Engagements in die Krise.

Die schwache Stellung des Klienten/der Konsumentin innerhalb des Institutionengefüges, ihre „Entmündigung" durch Experten (Illich 1979), wurde zunehmend problematisiert. Die Ausbreitung von Selbsthilfegruppen vor allem im Gesundheitsbereich im weitesten Sinne und von Bürgerinitiativen zur Verbesserung der Lebensqualität seit den frühen 1970er Jahren ist unter anderem als Ausdruck einer wachsenden Sozialstaatskritik bzw. der Erkenntnis zu verstehen, dass mit traditionellen Interventionsinstrumenten insbesondere komplexe soziale Probleme kaum zu lösen sind. Auf Seiten der Bürgerschaft wurde somit ein verändertes Selbstverständnis und eine Bereitschaft sichtbar, eigenverantwortlich zu handeln und Formen der Selbstorganisation zu erproben („neue Subsidiarität"). Mittlerweile haben sich auch Teile der Selbsthilfe- sowie der Bürgerinitiativenbewegung zu Kooperationspartnern sozialstaatlicher Instanzen entwickelt und sie erhalten öffentliche Anerkennung und begrenzte Förderung. Ihnen wurde aber bestenfalls eine marginale Position in dem korporatistischen Verflechtungssystem zugestanden. „Institutionalisierte Kooperation" (Heinze 2000, S. 36) zwischen Verbänden sowie zwischen ihnen und staatlichen Institutionen prägt das System sozialer Dienstleistungen noch in den 1990er Jahren.

7.2 Wettbewerb und Kooperation im neuen Wohlfahrtskorporatismus ■

Seit den frühen 1990er Jahren lassen sich unterschiedliche Phasen und Ideen zur Umsteuerung auf internationaler, zentralstaatlicher wie lokaler Ebene identifizieren, die das gewachsene duale System der Wohlfahrtsproduktion unter anhaltenden Veränderungsdruck gesetzt haben. Hierzu zählen die Ausprägungen des „Managerialismus" und der „Ökonomisierung" in Politik und Verwaltung von Bund und Ländern seit Anfang der 1990er Jahre ebenso wie die Deregulierungsbestrebungen in Europa, die sukzessive in der deutschen Sozialgesetzgebung ihren Niederschlag finden. Mit dem Konzept des „aktivierenden Staates" sollen seit Ende der 1990er Jahre gesellschaftliche Selbststeuerungspotenziale mobilisiert werden. Zusammengenommen werden hierdurch Bewegungen sowohl in Richtung kooperativer wie stärker wettbewerblicher Leistungserbringung initiiert.

Vor diesem Hintergrund lassen sich hier zu Lande auch im sozialen Sektor Entwicklungen erkennen, die vielfach als Paradigmenwechsel in der sozialen Arbeit oder auch der gesamten Sozialpolitik gekennzeichnet werden. Mit der Binnenmodernisierung von Sozial- und Gesundheitsverwaltungen durch betriebswirtschaftliche Steuerungsinstrumente geht die Neugestaltung ihrer Außenbeziehungen nach wettbewerblichen Prinzipien einher. Die großen Wohlfahrtsverbände und andere Produzenten sozialer Dienstleistungen geraten hierdurch erheblich unter Anpassungsdruck. Sie entwickeln sich tendenziell zu „Sozialunternehmen" (vgl. Kuhlbach/ Wohlfahrt 1996), die untereinander um öffentliche Aufträge bzw. um Kunden und Nutzerinnen ihrer Angebote konkurrieren. Um ihre Einrichtungen und Dienste für den Wettbewerb „fit" zu machen, sehen sie sich veranlasst, ihre internen Abläufe betriebswirtschaftlich zu optimieren, sich auf ihre Kernkompetenzen zu konzentrieren und sich entsprechend neu zu profilieren.

In dieselbe Richtung wirken auch nationale und europäische Regelungen zur Etablierung einer wettbewerblichen Rahmenordnung. So ist etwa die Vergabe von Mitteln der europäischen Strukturfonds an Ausschreibungspflicht und Leistungsverträge gekoppelt. Die Produktion sozialer Dienstleistungen wird nach EU-Recht als „Geschäftstätigkeit mit dem Ziel der Kostendeckung" (Schruth 1998, S. 6) angesehen. Und in der Sozialgesetzgebung in Deutschland war eine Reihe von Vorschriften darauf ausgerichtet, das korporatistische System zu modernisieren. Vier zentrale Mechanismen markieren den Wandel des Governance-Arrangements. *Erstens* fand eine Abkehr statt von den bis dahin vorherrschenden öffentlichen Sozialsubventionen hin zur prospektiven Vereinbarung von Leistungsentgelten (Kontraktmanagement). Eine *zweite* Innovation stellt die Auflösung des Versorgungsmonopols der Verbände dar. Um die Konkurrenz zu stärken, sind seit Mitte der 1990er Jahre durch gesetzliche Neuregelungen (vgl. § 78 a-g KJHG sowie § 93 BSHG) gewerbliche Anbieter sukzessive den freien Trägern gegenüber gleichgestellt worden. *Drittens* sind zunehmend Maßnahmen zur Sicherung von Qualitäts- und Leistungsstandards eingeführt worden (vgl. § 93 BSHG, §§ 77, 78 a-g KJHG sowie § 80, 112-118 SGB XI). Denn mit der Einführung des Preiswettbewerbes verschärfte sich die schon vorher nur mühsam kaschierte Qualitätsproblematik. Und *nicht zuletzt* wird auf die Stärkung der Konsumentensouveränität gesetzt, indem deren Wunsch- und Wahlfreiheit stärker zum Tragen gebracht werden soll (vgl. § 5 KJHG, § 76 SGB V sowie § 2 SGB XI).

Ordnungspolitisch sollen wettbewerbliche Arrangements zur Effizienzsteigerung beitragen und falsche Anreizstrukturen korrigieren, die in der korporatistischen Steuerung des Systems verortet werden. Faktisch spielen aber Kontraktmanagement und wettbewerbliche Koordinationsmuster, die eine klare Rollendifferenzierung zwischen dem Staat als Auftraggeber und den Dienstleistungserbringern als Auftragnehmern sowie substanzielle Angebotsalternativen voraussetzen würden, bislang keine dominante oder gar flächendeckende Rolle. Insofern wird von manchen Wissenschaftlern eine grundlegende Abkehr vom korporatistischen Strukturmuster durchaus bezweifelt (z.B. Heinze 2000). Es sind aber Wandlungsprozesse zu beobachten, die nicht zuletzt mit dem Ziel der Effizienzsteigerung in Richtung Dezentralisierung, Verbetrieblichung und Autonomisierung der lokalen Dienstleistungsanbieter der großen Wohlfahrtsverbände gehen. Und es wird zunehmend von unspezifischen, öffentlich subventionierten Angeboten zugunsten klar definierter Leistungen mit kalkulierten Preisen abgerückt. Zumindest so weit deutet sich eine Erosion der Verflechtungsstrukturen an, die von anderen Wissenschaftlern (z.B. Rüb 2003) durchaus als Zeichen für einen grundlegenden Strukturwandel gedeutet wird.

Parallel zur Etablierung von Kontraktsteuerung und Wettbewerbsorientierung wurde – auch mittels gesetzgeberischer Initiativen – eine „Politik der Netzwerkbildung" (Dahme 2000, S. 20) verfolgt. Durch aktive Einbeziehung gesellschaftlicher Akteure sollen zusätzliche Ressourcen mobilisiert oder durch die „Schaffung innovativer Milieus" (Heinze 1998, S. 33) und Kooperationskulturen Problemlösungskompetenzen erschlossen werden.

> „Die Politik fordert und fördert das Zustandekommen vernetzter Strukturen ..., die Umbau oder Weiterentwicklung sozialer Infrastrukturen und insbesondere die Vernetzung und Verzahnung vorhandener Angebote planen, entscheiden und betreiben sollen; Verbände denken nach über Kooperationen mit anderen und planen die Vernetzung mit Konkurrenten." (Dahme 1999, S. 1)

Sozialpolitisch motivierte Vernetzungsformen „zielen auf die Schaffung von Gremien, die diskursive Steuerung, das Poolen von Ressourcen, die Schaffung von mehr Selbststeuerung und Selbstorganisation" (ebd., S. 56f.).

Zwei Orientierungen scheinen sich in der politischen Forderung nach kooperativen Arrangements zu überlagern. Mit Blick auf eine effizientere Steuerung von verknappten Ressourcen geht es einmal um veränderte Beziehungsmuster und die Koordination arbeitsteiliger Leistungsprozesse zwischen den an der Wohlfahrtsproduktion beteiligten Akteuren. Im Zentrum steht hier die Ausschöpfung von Leistungsreserven und Rationalisierungspotenzialen. Mit Blick auf die Mobilisierung zusätzlicher Ressourcen geht es einer „aktivierenden" Politik zum anderen um die Förderung von Ehrenamt und bürgerschaftlichem Engagement (auch das der Unternehmen). Mit der Rede von der „neuen Verantwortungsteilung" zwischen Staat und Gesellschaft wird sowohl auf gesellschaftliche Selbsttätigkeit als auch auf Eigenverantwortung gesetzt. Dahinter steht die Hoffnung auf Entlastungseffekte für den Staat, als Gemeinwohlziele auch durch Beteiligung von Bürger/inne/n und Unternehmen („corporate social responsibility") erwartet werden (vgl. auch Kropp 2004).

Wie nun solche kooperativen und netzwerkförmigen Strukturen innerhalb einer stärker wettbewerblich orientierten Rahmenordnung verankert werden sollen, dafür gibt es keine klar umrissene übergreifende Strategie und politische Programmatik. Vielmehr haben wir es mit einem „fragmentierten und situativen Prozess (zu tun, d.V.), der sich innerhalb jedes Politikfeldes in unterschiedlichen Formen und Wegen vollzieht" (Rüb 2003, S. 226). Die jeweiligen Fachdiskurse spielen hier ebenso eine Rolle wie die unterschiedlich starke Normierung der Handlungsfelder. Erkennen lässt sich allerdings eine Gemeinsamkeit: Derzeit dominieren experimentelle Ansätze und Modellvorhaben. Für die Bereiche Kinder- und Jugendpolitik, Seniorenpolitik sowie Gesundheitspolitik sollen kurz einige der Charakteristika aufgeführt werden, bevor wir ausgewählte Fälle von „good practices" präsentieren. In zwei Fällen handelt es sich um Gewinner eines nationalen Awards; der „Qualitätssicherungsverbund" (vgl. Abschnitt 7.4) gilt in Fachkreisen als beispielsetzend.

■ 7.3 Kooperation in der Kinder- und Jugendpolitik

Kooperation zwischen öffentlichen und freien Trägern ist in diesem Handlungsfeld seit langem Gesetzesauftrag: in der politischen Entscheidung, in der Planung und in der Abstimmung von Maßnahmen. Nichtsdestoweniger dominiert in der Praxis der Kinder- und Jugendhilfe nach wie vor eine bürokratische Logik innerhalb spezialisierter und versäulter Strukturen. Es gibt die offene Jugendarbeit nach Zielgruppen oder konzentriert auf „Immobilien" (vgl. Hinte 2000), die so genannten Hilfen zur Erziehung, aufgegliedert in eine Vielzahl gesetzlich fixierter Einzelmaßnahmen, sowie den „allgemeinen Sozialdienst" als Kontakt- und Vermittlungsinstanz. Ressortdenken und Segmentation von Angeboten werden durch einrichtungsbezogene oder fallorientierte Finanzierungsformen verstärkt. Insbesondere zu Letzteren werden dysfunktionale Steuerungseffekte attestiert: Ökonomisch betrachtet werden Fälle „produziert" (ebd.), um die Finanzierung zu sichern, und sozialpolitisch wird ein lebensweltfernes und therapielastiges „Diagnose-Interventions-Schema" (Peters 2000, S. 124) befördert.

In der fachlichen Diskussion ist daher die Notwendigkeit einer grundlegenden Umsteuerung der Jugendhilfe seit langem breiter Konsens. Mit unterschiedlicher Akzentuierung geht es dabei um die Entwicklung flexibler, integrierter und sozialraumbezogener Angebote und Hilfen möglichst aus einer Hand. Prinzipien der Arbeit sind etwa Orientierung an Interessen der Nutzer/innen, Förderung der Selbsthilfekompetenzen, Zielgruppen- und bereichsübergreifende Ansätze (vgl. Hinte et al. 2003; Koch 2003). Neben der Durchlässigkeit von Hilfeformen und der Wandlungsfähigkeit der Organisationen und Professionen wird dazu insbesondere auf Kooperation gesetzt. Kontraktmanagement auf Basis von Sozialraumbudgets (vgl. KGSt 1998a) ist eine spezifische Variante, die in Deutschland gegenwärtig als zukunftstauglich eingestuft und modellhaft erprobt wird.[4] Ein weiterer Impuls für die Verbreitung von sozialraumorientierter Koor-

---

4   Seit 1998 läuft das Bundesmodellprojekt INTEGRA (zweite Phase 2001 bis 2003), in dem in fünf Modellregionen eine solche Angebotsstruktur gefördert und qualifiziert sowie hieraus überregional bedeutsame Erkenntnisse zusammengetragen werden sollen (vgl. Koch 2003). Ähnlich gelagert ist das Bundesmodellprojekt „Neue Steuerungssysteme in der Jugendhilfe" (vgl. Schröder 2000). Bei weiteren zwölf Städten wird von Hinte et al. (2003, S. 55ff.) über sozialräumliche Finanzierungsmodelle gesprochen.

160

dination und Kooperation geht gegenwärtig von einem Bund-Länder-Programm („Entwicklung und Chancen junger Menschen in sozialen Brennpunkten – E&C") aus, mit dem die 260 Programmgebiete der „sozialen Stadt" gefördert werden, um die Chancen benachteiligter Kinder und Jugendlicher zu verbessern und den Abwärtstrend von Stadtteilen mit sozialen Brennpunkten aufzuhalten. Die Verknüpfung von Städtebauförderung und sozialräumlich orientierter Jugendhilfe ist Programm und wird mit immerhin 11 Mio. Euro jährlich gefördert.

Einen anderen Ansatz verfolgt die Bundesinitiative „Unternehmen: Partner der Jugend" (UPJ). Seit 1995 werden hier – unterstützt durch Förderprogramme einiger Bundesländer – Kooperationsprojekte zwischen Unternehmen und Jugendarbeit auf lokaler Ebene initiiert und begleitet. Es geht vornehmlich um bildungs- und arbeitsweltbezogene oder kulturelle Initiativen, die über Sponsoring deutlich hinausweisen. Dahinter steht die Vorstellung der Initiatoren, dass in Anbetracht zunehmender sozialer Probleme und sinkender öffentlicher Mittel neue Ideen zur Bewältigung der Zukunftsaufgaben gefragt seien (vgl. Wendt 2000). Dazu bedürfe es gemeinsamer Anstrengungen aller Bevölkerungsgruppen, die über Problemlösungspotenziale verfügen. Das folgende Beispiel steht für einen solchen Ansatz, auch wenn es außerhalb von UPJ agiert.

Das Fallbeispiel „Computainer Vogelheim"

Computainer (http://www.computainer.net) ist ein lokales Angebot an Kinder und Jugendliche in Essen. Computainer ist aus 32 ehemaligen Baucontainern zusammengesetzt, die dem Projekt auch seinen Namen gaben, und hat das Ziel, die soziale, gesundheitliche, bildungsspezifische und wirtschaftliche Situation in einem besonders benachteiligten Essener Stadtteil zu verbessern. Zielgruppe sind Kinder und Jugendliche aus sozial schwächeren Familien sowie deren Eltern. Dafür wird das Angebot von Computerschulungen mit Informations-, Beratungs- und Unterstützungsangeboten aus dem sozialen Bereich des Stadtteilbüros unter einem Dach vereint. In den Räumlichkeiten des Computainers können gemeinsam mit den Angeboten der Computerschule Unterstützungsleistungen zur Berufswahl und zur Etablierung von Ausbildungsverhältnissen örtlich konzentriert wahrgenommen werden. Mit diesen Angeboten werden Treffpunkte für sozial benachteiligte Kinder und Jugendliche geschaffen, die Bürgergruppen aus den umliegenden Vierteln offen stehen. So soll eine infrastrukturell benachteiligte Region im Ruhrgebiet nachhaltig in ihrer Entwicklung unterstützt werden. Die Umsetzung gelingt nur durch die Bündelung vieler hier ansässiger Menschen und Organisationen. Bürgerschaftliches Engagement auch von Unternehmen ist eine tragende Säule des Gesamtkonzeptes.

Die Projektidee einer Computerschule ging von der Stiftung „Fairnetzen" des Unternehmens BOV AG in Essen aus, einem mittelständischen IT-Systemanbieter. Das Unternehmen konnte dabei auf Erfahrungen mit regionalem bildungspolitischem Engagement in Brasilien seit Anfang der 1990er Jahre zurückgreifen, wo diese Idee modellhaft erprobt wurde. Das Angebot zur Zusammenarbeit wurde – nachdem der Bürgermeister grünes Licht gegeben hatte – vom Geschäftsbereich Jugend und Soziales aufgenommen. Das Projekt ist Bestandteil eines dreijährigen Handlungskonzeptes der Stadtteilkonferenz für den Stadtteil Vogelheim.[5] Gemanagt wird es durch den Leiter des Stadtteilbüros der Kommune.

Die Computerschulungen werden hauptsächlich durch ehrenamtliche „Trainer" aus dem Stadtteil durchgeführt. Sie sind durch qualifizierte, in ganzheitlichen Lernmethoden geschulte Trainer der BOV AG in einer Multiplikatorenausbildung für ihre Tätigkeit ausgebildet und mit Konzepten ausgestattet worden. Eine Investorengruppe aus regionalen Wirtschaftsunternehmen trägt nicht nur zu Bau und Betrieb des Gebäudes bei. Koordiniert über die Stiftung „Fairnetzen" dienten gemeinsame Projekte mit den Jugendlichen diesen Unternehmen zugleich als Personalentwicklungsmaßnahme für die Förderung der sozialen Kompetenz ihrer Mitarbeiter/innen.

Das Computainer-Projekt kombiniert unterschiedliche Angebote in einer neuen Weise an einem Ort. Integriert sind verschiedene jugendpolitische Lernangebote und Möglichkeiten der Berufswahl mit Unterstützung bei der Freizeitgestaltung, eingebettet in einem Netzwerk lokaler und staatlicher Verwaltungen, Drittsektororganisationen und Unternehmen, die über soziales Engagement als gute „corporate citizens" Reputation erwerben wollen.

■ 7.4 Kooperation in der Altenpflege

Die 1994 eingeführte Pflegeversicherung setzt auf Kooperation, ohne jedoch hierfür strukturelle Voraussetzungen und Anreize zu schaffen. Im Gesetz wird von der gemeinsamen Verantwortung aller an der Versorgung beteiligten Institutionen ausgegangen, die erforderlich ist, „um eine leistungsfähige, regionale, ortsnahe und aufeinander abgestimmte ambulante und stationäre pflegerische Versorgung der Bevölkerung zu gewährleisten" (§ 8 SGB XI). Denn die Pflegeversicherung ist als „Teilsi-

---

5   Die Stadtteilkonferenz ist ein freiwilliger Zusammenschluss von Vereinen, Verbänden, Institutionen und engagierten Bürger/innen, die seit 1986 in die stadtteilbezogene Entwicklungs- und Planungsarbeit zur Verbesserung der Lebensqualität involviert sind.

cherung für Teilbedarfe" (Schmidt 2000, S. 217) konzipiert. Die Kranken-
versorgung der Pflegebedürftigen oder etwa Rehabilitationsleistungen
fallen in andere Zuständigkeitsbereiche und müssen für eine humane
Pflege und Betreuung koordiniert werden. Zur geteilten Verantwortung
zählt aber auch die Einbeziehung von Angehörigen, Ehrenamtlichen,
Nachbarn und Selbsthilfegruppen. Diese soll gefördert werden, um eine
„neue Kultur des Helfens und der mitmenschlichen Zuwendung" (§ 8
SGB XI) zu entwickeln. Diese Philosophie stößt jedoch in der Praxis auf
erhebliche Probleme nicht zuletzt aufgrund der bereits aus der Kranken-
versorgung hinlänglich bekannten dysfunktionalen Dichotomisierung in
ambulante und stationäre Versorgung: Für innovative Mischvarianten
zwischen beiden Extremen sind die Hürden hoch, da sich insbesondere die
Anreizstrukturen und Handlungslogiken zwischen beiden Systemen
deutlich unterscheiden.

Im Zuge des Wandels im Sektor der Altenpflege hat der Gesetzgeber
den Pflegekassen die Durchführung von Modellvorhaben zur Entwicklung
neuer qualitätsgesicherter Versorgungsformen für Pflegebedürftige
übertragen und dabei auch andere Finanzierungsformen ermöglicht. Das
Bundesministerium für Familie, Senioren, Frauen und Jugend hat 2000 ein
bundesweites Modellprogramm aufgelegt, in Rahmen dessen Ansätze
gefördert werden, die dazu beitragen, strukturelle Mängel zu beseitigen
und das System der Altenhilfe weiterzuentwickeln sowie neue Formen der
Vernetzung und Kombination von Unterstützungsleistungen zu erproben.[6]

Hinsichtlich solcher Experimente lässt sich individuenbezogenes „case
management" zur Verzahnung von Angeboten und zur Reduzierung von
Brüchen im Versorgungsverlauf (siehe auch Abschnitt 7.2) von strukturbezogenen Kooperationsverbünden entsprechender Einrichtungen unterscheiden (regionale Arbeitsgemeinschaften oder Pflegekonferenzen). Letztere dienen dazu, vorhandene Ressourcen in einer Region zu poolen, um
zu gemeinsamen Problemlösungen, zur Abstimmung bzw. Verkoppelung
von Angeboten oder zur Vermeidung von ineffizienter Doppelarbeit zu
kommen. Solche strukturbezogenen Kooperationen sind auch für die Entwicklung von Qualitätssicherung und -verbesserung im Verbund von Fi-

---

6   Das Modellprogramm „Altenhilfestrukturen der Zukunft" ist seit 2000 auf eine
    Laufzeit von drei Jahren angelegt. Gefördert werden 20 Modellprojekte, von
    denen 13 auf der Handlungsebene „Strukturentwicklung, Kooperation, Vernet-
    zung" angesiedelt sind, fünf davon in Verbindung mit „case management"-Kon-
    zepten und weitere fünf unter dem Aspekt der Mobilisierung zusätzlicher Be-
    treuungs- und Selbsthilfepotenziale.

nanzierungsträgern und Leistungsproduzenten vorgesehen.[7] Denn ab 2004 sind Leistungs- und Qualitätsvereinbarungen abzuschließen, deren Einhaltung gegenüber unabhängigen Prüfinstanzen nachzuweisen ist. Da die Versuche einer bundeseinheitlichen Regulierung der Qualitätssicherung bislang gescheitert sind, kommt freiwilligen kooperativen Entwicklungsstrategien und Modellversuchen eine große Bedeutung zu. Das folgende Fallbeispiel, das in Fachkreisen als herausragend gilt, kann dies illustrieren.

Das Fallbeispiel „Regionaler Qualitätssicherungsverbund stationärer Altenpflege Heilbronn"

In dem Qualitätssicherungsverbund sind elf Altenpflegeheime, die zusammen 57% der Pflegeplätze der Region stellen, zusammengeschlossen: sechs Einrichtungen in privater und fünf in gemeinnütziger Trägerschaft. Mitglieder des QSV sind weiterhin die für die Finanzierung zuständigen Pflegekassen und der örtliche Träger der Sozialhilfe, das Gesundheitsamt, die Heimaufsicht sowie die Vertreter/innen der Bewohner und Angehörigen. Kernaufgabe des Verbundes ist die Entwicklung und Durchführung externer Qualitätssicherung, eine Kombination aus kollegialer Beratung („peer review") und externer Begehung und Überprüfung vereinbarter Standards. Bei Unterschreitung vereinbarter Mindeststandards wird im Konsens ein verbindlicher Verbesserungsplan erstellt, dessen Umsetzung überprüft wird. Bei wiederholter Nichterreichung der Mindeststandards drohen der Ausschluss aus dem Verbund bzw. eine Rückstufung in den Assoziiertenstatus und die Aberkennung des Qualitätssiegels.

Die Aufgaben einer Qualitätssicherungskonferenz, die viermal jährlich tagt, ist somit wesentlich die kollektive Erarbeitung und Weiterentwicklung verbindlicher Standards, die Vorbereitung von wechselseitigen Heimbegehungen und deren Auswertung sowie Vereinbarung konkreter Maßnahmen zur Qualitätssicherung und -förderung. Hierzu zählt auch die Durchführung gemeinsamer Qualifizierungsmaßnahmen, begleitender Praxisprojekte sowie die kontinuierliche Evaluation der Begehungspraxis. Eine Geschäftsordnung dient als Arbeitsgrundlage; sie regelt Mitgliedschaft, Aufgaben des Verbundes und der kollegialen Besuchergruppen, Arbeitsweisen und Beschlussfassung. Die Kosten für externe wissenschaftliche Beratung und Begleitung durch den Prozessklärer trägt jedes Heim im Falle seiner eigenen Begehung selbst. Die Einrichtungen bringen darüber hinaus eigene Ressourcen im Rahmen von jeweils rund 85 bis 90 Personal-

---

7   Ein Element kooperativer Steuerung, das auch in anderen sozialpolitischen Handlungsfeldern (Rehabilitation, Aidsprävention etc.) angewandt wird (vgl. Dahme 2000).

stunden für die Begehung anderer Einrichtungen und die Beteiligung an der Qualitätssicherungskonferenz und ihren Arbeitsgruppen ein.

Es handelt sich also um einen freiwilligen Zusammenschluss von Akteuren mit heterogenen bis gegensätzlichen Interessen, der von der Landesregierung als Modellversuch anerkannt wurde. Es sind nicht nur öffentliche und private Dienstleistungsproduzenten, die im gleichen „Marktsegment" einer Region mit vergleichbaren Leistungsangeboten bei fest ausgehandelten Preisen um Klienten konkurrieren („Link-Allianz"). In diesem Verbund sind auch die Akteure aktiv, die diese Leistungen finanzieren und dementsprechend Leistungsverträge abschließen und die Erfüllung von Aufträgen nach Quantität und Qualität zu überprüfen haben. In Anbetracht hoher Unsicherheit für alle Akteure in Bezug auf zukünftige gesetzliche Anforderungen lässt sich daher von einer proaktiven Entwicklungsstrategie sprechen. Sie haben sich eine regionale, vertrauensbasierte Lernplattform geschaffen, wobei der Entwicklungsprozess selbst von den Beteiligten für noch wichtiger erachtet wird als sein Output. Diese Partnerschaft strebt weiterhin an, ihre im Laufe von sechs Jahren modellhafter Erprobung generierte Expertise „bottom up" in die politischen Auseinandersetzungen um die Qualitätssicherung auf Landes- und Bundesebene einzubringen.

7.5 Kooperation in der Gesundheitsversorgung ∎

Auch im Gesundheitssektor kommen neben der Stärkung wettbewerblicher Elemente neue Formen der Kooperation und Vernetzung zum Tragen. Ähnlich wie in der Jugendhilfe und Altenpflege wird zum einen strukturbezogen mit regionalen Gesundheitskonferenzen und Runden Tischen experimentiert. Deren Etablierung zielt auf eine bürgernahe Planung der verschiedenen Angebote und Leistungen entsprechend den lokalen Bedarfslagen (vgl. Badura 2000). In verschiedenen Modellregionen sind hierzu alle an der Erstellung und Finanzierung von Leistungen beteiligten Akteure wie auch Patientenvertretungen und Selbsthilfegruppen unter Federführung der Kommune eingeladen. Hier werden im Wesentlichen Methoden und Instrumente für eine bessere Zusammenarbeit entwickelt und Entscheidungen erarbeitet, deren Umsetzung auf Selbstverpflichtung basiert.[8]

Zum anderen lässt sich gegenwärtig eine Vernetzungswelle unter den Leistungsanbietern nach amerikanischen Vorbildern von „case", „care" und „disease management" beobachten, die individuenbezogen an der Steue-

---

8   Lokale Gesundheitskonferenzen sind in mehreren Bundesländern eingerichtet und zum Teil inzwischen gesetzlich verankert.

rung von Versorgungsverläufen bzw. strukturierten Behandlungsprogrammen ansetzen. Von solchen modellhaften Arrangements wird die Lösung vielfältiger Probleme erwartet, die ihre Ursache in den seit langem diskutierten Systemdefiziten und Fehlsteuerungen haben, deren grundlegende Reformierung aber immer wieder an Blockaden im komplexen Interessengeflecht gescheitert ist. Typischerweise zielen Modellversuche auf (Schröder/Ratzeburg 2002):

- verbesserte gesundheitliche Versorgung durch systematische Verzahnung von Einzelleistungen, Koordination von Leistungsproduzenten und umfassende Einbeziehung und Aktivierung der Patienten;
- Förderung von Qualitätssicherung und -verbesserung durch Entwicklung und Erprobung von Behandlungs- und Versorgungsleitlinien, Dokumentationssystemen, Schulungs- und „compliance"-Programmen sowie auf
- die Reduzierung von Ineffizienzen durch Erprobung neuer Honorarformen wie z.B. kombinierte Budgets, die sektorielle Vergütungsspezifika überbrücken.

Insbesondere für die Behandlung chronisch Kranker und komplexer Krankheitsbilder sollen auf freiwilliger Basis integrierte Versorgungslösungen erprobt werden. Dies geschieht durch Praxisverbünde, die auf institutionalisierter Basis mit Krankenhäusern, Heilberufen, Pflegediensten und Selbsthilfegruppen/Angehörigen zusammenarbeiten und dabei die transsektorale Steuerung übernehmen. Organisatorisch lassen sich dabei mehrere Steuerungsvarianten unterscheiden: Neben der Koordination durch die Leistungsproduzenten kann dies auch durch neutrale Koordinationsstellen erfolgen oder durch Fallmanager der Krankenversicherungen in Anlehnung an in den USA praktizierte „managed care"-Konzepte. Die Besonderheit des folgenden Beispiels liegt demgegenüber in der bürgerschaftlichen Selbstorganisation.

Das Fallbeispiel „Augsburger Nachsorgemodell"

Im Augsburger Nachsorgemodell sind mehrstufige Kooperationsbeziehungen aufgebaut worden, um eine bedürfnis- und bedarfsgerechte Nachsorge insbesondere am Übergang von der stationären zur ambulanten Betreuung für chronisch, krebs- und schwerstkranke Kinder und deren Familien zu entwickeln und zu verstetigen. Methodisch geht es um einen vernetzten Betreuungsansatz durch Verzahnung bestehender Leistungsangebote im Sinne des „case management", bei denen die Familie und ihre spezifischen Ressourcen und Hilfebedarfe im Zentrum stehen. Durch die Verzahnung von medizinischen, pflegerischen, psychosozialen und familialen Leistungen wird angestrebt, medizinische Behandlungserfolge zu stabilisieren, stationäre Aufnahmen zu minimieren, eine optimale Entwicklung des Kindes und der Eltern-Kind-Interaktion zu fördern sowie die Lebenszufriedenheit der Familie zu erhöhen.

Aus einem „Runden Tisch", an dem Kinderklinikpersonal, Klinikseelsorge und Eltern aus Selbsthilfegruppen beteiligt waren, ging 1994 ein Verein hervor („Verein zur Familiennachsorge Bunter Kreis e. V.") und die erste „Case Managerin" wurde eingestellt. Mittlerweile beschäftigt die Nachsorgeeinrichtung 60 Kräfte unterschiedlicher professioneller Zugehörigkeit. Die Nachsorge wurde zunächst allein durch Spenden und Firmensponsoring finanziert. Die Realisierung gesetzlicher Leistungsansprüche scheiterte lange Zeit an der Fragmentierung der Zuständigkeiten zwischen Krankenversicherung, Pflegeversicherung, Jugendhilfe und Behindertenversorgung. Seit 1996 gibt es allerdings Zuschüsse vom Sozialministerium, als „offene Behindertenarbeit" rubriziert. Fünf Sozialpädagogen werden hierüber zu 85 Prozent finanziert. 1998 wurde die Nachsorgearbeit durch die regionalen Krankenkassen anerkannt. Somit können inzwischen rund 40 Prozent der Kosten von insgesamt 1,2 Mio. Euro jährlich aus öffentlichen Mitteln refinanziert werden. Voraussetzung für die längerfristige stabile Finanzierung über die Krankenversicherung sind aber wissenschaftlich gestützte Wirksamkeitsnachweise.

Dies ist der Hintergrund für den Aufbau der „Augsburger Nachsorgeforschung", die sich als thematische Plattform und Forschungsnetz bezeichnen lässt, initiiert durch die Selbsthilfeinitiative „Bunter Kreis", den Generika-Hersteller betapharm und die Kinderklinik der Stadt Augsburg. Der institutionalisierte Kern ist das „beta Institut" für sozialmedizinische Forschung und Entwicklung, eine gemeinnützige Gesellschaft, die durch den Bunten Kreis und betapharm gegründet wurde. Das Institut entwickelt und erforscht in Zusammenarbeit mit Universitäten Maßnahmen der ganzheitlichen Krankheitsbewältigung im Schnittfeld institutioneller Versorgungsstrukturen und familialer Betreuung. Mehrere interdisziplinäre Forschungsprojekte bilden den Kern der Arbeit.[9] Zur Etablierung der Nachsorge als Maßnahme der Regelversorgung im Gesundheitswesen wird eine Fallkontrollstudie durchgeführt, die Übertragbarkeit und Implementationsbedingungen überprüft,[10] und nicht zuletzt wird der „case management"-Ansatz als

---

9   Hierzu zählt z.B. eine Studie zum Qualitätsmanagement im Bunten Kreis, mit dem Leitlinien des „disease management" für die Nachsorge für spezifische Patientengruppen entwickelt und zu einem Handbuch zusammengefasst werden, sowie eine sozioökonomische Studie zur Kosten-Nutzen-Analyse unterschiedlicher Nachsorgeprofile unter Einbeziehung indirekter Kosten (wie Arbeitsausfall und Betreuungsaufwand der Familien, Lebensqualität).

10   Das Augsburger Nachsorgemodell ist zwar kein formal anerkanntes Modellvorhaben im Sinne der gesetzlichen Krankenversicherung (§ 63 SGB V); um die

sektorübergreifende Versorgungsform auch für andere Patientengruppen erprobt und evaluiert. Teil einer explizit verfolgten Durchsetzungsstrategie des „beta Instituts" ist der Aufbau von Bunten Kreisen im ganzen Bundesgebiet. Hierzu werden Grundlagenworkshops, Bedarfsanalysen und Unterstützung bei Finanzierungsplanung, Sozialmarketing, Organisations- und Personalentwicklung sowie beim Qualitätsmanagement angeboten. Seit November 2002 ist ein „Qualitätsverbund Bunter Kreis" für alle Nachsorgeinitiativen zum Erfahrungsaustausch, für Fort- und Weiterbildung und zur Entwicklung eines Zertifizierungsinstruments etabliert. Die Finanzierung des „beta Instituts" wird durch das Pharmaunternehmen als Maßnahme des Sozialsponsoring in Verbindung mit einer gezielten Marketingstrategie übernommen. Projektspezifisch fließen öffentliche Mittel aus der Forschungsförderung und durch die Beteiligung von Klinikpersonal ein. Über den Bunten Kreis wird insbesondere ehrenamtliche Arbeit als zusätzliche Ressource mobilisiert.

■ 7.6 Institutioneller Wandel und intersektorale Zusammenarbeit

Die vermehrte Entstehung von neuen sozialen Partnerschaften und Netzwerken auf sozialer Ebene – so unsere Zwischenbilanz – lässt sich erst im Zusammenspiel mit den skizzierten institutionellen Dynamiken in den drei oben dargestellten sozialpolitischen Handlungsfeldern erklären. Beobachten lassen sich verschiedene neue Weichenstellungen, die – auch wenn sie im Einzelnen nur marginale Veränderungen bewirken mögen – neue Prinzipien in der Wohlfahrtsproduktion verankern. Die Bildung von Kooperationen und Netzwerken kann als Bewältigungsversuch gesehen werden, mit diesen neuen Herausforderungen zurechtzukommen und die darin liegenden neuen Optionen zu nutzen. Sie sind ein Indikator für die Suche nach neuen interorganisationalen Beziehungsmustern oder „Governance-Strukturen".

Kooperation zwischen öffentlichen Einrichtungen und nichtstaatlichen Hilfsorganisationen war – wie wir gesehen haben – das tragende Element des deutschen dualen Wohlfahrtsstaates seit seiner Entstehung. Allerdings hat die skizzierte korporatistische Verflechtungsstruktur im Zuge seiner Expansion zu vielfältigen Dysfunktionen und Erstarrungstendenzen geführt. Seit Mitte der 90er Jahre haben Restrukturierungsprozesse in Ge-

---

Nachsorge als Leistung der Regelversorgung grundsätzlich anerkennen zu können, sind solche Effizienzstudien dennoch von den Krankenkassen gefordert worden.

sundheits- und Sozialpolitik Entwicklungen in Gang gesetzt, die sich als „Modernisierung des Wohlfahrtskorporatismus" (Heinzc 2000, S. 44) charakterisieren lassen. Neue Ordnungsmuster entstehen im Zuge der Kombination aus Wettbewerb und Kooperation. Aus heutiger Sicht ergänzen und unterschichten diese vielfältigen neuen sozialen Partnerschaften das institutionalisierte korporatistische Verhandlungs- und Verflechtungssystem, sie ersetzen es nicht.

Die traditionelle Systemarchitektur des sozialen Sektors differenziert sich aus. Das Akteursspektrum erweitert sich insbesondere um privatgewerbliche Leistungsanbieter einerseits und die „ermächtigten" Klienten und Nutzerinnen sowie ihre Interessenvertretungen andererseits. Neue Arena für die neuen sozialen Partnerschaften ist die lokale Ebene, wo die unmittelbare kooperative Entwicklung, Planung, Erstellung und Evaluation von Leistungen „im Schatten" der auf Landes- oder Bundesebene verhandelten Rahmen- und Leistungsverträge erfolgt. Handlungsmotive sind hier nicht die Verpflichtung qua Mitgliedschaft und eine tradierte Interessenvertretungslogik, sondern neue Kombinationen von problemlösungs- und eigennutzorientierten Logiken. Denn die „symbiotische Verpflichtungsgemeinschaft" zwischen Staat und Verbänden wird durch Elemente wie Preissysteme und Leistungskonkurrenz mindestens gelockert. Es entsteht im Keim eine klarere Rollendifferenzierung zwischen öffentlicher Verwaltung als Auftraggeber und pluralen, untereinander konkurrierenden Auftragnehmern. Im Übergang vom „Status zum Kontrakt" (ebd.) wachsen zwar Interessendivergenzen, aber auch die Spielräume für autonomes Handeln. Hierdurch erst werden die Voraussetzungen für „emanzipierte Partnerschaften" geschaffen, die auf Freiwilligkeitsprinzip und der Vertretung eigenständiger Ziele und Orientierungen basieren.

Solche modernen Partnerschaften lassen sich im Wesentlichen zwei Typen zuordnen: lokalen bzw. regionalen Arbeitsgemeinschaften, Konferenzen oder „Runden Tischen" zur Planung und Abstimmung von Angebotsstrukturen. Hier handelt es sich um strukturbezogene oder *strategische Partnerschaften*, die modernisierte Konturen des deutschen Wohlfahrtskorporatismus erkennen lassen; modernisiert insofern, als sie jenseits der etablierten korporativen Großorganisationen auch Nutzergruppen und anderen lokalen Interessenten offen stehen. Für diesen Typus steht der Heilbronner QSV.

Neue *operative Partnerschaften*, die hier durch das Augsburger Nachsorgemodell repräsentiert sind, entstehen zunehmend, um Systemdefizite im Arbeitsalltag aufzufangen bzw. um experimentell neue Lösungen zu entwickeln und zu erproben. Befristete Anreizprogramme und Modellversuche sind eine Möglichkeit, Kooperation durch die „politischen Lenkungseffekte" (Evers et al. 2002, S. 26) der staatlichen Mittelverteilung zu befördern. Solche Programme haben für die Bildung sozialer Partnerschaften erhebliche Bedeutung; sie erklären die Entwicklung aber nicht hinreichend. Die ausgewählten Kooperationsverbünde sind jedenfalls nicht durch staatliche Programme initiiert worden. Vielmehr stehen hier die fall- oder feldspezifische Bündelung von Ressourcen und die Verzahnung oder Clusterung von Einzelleistungen im Vordergrund eines aufgeklärten Professionalismus in einem kompetitiven Umfeld. Denn die Vernetzung der Anbieter und die Integration von Teilleistungen werden zunehmend auch mit Blick auf Nutzerpräferenzen für ganzheitliche und individuell angepasste Leistungspakete relevant. Deren Nachfrageentscheidungen bestimmen zunehmend Ertragskraft und Marktposition der einzelnen Einrichtung in Anbetracht eines stärker wettbewerblich orientierten Ordnungsrahmens.

■ 7.7 Leistungsfähigkeit und Kompetenzentwicklung

Die Leistungs- und Beteiligungsdefizite wie auch die internen Blockaden des traditionellen korporatistisch versäulten Systems personaler sozialer Dienstleistungen sowie die Einführung neuer Steuerungsprinzipien wie Wettbewerb und Kooperation haben ein Experimentierfeld und damit auch neue Handlungsmöglichkeiten für den Aufbau eigenständiger Projekte eröffnet. Die drei dargestellten Fallbeispiele repräsentieren solche endogenen Entwicklungspotenziale: Sie verdanken ihre Entstehung nicht exogenen Anreizprogrammen. Stellt man nun die Frage nach den möglichen Wirkungen solcher Potenziale, lassen sich drei Ebenen unterscheiden.

Erstens zeigt sich, dass lokal zum Teil *neue Angebote* entwickelt wurden. Wesentlich für eine lokale Innovationsleistung erscheint uns, dass die Einführung neuer Leistungen mit der räumlichen bzw. prozessualen *Integration bisher segmentierter Angebote* einhergeht. Im Rahmen des Essener „Computainer"-Projekts werden unterschiedliche, bereits existierende Dienstleistungen auf eine neue Weise zu einer neuartigen Angebotsstruktur zusammengeführt. Auch im Augsburger Nachsorgemodell bedeutet Innovation bzw. neue Problemlösungskompetenz weniger die Erfindung einer neuen Dienstleistung, sondern vor allem die Neukombination bestehender Angebote mittels einer neuen Brückenfunktion vor dem Hintergrund versäulter Teilsysteme und fassbarer Versorgungslücken. Der innovative Charakter liegt auch in einer expliziteren Ausrichtung auf veränderte gesellschaftliche Bedürfnisse, sei es die wachsende

Bedeutung von Informationstechnologie für die Lebenswelt Jugendlicher oder eine lebenslagenorientierte Gesundheitsversorgung.

Die zweite Innovationsleistung, die durch die vorliegenden Fallgeschichten abgebildet wird, liegt in der lange überfälligen Entwicklung und Verbreitung von *Leistungsstandards* und Qualitätsentwicklungsmethoden im Bereich personenbezogener sozialer Dienstleistungen (vgl. Oppen 1997), wie sie in der Heilbronner QSV und im Augsburger Nachsorgemodell angestrebt werden. Damit ist zugleich ein (gesellschaftliches) Dynamisierungspotenzial solcher Partnerschaften angesprochen, das über die unmittelbare Leistungserstellung hinausweist. In beiden Fällen wird Lobbying auf den übergeordneten politischen Ebenen und engagierte Öffentlichkeitsarbeit im gesellschaftspolitischen Umfeld betrieben, um Unterstützung für eine breitere Institutionalisierung der entwickelten Lösungen zu mobilisieren. Und es werden gezielt Angebote zum Transfer von Informationen und Erfahrungswissen in Form von Veröffentlichungen, Symposien und Beratungsleistungen gemacht. Insbesondere im Falle der Nachsorge lässt sich von einer systematischen Strategie der Diffusion eines – auch wissenschaftlich – erprobten Modells neuer Prozessgestaltung sprechen.

Eine dritte Ebene der Leistungsfähigkeit sozialer Partnerschaften stellen die *Lerneffekte* zwischen und innerhalb der kooperierenden Organisationseinheiten dar. Hierzu zählt nicht nur das Kennenlernen neuer Methoden und Instrumente oder die problembezogene Kombination – und das wechselseitige Profitieren – von privatwirtschaftlichem Managementwissen und gemeinwohlorientierter Fachkompetenz. Zumindest in zwei Fällen sind gemeinschaftlich „Lernplattformen" geschaffen worden, die die Reflexion des eigenen Handelns und der Handlungsvoraussetzungen systematisieren und verstetigen. Die kontinuierliche Evaluation der Begehungspraxis wie auch der Güte und Relevanz der entwickelten Qualitätskriterien für die Praxis im QSV sind ein Beispiel hierfür. Die beobachtete Offenheit der Akteure, das einmal Erreichte in Frage zu stellen und zu ändern, kann als zentraler Baustein der Kompetenzentwicklung angesehen werden. Von mehreren Interviewpartnern wird betont, dass die Beteiligten den Entwicklungs- und Auseinandersetzungsprozess selbst als noch wichtiger erachten als dessen Ergebnisse. Hierdurch erhalten neue Praktiken, Verfahren und Standards erst ihre „Erdung" in der Motivation und im professionellen Selbstverständnis des Personals.

■ 7.8 Akteursbeziehungen und Koordinationsmuster

Wie die Fallbeschreibungen erkennen lassen, sind die neuen sozialen Partnerschaften durch ein vielgestaltiges Akteursgefüge charakterisiert, das durch die Kennzeichnung Public Private Mix höchst ungenau umschrieben ist. Sowohl die „private" als auch die „öffentliche" Seite kann durch ganz unterschiedliche Akteure repräsentiert sein. Zu den öffentlichen zählen neben staatlichen Gebietskörperschaften und Aufsichtsorganen auch öffentliche Leistungsanbieter wie Krankenhäuser und Pflegeheime, die öffentlich geförderte Forschung oder die parastaatlichen Sozialversicherungsträger. Auch auf der privaten Seite haben wir es mit einer starken Ausdifferenzierung zu tun. Private Firmen unterschiedlicher Größenordnung treten als Leistungserbringer auf; neben der Vielzahl von Kleinstunternehmen in der Altenpflege ist ein Konzentrationsprozess – beispielsweise im Krankenhaussektor – unübersehbar. Darüber hinaus agieren sie als Sponsoren und „corporate citizens", vermittelt über Stiftungen und gemeinnützige GmbHs. Freiberufliche Wissenschaftler und Beratungseinrichtungen übernehmen Aufgaben der Moderation, der Evaluation oder des Wissenstransfers. Nutzergruppen sind direkt, durch gewählte Repräsentanten oder als Vereine vertreten. Und nicht zuletzt spielen die verbandlich organisierten Leistungsanbieter nach wie vor eine große Rolle. In diesem Sinne haben wir es gerade im sozialen Sektor mit so genannten Multi-Stakeholder-Partnerschaften zu tun. Auch die involvierten Akteure selbst rubrizieren ihre jeweilige Gemeinschaftsinitiative ganz überwiegend nicht als PPP. In ihren Selbstbeschreibungen greifen sie eher auf Begriffe wie Netzwerk, Verbund, Projekt oder Konferenz zurück.

Ein Weiteres lässt sich beobachten. Die Handlungs- und Funktionslogiken der verschiedenen Akteure ergeben sich nicht allein aus der Zugehörigkeit zu einem Sektor (öffentlicher, privater oder dritter Sektor) oder aus ihrer Rechtsform (öffentlich-rechtliche bzw. privatrechtliche Verfasstheit). Denn hinzu tritt das spezifische Interesse, das mit der Zusammenarbeit verfolgt wird. So sind die Ziele und Orientierungen privatgewerblicher, öffentlicher und Nonprofit-Leistungsanbieter (z.B. im QSV) innerhalb einer wettbewerblich orientierten Rahmenordnung sehr ähnlich strukturiert, etwa wenn sie mit öffentlich-rechtlichen Finanzierungsträgern und Kontrollinstanzen verhandeln. Umgekehrt können private Unternehmen als Sponsoren oder vermittelt über ihre Stiftungsarbeit sehr wohl Gemeinwohlzwecke verfolgen, während sie als Konkurrenten auf dem Pflege- oder Gesundheitsmarkt mindestens auch Gewinne realisieren müssen. Die Beschreibung solcher sozialen Partnerschaften nach dem jeweiligen Spektrum öffentlicher und privater Akteure ist daher wenig aufschlussreich, wenn wir die Frage nach den Voraussetzungen für Erfolgsträchtigkeit und Innovationseffekte stellen. Vielmehr rückt die Herstellung gemcinsamer Handlungskontexte in den Blick, die die Nutzung verschiedener Ressourcen, Kompetenzen und Sichtweisen für die Entwicklung neuer Lösungen erlaubt.

Für die neu gewonnene Problemlösungskompetenz durch sektorübergreifende Arrangements im Feld personengebundener sozialer Dienstleistungen zeichnet zunächst die Art und Weise der Koordination verantwortlich. Im Vergleich zu vielen Infrastruktur-PPPs haben wir es im sozialen Sektor mit hybriden Arrangements zu tun, die sich einer Einordnung in geläufige Ordnungsschemata entziehen. Wir erkennen allerdings viele Ähnlichkeiten mit einem Typus, der als „conceptual organisation" (Sonnenwald 2003) bezeichnet wurde. Deren Kern bildet das Konzept bzw. die Vision, auf welche Weise ein komplexes und wichtiges Problem angegangen werden soll. Es geht darum, Lösungen so effektiv wie möglich zu entwickeln, „meeting diverse stakeholder needs with minimum capitalization and start-up costs" (ebd., S. 262). Ein solches Konzept ist in den oben vorgestellten Beispielen jeweils auch im Namen geronnen. Dabei können die Motive der verschiedenen Akteure durchaus unterschiedlich sein: betriebswirtschaftliche Kalküle, etwa die Nutzung von Sponsoring und ehrenamtlichem Engagement als Marketingstrategie oder die Positionierung am Markt durch Gütesiegel, stehen neben Zielsetzungen staatlicher Akteure an Politikimplementation und Normumsetzung wie auch neben den je spezifischen Interessen von Nutzern und Professionals an der Qualität der Leistungserstellung. Entscheidend scheinen aber eine geteilte Wahrnehmung von Krisenerscheinungen (wie in der Stadt Essen) oder eklatante Versorgungslücken wie im Fall Augsburg und die gemeinsame Wahrnehmung neuer Handlungsoptionen zu sein. Zusammen mit der Feststellung, dass in den korporatistischen Arrangements immer weniger adäquate Problemlösungsangebote entwickelt werden, kann dies die Bereitschaft zum Handeln erzeugen. Das Dilemma zwischen der Wahrnehmung von „lock-in"-Effekten bestehender Organisationsgefüge und einem offenkundigen Reformdruck drängt zur Konstitution neuer Kooperationsformen.

Die Form dieser Zusammenarbeit, die Verteilung von Kompetenzen und Einfluss, die Definition von Zugangs- und Ausschlusskriterien, die Gewinnung von Akteuren und Ressourcen folgt dieser Zwecksetzung. Die Fallgeschichten illustrieren eine ganze Bandbreite unterschiedlicher Koordinations- und Regulierungsformen (sowie -zentren) der Interaktion, die parallel koexistieren. So zeigt sich im Fall Computainer ein komplexes Geflecht von zum Teil mehr und zum Teil wenig formalisierten Zuständigkeiten und Absprachen. Ein förmlich abgestimmtes dreijähriges Handlungskonzept der Stadtteilkonferenz sichert die Computerschule politisch ab. Die strategische Projektleitung ist in die Hände von Stadtverwaltung und Stiftung gelegt. Die Stadt ist verantwortlich für den operativen Betrieb und die Abstimmung der Leistungsangebote. Die Gewinnung ehrenamtlicher Trainer obliegt hauptsächlich dem operativ tätigen Quartiersmanager, deren Ausbildung übernimmt hingegen die Stiftung. Oder Institutionalisierungsformen lösen einander im Lebensverlauf der Partnerschaften ab. Wir können das am Beispiel des Augsburger Nachsorgemodells nachvollziehen: Ein nicht formalisierter „runder Tisch" wird in einen Verein überführt mit klaren Spielregeln, der dann auch als Arbeitgeber fungierten kann. In dem Maß, wie das Nachsorgemodell in die Regelversorgung überführt werden soll, wird die Gründung des „beta Instituts" erforderlich, um die vorgeschriebenen wissenschaftlichen Nachweise erbringen zu können. Das Prinzip „form follows function" sowohl in zeitlicher als auch in sachlicher Hinsicht führt zu einer erheblichen Unübersichtlichkeit in den Institutionalisierungsweisen.

Die Frage nach den „Steuerungsakteuren" lässt sich mit Sydow (2001) dahingehend beantworten, dass die Strukturierung von sozialen Partnerschaften keine Spezialistenangelegenheit ist, etwa von Brokern oder Moderatoren (auch wenn diese eine wichtige Rolle spielen), sondern Aufgabe mehrerer Akteure. Und ebenso wenig scheint sie eine festgeschriebene Tätigkeit zu sein, sondern „Ergebnis von sich überlappenden Problemlösungsprozessen" (ebd., S. 88). In allen drei dargestellten Fällen lässt sich jedenfalls beobachten, dass es nicht ein spezifischer Akteur – und schon gar nicht die öffentliche Hand – ist, der den Prozess initiiert, strukturiert und strategisch orientiert. Solche Aufgaben werden mit wechselnden und überlappenden Rollen gemeinschaftlich wahrgenommen.

■ **7.9   Der Faktor Wettbewerb in kooperativen Arrangements**

Die Koexistenz kooperativer neben wettbewerblichen Handlungslogiken in den präsentierten Fallbeispielen kann Ergebnis zweier unterschiedlicher Entwicklungen sein. Die erste ist oben mit der Einlagerung wettbewerblicher Prinzipien und Instrumente in die öffentlich verfasste Sozialpolitik beschrieben worden (vgl. Nullmeier 2002). Auch wenn die darin vorgesehenen staatlichen Normierungen und Kontrollen (z.B. bei Preisbildung oder Leistungsstandards) die „Marktlichkeit" in engen Grenzen halten, ist doch genauer zu untersuchen, inwieweit dieser Wandel auf die Sichtweisen und Handlungsorientierungen der Akteure durchschlägt. Der zweite Entwicklungstrend bezieht sich auf das vermehrte Auftreten von privatwirtschaftlichen Organisationen im Feld sozialer Dienstleistungen. Sei es, dass sie selbst Teil des pluralen Anbieterspektrums sind, oder sei es, dass sie sich im Sinne unternehmerischer Sozialverantwortung in neuen sozialen Partnerschaften engagieren oder diese sogar selbst initiieren: Ihr Handeln ist immer auch durch eine spezifische Marktlogik geprägt. Beide Entwicklungen zeitigen in kooperativen Arrangements auch Spannungen und widersprüchliche Effekte, wie im Folgenden gezeigt wird.

7.9.1   Kooperation im wettbewerblichen Ordnungsrahmen ■

Der Aufbau des Qualitätssicherungsverbundes ist ein Beispiel dafür, dass mit dem „Marktschaffungsgesetz" (Nullmeier 2002, S. 237) im Pflegesektor Kooperationen unter den konkurrierenden Leistungsanbietern geradezu gefördert wurden. Die gesetzliche Vorschrift, absehbar ein funktionsfähiges Qualitätssicherungssystem nachweisen zu müssen, hat weit über das untersuchte Fallbeispiel hinaus zum Zusammenschluss der betreffenden Einrichtungen geführt. Da zentrale Rahmenvorgaben oder Standards für das Qualitätsmanagement noch nicht vereinbart waren bzw. deren Vereinbarung auf Bundesebene scheiterte, wollte man proaktiv durch gemeinsame Anstrengung Vorsorge treffen. Die kooperative Entwicklung von Qualitätsstandards und die wechselseitige Überprüfung ihrer Einhaltung durch kollegiale Review-Verfahren inklusive Vergabe eines Qualitätssiegels war nicht in erster Linie von vorauseilendem Gehorsam gegenüber gesetzlichen Auflagen geprägt. Vielmehr war die Vorstellung von der „Wettbewerbsdifferenzierung" eine zentrale Triebkraft. Man gründete zunächst eine Art „Zweckgemeinschaft", die sich durch nachweisbare Einhaltung von Mindeststandards von den Nichtmitgliedern abhob („Die Spreu trennt sich vom Weizen", Interview). Die Kommunizierung des Qualitätssiegels durch die einzelne Einrichtung zielte dann sowohl auf die Kund/inn/en-Gewinnung als auch auf die Stärkung der eigenen Verhandlungsposition gegenüber den Finanzträgern.

Da aber auch die Mitglieder des Qualitätssicherungsverbundes untereinander in Konkurrenz stehen, zeigen sich an diesem Fall gleichzeitig die begrenzenden Effekte des Wettbewerbsmechanismus für kooperative Arrangements. Für die Entwicklung von Standards ist der Austausch von einrichtungsspezifischen Erfahrungen, Verfahren und Praktiken notwendig; und insbesondere bei den wechselseitigen Begehungs- und Bewertungsrunden werden Stärken und Schwächen der Pflegeheime sichtbar. Dies stellt die Akteure offensichtlich vor spezifische Abwägungsprobleme. Sie möchten wettbewerbsrelevante „Betriebsgeheimnisse", strategisch relevante Informationen und insbesondere Investitionen in die Organisations- oder Dienstleistungsentwicklung vor Nachahmern schützen. So haben sich bestimmte „Tabuthemen" herauskristallisiert (wie z.b. Finanzmanagement oder Arbeitsbeziehungen), die bei der Qualitätsentwicklung (zunächst) ausgespart werden. Solche Tabuzonen scheinen sich aber variabel in der Zeit verschieben zu lassen. Mit der Vertiefung der persönlichen Beziehungen, gemeinsamer Grundverständnisse und der Erfahrung wechselseitiger Offenheit und Unterstützung entsteht eine „Vertrauensbasis", auf der eine weitere Ausweitung der Gegenstände für Qualitätsvereinbarungen möglich wird. Um solche Annäherungsprozesse zu unterstützen, wird hier gezielt mit einem anonymisierten Ranking der Bewertungsergebnisse gearbeitet: Jede Einrichtung erhält nur ihre eigene Positionierung in Relation zu allen anderen, nicht gekennzeichneten Einrichtungen. So wird zwar das direkte Wetteifern untereinander vermieden; zugleich werden aber auch Chancen begrenzt, von den Besten zu lernen.

■ 7.9.2 *Kooperation mit Wirtschaftsakteuren*

Im Unterschied zu einem solchen wettbewerblich ausgerichteten Handlungskontext für miteinander kooperierende Akteure stellt sich der Einfluss der Marktlogik in den anderen beiden dargestellten Kooperationsprojekten anders dar. Hier sind jeweils Unternehmen eingebunden, die mit ihrem sozialen Engagement Reputationsgewinne gegenüber ihren Wettbewerbern auf dem Markt erzielen wollen. Dabei treffen divergierende Handlungslogiken aufeinander, die sich wechselseitig ergänzen, aber auch behindern.

Im Falle des Nachsorgemodells hat zu Beginn der Kooperation die kulturelle Differenz zwischen den Interessen des marktorientierten Pharmaunternehmens und der bedürfnisorientierten Gemeinwesenarbeit erhebliche Spannungen ausgelöst. Es kamen „massive Ängste" auf Seiten des Vereins zur Sprache, dass „die mit ihrem Geld … die kaufen uns auf" (Interview). Hintergrund hierfür war das Interesse des Unternehmens, sich als sozial engagierter „Bürger" auch über die Region hinaus bei seinen Kunden und Geschäftspartnern bekannt zu machen. Die überregionale Vermarktung der Idee der Nachsorge und entsprechender Qualifizierungs- und Beratungsangebote war daher für das bundesweit agierende Unternehmen ein dringendes Anliegen. Der Gemeinnützigkeit des „beta Instituts", das zum Zweck der Verbreitung der Idee, des Know-hows und der entwickelten Instrumente gegründet worden war, kommt offensichtlich eine entscheidende Pufferfunktion zu: Sie gewährleistet aus Sicht der sozialen Einrichtung, dass sie „aus dem Produkt keine Gewinne machen".

176

Das Wachstum und die wachsenden Aktivitäten des Instituts werden inzwischen als faire Win-win-Situation wahrgenommen. Und das insbesondere vor dem Hintergrund, dass die Nachsorgeeinrichtung selbst erheblich in die sozialpolitische Etablierung und rechtliche Absicherung der Nachsorge auf Bundesebene mit Erfolg investiert hat. Auch wenn sich das eigentliche Ziel oder Motiv der beiden Partner klar unterscheidet, so konnte über die Passfähigkeit der Strategien, nämlich die bundesweite Verbreitung, Verständigung erzielt werden.

Deutlich wird an diesem Beispiel, dass sich Wettbewerb und Kooperation als Prinzipien nicht quasi automatisch gegenseitig disziplinieren. Vertrauen in den privaten Partner entsteht erst mit wiederkehrend positiven Erfahrungen der Zusammenarbeit und lässt Ängste zurücktreten. Als „Vertrauensintermediär" scheint der Stiftungskonstruktion auch im Falle des Computainer-Projekts erhebliche Bedeutung zuzukommen.

7.10   Verstetigungsdilemma von Kooperation   ■

Bezogen auf unsere eingangs aufgeworfene Frage nach dem Mehrwert neuer sozialer Partnerschaften für die Produktion personenbezogener Wohlfahrtsleistungen lässt sich resümieren, dass die drei Fallbeispiele deutlich positive Effekte gegenüber dem traditionellen Produktionssystem erzeugen können. Hierzu zählen wir die Integration fragmentierter Teilleistungen, die Entwicklung von Leistungsstandards sowie Leistungsverbesserungen und -innovationen ebenso wie die Steigerung von Lern- und Reflexionsfähigkeit der involvierten Einrichtungen. Hiervon profitieren nicht nur die jeweiligen Nutzer/innen, denn die Verbreitung der Ideen für neue Lösungen im gesellschaftspolitischen Umfeld ist in allen Beispielen Bestandteil des kooperativen Konzeptes.

Die Kombination unterschiedlicher materieller Ressourcen, Kompetenzen und Erfahrungen waren für die erfolgreiche Umsetzung der Kooperationsprojekte unabdingbare Voraussetzung: Aus eigener Kraft hätte keiner der Partner allein die angestrebten Ziele erreichen können. Voraussetzung für die Entwicklung neuer Lösungen war aber im Rahmen des prekären Verhältnisses von Wettbewerb und Kooperation die Verstetigung der Interaktions- und Austauschbeziehungen. Die drei angeführten Fallbeispiele haben diese in einem je spezifischen Mischungsverhältnis institutionalisiert. Ob diesen neuen sozialen Partnerschaften zwischen dem traditionellen korporatistischen System einerseits und einer oligopolistischen Konzentration privatwirtschaftlicher Anbieter andererseits eine dritte relevante Rolle im Strukturwandel des sozialen Sektors zukommt, wird nicht zuletzt von diesem Aspekt der Verstetigung abhängen.

Offen bleibt dabei bislang, inwieweit die notwendigen Institutionalisierungs- und Verstetigungsprozesse von Kooperationsverbünden solche Innovationspotenziale „auf Dauer" stellen können. Dies wird nicht zuletzt davon abhängen, ob es gelingt, Netzwerkversagen, die in Institutionalisierungsprozessen angelegten Erstarrungs- und Abschließungstendenzen zu verhindern und die dynamische Qualität von Kooperationen aufrechtzuerhalten. Und es wird auch davon abhängen, inwieweit der initiierte wettbewerbliche Ordnungsrahmen eher in Richtung „Wettbewerb der Ideen" oder aber in Richtung eines einseitigen Kostenwettbewerbs weiterentwickelt wird.

8. Wirkungen materieller Teilprivatisierungen und betriebliche Handlungsmöglichkeiten

Detlef Sack, Karsten Schneider

Der öffentliche Sektor befindet sich gegenwärtig im Umbruch. Auf vielfältige Weise reagieren die Akteure auf aktuelle Herausforderungen. So sind in den letzten Jahrzehnten vormalige Verwaltungseinheiten rechtlich umstrukturiert worden: Eigenbetriebe, AGs und GmbHs wurden ausgegründet. In diesem Zusammenhang wurde nicht nur formell, sondern auch materiell privatisiert. Die Gründung gemischtwirtschaftlicher Unternehmen als materielle Teilprivatisierung und spezifische Formen von Public Private Partnership (PPP) sind insofern auch als Ausdruck derzeitiger Dezentralisierungs- und Privatisierungsprozesse im „Konzern Stadt" zu verstehen. Thema dieses Beitrags sind die Auswirkungen der Gründung einer organisatorischen PPP für die Beschäftigten und das entsprechende arbeitspolitische Verhandlungsarrangement auf der betrieblichen Ebene. Wir werden die ambivalenten Auffassungen der Beschäftigten zu diesen Umstrukturierungen beschreiben. Ein Spannungsfeld, das von Angst und einem daraus folgenden Sicherheitsbedürfnis bis zum Erkennen neuer Chancen für die persönliche und die Unternehmensentwicklung reicht, rahmt die Aushandlungen beteiligter Akteure ein.

Wie gehen wir vor? Wir stellen zunächst eine Fallstudie als empirisches Beispiel vor, um auf dieser Basis die (möglichen) Einstellungen der Beschäftigten zu skizzieren. Daran schließt eine Darstellung von Themen an, mit denen sich die Akteure im Gründungsprozess einer PPP auseinandersetzen (müssen), und von Instrumenten, welche sie nutzen können. Da wir in diesem Zusammenhang betriebliche Vereinbarungen als ein entscheidendes Mittel zur Regelung der Verhältnisse für Beschäftigten in einer PPP sehen, finden sich in Abschnitt 4 die Ergebnisse einer Auswertung entsprechender Übereinkünfte zur Umgestaltung des öffentlichen Sektors. Abschließend werden die Möglichkeiten der Interessenvertretung der Beschäftigten im Gründungsprozess einer PPP diskutiert.

■ 8.1 Beschäftigte im PPP-Prozess – Eine Fallstudie

Grundsätzlich durchläuft der Gründungsprozess einer PPP im engen Sinne verschiedene Klärungs- und Konfliktphasen.[1] Neben der Frage, wie die Ressourcenkopplung und die Risikoallokation zwischen „öffentlich" und „privat" geregelt werden, wie sich das Verhältnis der PPP zur Gesamtverwaltung gestaltet und auf welcher Ebene im föderalstaatlichen Aufgaben- und Finanzverbund die PPP angesiedelt wird, ist zu klären, welche Rolle die Beschäftigten bei der Konstituierung einer PPP spielen und wie sie ihre Interessen einbringen können (Gerstlberger et al. 2003). Eine Fallgeschichte, die von uns eher als ein „Vorzeigebeispiel" für einen Prozess mit starker Beteiligung der Beschäftigten präsentiert wird, illustriert im Folgenden, in welchen Spannungsfeldern und Dilemmata sich Belegschaften befinden, wenn aus öffentlichen Verwaltungseinheiten und Eigenbetrieben gemischtwirtschaftliche Unternehmen werden.

In diesem konkreten Fall gehörte der damalige Personalrat zu den treibenden Kräften einer Modernisierung der Verwaltungseinheit, da es innerhalb der Gesamtverwaltung erhebliche Unzufriedenheiten mit der entsprechenden Dienstleistungsqualität gab. Der Personalrat verstand sich als gestaltende Kraft und legte Wert auf Co-Management. Ein umfangreiches Personalentwicklungsprogramm, das Qualifizierungsmaßnahmen und die Veränderung von Arbeitsprozessen beinhaltete, wurde begonnen, jedoch auch mit Personaleinsparungen finanziert. Während eines fünfjährigen Modernisierungsprozesses wurde die Anzahl der Mitarbeiter/innen von 185 auf 140 verringert. Durch die Personalentwicklung und die Qualifizierung sowie die Umwandlung in einen Eigenbetrieb sahen sich viele Beschäftigte in einer günstigen Lage. Insofern waren sie von der politisch getroffenen Entscheidung zu einer materiellen Teilprivatisierung negativ überrascht.

In den Verhandlungen zur weiteren Gestaltung der PPP beteiligte sich der Personalrat intensiv an der Auswahl des privaten Partners und konnte seine Bewertung der zur Debatte stehenden Unternehmen in den Auswahlprozess einbringen. Der damalige Personalrat benannte seine Bedingungen

---

1   Die Fallstudie wurde im Rahmen des Projektes „Public Private Partnership – Hybridvarianten der Dienstleistungsproduktion" erarbeitet. Sie basiert auf acht Leitfadeninterviews mit Mitarbeiter/innen, Interessenvertretern und der Geschäftsleitung des Betriebes. Die Geschäftstätigkeit des Betriebes ist im Bereich der Informations- und Kommunikationstechnologie angesiedelt. Die Partner sind die Verwaltung einer deutschen Großstadt sowie ein bundesweit tätiger Konzern. Den Interviewpartner/innen wurde Anonymität zugesichert.

für eine Akzeptanz der PPP, die nach dem Willen der Verwaltungsführung nicht gegen den Widerstand der Belegschaft umgesetzt werden sollte. Es wurde befürchtet, dass eine fehlende Akzeptanz durch die Mitarbeiter/innen negative politische Folgewirkungen haben und später auch die Arbeitsprozesse beeinträchtigen würde. Befragt, welches aus seiner Sicht bei der Entstehung einer PPP das größte Problem gewesen sei, antwortete ein damaliger Personalrat: „Die Absicherung der Belegschaft, das ist das größte Problem."

Das private Unternehmen seinerseits formulierte nach einer ersten Vorentscheidung in den konkreten Verhandlungen mit der öffentlichen Hand seine Kriterien für die Personalauswahl. Letztlich konnten in einem Personalüberleitungsvertrag eine Arbeitsplatzgarantie und ein Rückkehrrecht der Beschäftigten in die öffentliche Verwaltung sowie ihr Verbleib im Einflussbereich der öffentlichen Tarife festgeschrieben werden. Diese Regelungen mussten nicht nur in Verhandlungen, sondern auch mittels eines Warnstreiks durchgesetzt werden, zu dem die Gewerkschaft ÖTV aufgerufen hatte. Zudem wurden bei Gründung der PPP die Eingruppierungen an das jeweilige tatsächliche Beschäftigungsprofil angepasst. Beschäftigte, die zum Gründungsdatum des Joint Ventures über 57 Jahre alt waren, wurden nicht übernommen.

Die heutige Belegschaft setzt sich aus ca. 60 Beamt/inn/en und ca. 85 Angestellten im BAT sowie einzelnen Mitarbeiter/inne/n auf der Leitungsebene der PPP zusammen, die aus dem privaten Unternehmen kommen. Differenzen zeigen sich innerhalb der Belegschaft hinsichtlich unterschiedlicher Einkommensniveaus und Gratifikationssysteme der Beschäftigten, die ursprünglich aus dem privaten Unternehmen kommen, und denjenigen, die von der öffentlichen Verwaltung abgestellt sind, sowie bei den jeweiligen Arbeitsplatzgarantien. Die Interessen der Belegschaft werden durch einen Betriebsrat wahrgenommen, dem konsultativ eine Vertretung der Beamt/inn/en sowie eine Gleichstellungsbeauftragte beigeordnet sind; über Arbeitgeberrichtlinien ist die Gültigkeit von Vereinbarungen zwischen Unternehmensleitung und Betriebsrat für alle Beschäftigten sichergestellt.

Die jetzige betriebliche Struktur ist unterteilt in verschiedene Leistungszentren, die jeweils in Teams gegliedert sind, sowie in die Querschnittsbereiche „Customer Center", Personalentwicklung und Qualitätsmanagement/Controlling. Mit dem Eintritt des privaten Unternehmens werden verschiedene auf den Arbeitsprozess bezogene Neuerungen verbunden, wie etwa die Abflachung von Hierarchien sowie Projekt- und Teamarbeit, die Einführung von Zielvereinbarungen und jährlichen Mitarbeitergesprächen, die Festlegung von Terminen für die Leistungserfüllung sowie die Restrukturierung interner Arbeitsabläufe. Zudem war die Erstellung von Leistungsindikatoren ein zentraler Schritt, der mit der Beteiligung eines privaten Partners verbunden wird. In Interviews wurde betont, dass weniger die derzeit weiterhin im Fluss befindliche Definition von Indikatoren (z.B. Fehlerquoten, Verfügbarkeiten, fristgemäße Erledigung, Kundenzufriedenheit, Zahlungsmoral) als vielmehr deren stringentes Verfolgen den maßgeblichen Unterschied zum vorherigen Eigenbetrieb ausmache. In der Personalentwicklung wurden Instrumente wie Mitarbeitergespräche, die Erstellung von Qualifikations- und Anforderungsprofilen, Führungskräfteentwicklung und Budgetierung sowie eine kontinuierliche Weiterbildung eingeführt.

Die Belegschaft bewertet die skizzierte Veränderung ambivalent: So werden in der Entstehungsphase der PPP nicht allein die große Unsicherheit der Situation, sondern auch das Interesse an der Gestaltung des Prozesses betont. Ein Mitarbeiter auf der mittleren Führungsebene formulierte: „Mich hat die Herausforderung gereizt, ich habe mich am Prozess beteiligt und muss sagen, er hat viele viele gute Denkanstöße gebracht." Zugleich wurde wiederholt darauf verwiesen, dass eine Minderheit in der Belegschaft dem Teilprivatisierungsprozess ablehnend gegenüber stünde und in die städtische Verwaltung zurückkehren möchte. Die Arbeitsverdichtung wird von den Mitarbeiter/inne/n mit einer professionalisierten Berufsrolle und persönlichen Aufstiegschancen abgewogen. Schließlich zeichnen sich innerhalb der Belegschaft der PPP-Organisation unterschiedliche Orientierungen gegenüber den Ursprungsorganisationen ab: So verstehen sich weite Teile außenorientierter Dienstleister/innen (Vertrieb, Beratung) mittlerweile als Beschäftigte eines Unternehmens und richten sich stark auf die Zusammenarbeit mit der privatwirtschaftlichen Ursprungsorganisation aus. Die Kernbelegschaft des gemischtwirtschaftlichen Unternehmens versteht sich jedoch nach wie vor als Teil der örtlichen öffentlichen Verwaltung. Geschildert werden zudem Mentalitätsunterschiede zwischen Mitarbeiter/inne/n, die aus unterschiedlichen Sektoren kommen, die zumindest zu Beginn der Kooperation auffällig gewesen seien. Hierbei handelt es sich um eine Orientierung an rechtlichen Absicherungen und eine gewisse „Zeitlosigkeit" auf der einen sowie um eine Rentabilitäts-, Entscheidungs- und Fristorientierung auf der anderen Seite. Allerdings wurden und werden diese Unterschiede durch gemeinsame Arbeitsprozesse und ein verändertes Management sukzessive geringer.

8.2 Ambivalente Haltungen zur PPP-Gründung ■

Die Prozesse der Privatisierung und der Gründung einer PPP stellen sich für die Beschäftigten nicht allein als Bedrohung der eigenen Position und als „große Unsicherheit" dar. Sie entfalten durchaus auch neue, attraktive Entwicklungsmöglichkeiten. In der nachfolgenden Tabelle haben wir die Spannungsfelder, in denen sich das gewerkschaftliche Engagement bewegen muss, wenn es mit entsprechenden Restrukturierungen konfrontiert ist, summarisch aufgelistet.

Tab. 1: Ambivalenzen betroffener Beschäftigter in PPP- Entwicklungsprozessen   ≡

Spannungsfelder	
Abbau von Arbeitsplätzen	Schaffung neuer bzw. Erhalt bestehender Arbeitsplätze
Verlust tariflicher Standards	Möglichkeiten der leistungsorientierten Vergütung
Reduktion der interessenpolitischen Macht großer Einheiten	Wechsel in das Betriebsverfassungsgesetz
Höhere Leistungsanforderungen an die Beschäftigten	Neue interessante Tätigkeitsfelder und qualifizierendes Personalmanagement
„Ausgründungsschmerzen" und Verlust der traditionellen Beziehungen innerhalb der öffentlichen Verwaltung	Schaffung einer neuen Corporate Identity
Bestimmung der Dienstleistungsprodukte durch die Ersteller	Bestimmung der Dienstleistungsprodukte durch die Kunden

Quelle: überarbeitete Fassung aus Gerstlberger et al. (2003, S. 12)

Privatisierungsprozesse werden häufig mit finanziellen Konsolidierungsbestrebungen und – damit einhergehend – mit notwendigen Personaleinsparungen begründet. Der erzeugte Druck in der Belegschaft löst nachvollziehbare Befürchtungen aus. Zumindest einzelne PPPs, wie etwa die Entsorgungsgesellschaft in Frankfurt am Main, können aber durchaus darauf verweisen, dass die Belegschaftsgröße gehalten und zum Teil erhöht wurde. Eine weitere konkrete Benachteiligung wird in der Belegschaft häufig durch den Verlust tariflicher Standards erwartet. Schließlich kann die PPP-Gründung dann mit der Reduktion des Einflusses von Interessenvertretungen einhergehen, wenn aufgrund von Betriebsgrößen weniger personelle Ressourcen für die Betriebsratsarbeit zur Verfügung stehen, da

Freistellungen reduziert werden. Die Übertragung betriebswirtschaftlich ausgerichteter Führungsinstrumente und die Restrukturierung der internen Arbeitsprozesse nach Effizienzgesichtspunkten findet unter dem Leitbild des New Public Management auch innerhalb der öffentlichen Verwaltungen statt, kann aber in PPPs eine andere Durchsetzungskraft bekommen. In diesem Zusammenhang werden aber durch Möglichkeiten der positiven Veränderung vormals monotoner Tätigkeiten eröffnet. Schließlich sei auf zwei „weiche", aber dennoch wirkmächtige Spannungsfelder verwiesen, die sich im Rahmen einer PPP-Gründung abzeichnen: Zum einen sind die so genannten „Ausgründungsschmerzen"[2] zu nennen, d.h. der Verlust der Sicherheit bestimmter Routinen und der persönlichen Beziehungen innerhalb der gesamten Verwaltungen, da PPPs häufig mit der örtlichen Verlagerung der Tätigkeit, aber auch mit neuen Auftragnehmer-Auftraggeber-Beziehungen zwischen PPP und Gesamtverwaltung einhergehen. Jenseits materieller Regelungen wird von Beschäftigten in Ausgliederungsprozessen ein Gefühl der Unsicherheit formuliert. Zum anderen wird häufig durch die PPP die Beziehung zu Kund/inn/en neu gestaltet; diese veränderte Nutzerorientierung kann dazu führen, dass vormalige Kundenkontakte nicht mehr bestehen oder aber dass sich die Interaktionen zwischen Ersteller und Kunde deutlich verändern. Nach einer PPP-Ausgründung können Kunden deutlich fordernder auftreten, sie haben neue Wahl- und Sanktionsmöglichkeiten und können maßgeblicher auf die jeweilige Dienstleistungsproduktion einwirken.

■ 8.3 Themen und Instrumente der Interessenvertretungen

Mit den Spannungsfeldern sind die Themen markiert, die für die Personal- bzw. Betriebsräte und die Gewerkschaften im Aushandlungsprozess um eine Teilprivatisierung relevant sind. Zuvorderst steht das Thema Sicherheit der Arbeitsplätze und dauerhafte Abwehr von Reduzierungen der Belegschaft. Damit verbunden sind die Sicherung der bisherigen tariflichen Regelungen und ihr Fortbestand für alle betroffenen Beschäftigten. Allgemeiner geht es jedoch auch darum, die ökonomische Rationalität und die Entwicklungsperspektive der ausgegliederten und teilprivatisierten Einheit zu überprüfen bzw. darauf zu dringen, dass die jeweilige PPP nicht aus einer Ad-hoc-Entscheidung heraus gegründet wird, sondern auf

---

2   Dieser Begriff wurde von einem der Experten, die wir im Rahmen der obig genannten Fallstudie befragt haben, verwendet, um die nachfolgend dargestellten Gefühle zum PPP-Gründungsprozess zu beschreiben.

soliden szenariobasierten Vergleichsanalysen fußt, sodass auch mit einer längerfristigen Perspektive zu rechnen ist. Neben den Verhandlungen um den Fortbestand der zumeist relativ günstigen Regelungen der Lohnhöhe, Arbeitszeiten und -bedingungen geht es im PPP-Prozess, der durchaus auch ein Gelegenheitsfenster darstellen kann, auch um die Verbesserung der Situation der Beschäftigten, z.b. durch leistungsgerechte neue Eingruppierungen.

Mit der Verbesserung der Arbeitsbedingungen, die im Rahmen der Verhandlungen um eine PPP erstritten werden kann, verbinden sich als Thema die Personalentwicklungs- und Qualifizierungsmaßnahmen. Die Ausgliederung und der PPP-Prozess werden üblicherweise mit der Steigerung von Effizienz und Innovationsfähigkeit der jeweiligen organisatorischen Einheit verbunden. Nun liegt es aber an den Interessenvertretungen der Beschäftigten, einem ökonomistisch verkürzten Restrukturierungsverständnis eine Professionalisierungsorientierung entgegenzusetzen, die auch aufgabenspezifische qualitative Kriterien einbezieht. Hier ergeben sich durchaus Koalitionsmöglichkeiten mit anderen Akteuren im PPP-Prozess, die ebenfalls an einer gesteigerten Innovationsfähigkeit der jeweiligen Organisation interessiert sind. Fort- und Weiterbildungen wie auch die intensive Beteiligung der Beschäftigten an den internen Reorganisationen tragen zudem zu einer weitgehenden Akzeptanz des PPP-Prozesses in der Belegschaft bei.

Als dritte wesentliche Aufgabe im Rahmen der PPP-Entwicklung nehmen die entsprechenden Akteure die Veränderung ihrer jeweiligen Vertretungsrechte und -ressourcen wahr. Welche Veränderungen bringt die Einordnung unter die Geltung des Betriebsverfassungsgesetzes? Welche personellen Ressourcen stehen nach einer Ausgliederung für die Interessenvertretung der Beschäftigten zur Verfügung? Wie können Nachteile, etwa die fehlende formelle Interessenvertretungsstruktur von Beamt/inn/en oder mögliche Unsicherheiten bei der Absicherung der Gleichstellungsbeauftragten, kompensiert werden? Auf welche Weise können diese Kompensationen formal so festgelegt werden, dass sie nicht rasch zur Disposition stehen?

Das vierte, eher „weiche" Thema, das sich im Rahmen eines PPP-Prozess ergibt, ist das „mentale" Verhältnis der Beschäftigten zum PPP-Prozess. Eine neue Nutzerorientierung und veränderte Auftragnehmer-Auftraggeber-Beziehungen zwischen Organisationseinheit und Gesamtverwaltung können eine diffuse Stimmung der Verunsicherung aufgrund der Auflösung bisheriger personeller und räumlicher Bindungen und veränderter Qualifikationsprofile erzeugen. Diese „Ausgründungsschmerzen" sind nicht allein für den gesamten Betrieb von Bedeutung, soweit sie sich auf die Arbeitszufriedenheit und Motivation negativ auswirken. Sie können durchaus zu Distanz von Teilen der Belegschaft gegenüber jenen Interessenvertretungen der Beschäftigten führen, die sich strategisch an einem Co-Management ausrichten.

Die Instrumente, die Gewerkschaften sowie Personal- und Betriebsräten zur Verfügung stehen, decken eine weite Palette innerhalb einer Strategie des „threat and appeal" ab. Sie stärken nicht allein die Verhandlungsmacht der Interessenvertretung der Beschäftigten im jeweiligen PPP-Prozess, sondern können außerdem eine Art von „Symbolpolitik" unterstützen, die auf die obig genannten diffusen Stimmungen Bezug nimmt. Eine Kampagnen- und Bündnispolitik gegen bestimmte Privatisierungsmaßnahmen kann – hier wird der Pol des Drohens betont – mit Warnstreiks kombiniert werden. Voraussetzungen dafür sind nicht allein die jeweilige Ressourcenausstattung und der gewerkschaftliche Organisierungsgrad, sondern auch die öffentliche Akzeptanz der betroffenen Dienstleistungsproduktion. Weitere Instrumente – diesmal eher dem Pol des Kooperation zuneigend – sind das Einbringen fortschrittlicher Personalentwicklungs- und Qualifizierungsmaßnahmen sowie die Gestaltung von Betriebsvereinbarungen und das Einwirken auf Personalüberleitungsverträge. Letztere werden formal zwischen der Gesamtverwaltung und der ausgegliederten Einheit geschlossen, jedoch orientieren sie sich durchaus an den entsprechenden Forderungen der Interessenvertretung von Beschäftigten. Aus Sicht der Gewerkschaften ist in diesem Zusammenhang neben dem Drohpotenzial das Wissen um die Regulierungsmöglichkeiten eine wichtige Ressource zur Durchsetzung der eigenen Vorstellungen.

Wichtig festzuhalten erscheint uns zweierlei: Die Ressourcen und Instrumente der Interessenvertretung von Beschäftigten kommen vor allem im PPP-*Gründungs*prozess zur Geltung. Hier ist ein Gelegenheitsfenster, um eigene Positionen auch gemeinsam mit anderen Akteuren umzusetzen und ein politisches Spiel zu initiieren. Vor der Gründung werden die Karten neu gemischt; sobald die Verträge geschlossen sind, schwindet die Verhandlungsmacht. Zum Zweiten wollen wir darauf verweisen, dass das formale Instrument der Betriebsvereinbarung nicht jedes Mal aufs Neue entwickelt werden muss, sondern dass für diese Institutionalisierung der Beziehungen der Beschäftigten zur jeweiligen PPP bereits eine Reihe von Erfahrungen vorliegt, die wir nachfolgend skizzieren.

■ **8.4 Vertragliche Gestaltung von Arbeitsbedingungen**

Betrieblichen Vereinbarungen kommt nicht nur im privaten Sektor eine wachsende Bedeutung zu. Insbesondere durch die Einführung der IuK-

Technik hat sich die Regelung der Arbeitsbedingungen auch im öffentlichen Dienst zunehmend auf die betriebliche Ebene verlagert (vgl. Keller/ Henneberger 1999, S. 240ff.).[3] Betriebs- und Dienstvereinbarungen[4] gewinnen damit im Verhältnis zu Tarifverträgen an Gewicht. Durch die sich wachsende Komplexität der zu regelnden Gegenstände stößt eine Einzelfallregelung, wie sie früher die arbeitspolitische Praxis prägte, jedoch zunehmend an ihre Grenzen. Immer häufiger besitzen betriebliche Vereinbarungen den Charakter von Prozessgestaltungen: Weil nicht alle Einzelfalleventualitäten im Vorfeld übersehbar sind, bedarf es flexiblerer Mechanismen; und durch diese präventive Arbeitsgestaltung gewinnen Interessenvertretungen wiederum an Gestaltungspotenzial (vgl. Bielefeld-Hart 1994, S. 130ff.). Mittlerweile gibt es im Rahmen der Umwandlung des öffentlichen Sektors betriebliche Vereinbarungen zu einer breiten Palette von Themen: zu flexibler Arbeitszeit, zu Gruppenarbeit, zur Personalplanung usw. Nachfolgend werden einige der Regelungen dargestellt, die uns hinsichtlich der Verhandlungsposition von Interessenvertretungen der Beschäftigten in PPP-Prozessen relevant erscheinen.

8.4.1 Rationalisierungsschutz ∎

Aufgrund der Ängste vor dem Verlust des Arbeitsplatzes im öffentlichen Dienst gehören Rationalisierungsschutz und Nachteilsausgleich zu den häufigsten Themen, die in betrieblichen Vereinbarungen geregelt werden. In diesem Zusammenhang hat der Ausschluss betriebsbedingter Kündigungen das größte Gewicht. Regelmäßig ist die Zusicherung, dass niemandem gekündigt wird und Personalabbau nur über die übliche Personalfluktuation erreicht werden soll, Teil betrieblicher Vereinbarungen. So kommt es beispielsweise im Bereich des öffentlichen Nahverkehrs zur Gründung neuer Fahrdienstgesellschaften als Töchter öffentlicher Unternehmen, für die andere Tarifverträge als der BMT-G bzw. der BAT gelten.

---

3   Die folgende Darstellung basiert auf einer Auswertung betrieblicher Vereinbarungen zur Umgestaltung des öffentlichen Sektors. Dazu wurden 86 Vereinbarungen diesem Themenkomplex aus dem Archiv der Hans-Böckler-Stiftung ausgewertet (Killian/Schneider 2003). Von den 86 vorliegenden Dokumenten betreffen 70 den kommunalen Bereich. Ohne Frage sind derzeit auf der lokalen Ebene weitaus mehr Veränderungen in organisatorischer Hinsicht erfolgt als auf der Landes- oder Bundesebene (www.betriebsvereinbarung.de).

4   Während es bei privatrechtlichen Organisationsformen zum Abschluss von Betriebsvereinbarungen nach § 77 BetrVG kommt, werden in öffentlich-rechtlichen Organisationen Dienstvereinbarungen nach § 73 BPersVG bzw. nach den entsprechenden Pendants auf Länderebene (z.B. § 70 LPVG NW) geschlossen.

Angesichts bis zu 30% niedrigerer Tarife im privaten Personenbeförderungsgewerbe und der durch die EU eingeleiteten Wettbewerbsöffnung erschien dies den öffentlichen Arbeitgebern erforderlich. Auch auf Arbeitnehmerseite gab es nur geringen Widerstand, was nicht zuletzt auf den Bestandsschutz für die bereits Beschäftigten zurückzuführen ist: Nur neu Eingestellte werden auf einer zweiten Tarifebene beschäftigt. Bestimmte Beschäftigtengruppen, z.B. Schwerbehinderte, sind in den betrieblichen Vereinbarungen besonders geschützt. Außerdem wird häufig den nicht widerruflich Beschäftigten die Möglichkeit eröffnet, das Arbeitsverhältnis einvernehmlich zu beenden. Der Kündigungsschutz erstreckt sich aber in der Regel nicht auf prekär beschäftigte Personen wie vor allem befristet Eingestellte.

In den betrieblichen Vereinbarungen werden häufig nicht nur die Beschäftigung an sich, sondern auch bestimmte Konditionen wie z.B. die Arbeitszeit per Vereinbarung gesichert. Zum Teil werden tarifliche Öffnungsklauseln zur Arbeitszeitverkürzung und Teilzeitarbeit genutzt. Ein besonderes Thema sind Umsetzungen innerhalb der Verwaltung, die rechtlichen und organisatorischen Umstrukturierungen folgen können und unter der Belegschaft oft für ähnliche Aufregung sorgen wie die Erwartung betriebsbedingter Kündigungen. Besonders betroffen von Umsetzungen, speziell von der Übertragung neuer, oft schlechter bewerteter Aufgaben, sind Teile des mittleren Managements, aber auch Beschäftigte aus aufgelösten bzw. aufzulösenden Einheiten. Um die Kooperationsbereitschaft der Mitarbeiter zu erhöhen, wird der Ausschluss betriebsbedingter Kündigungen an die Bedingung geknüpft, dass sich die Betroffenen auf „zumutbare" Umsetzungen einlassen müssen. Was jeweils als zumutbar gelten kann, bleibt dabei im Konfliktfall oft der Einigungsstelle überlassen. Es kommt darüber hinaus vor, dass Beschäftigte direkt in die Pflicht genommen werden, Statusveränderungen in Kauf zu nehmen. Nur wenn man sich einvernehmlich über neue Aufgabenfelder einigen kann, wird Besitzstandswahrung angeboten. Diesbezüglich gibt es auch differenziertere Prozessregelungen, wonach z.B. Beschäftigte erst von Änderungskündigungen bedroht sind, wenn sie drei „zumutbare" Angebote ablehnen.

■ *8.4.2 Abnahme interner Dienstleistungen*

Um im Zuge eines Veränderungsprozesses die Wirkungen des Wettbewerbs nicht unmittelbar durchschlagen zu lassen, wird von den Verhandlungspartnern häufig eine Abnahmegarantie für Dienstleistungen vereinbart. Wird z.B. eine Hausdruckerei formal privatisiert und ist für die Zukunft anvisiert, dass sich die Druckerei bei der Auftragsvergabe mit privaten Konkurrenten messen lassen muss, wird für einen Übergangszeitraum festgelegt, dass die einzelnen Dienststellen und zum Teil auch die Eigengesellschaften weiterhin ihre Leistungen von der ausgegliederten Druckerei beziehen sollen. Von den vorliegenden 86 Vereinbarungen greifen immerhin sieben dieses Thema auf. Inhaltlich zeigen sich dabei kaum Unterschiede. Es finden sich zumeist auch Hinweise darauf, dass bei der Angebotsberücksichtigung auch tarifliche, soziale, ökologische oder ähnliche Standards zu beachten sind.

Solche Aspekte werden häufig auf Initiative der Arbeitnehmerseite in die Vereinbarungen aufgenommen, obwohl auch Verwaltungsleitungen und die Geschäftsführungen bzw. Vorstände von ausgegliederten Eigengesellschaften an solchen Übergangsregelungen Interesse haben. Für die Beschäftigten liegt die Bedeutung dieser Regelungen darin, dass die Arbeitsplätze und die angeführten Regelungen zum Rationalisierungsschutz nur dann Bestand haben, wenn das Unternehmen weiter besteht bzw. vor massiven Auftragseinbrüchen bewahrt bleibt.

8.4.3   Personalüberleitungsregelungen ■

Grundsätzlich ist der Übergang von Beschäftigten bei der Umwandlung der Rechtsform durch § 613a BGB geregelt. Sehr häufig kommt es allerdings zu einem Überleitungsvertrag, in dem die Umstände der Ausgliederung näher bestimmt werden. Vertragsparteien sind in der Regel die Verwaltungsleitung und die Geschäftsführung bzw. der Vorstand der Eigengesellschaft. Da insbesondere die Arbeitnehmerseite ein starkes Interesse hat, dass es auf diesem Weg zu einer Absicherung der Beschäftigungsverhältnisse kommt, ist sie häufig die (Mit-)Initiatorin solcher Vereinbarungen. Teilweise werden Interessenvertretungen und Gewerkschaften an solchen Vereinbarungen informell oder aber auch formell beteiligt, um die Bindungswirkung der Verträge noch weiter zu erhöhen. Letztlich kann die Arbeitnehmerseite Überleitungsverträge nicht rechtlich erzwingen. Angesichts der Unsicherheit, welche durch Ausgliederungen für die Beschäftigten entsteht, fällt es ihr aber zumeist nicht schwer, durch politischen Druck – soweit dies überhaupt erforderlich ist – eine solche Vereinbarungen zu erreichen. In der Praxis gelingt dies häufig (vgl. Killian/ Schneider 1999, S. 32ff.).

In vielen betrieblichen Vereinbarungen zur Umgestaltung des öffentlichen Sektors wird festgelegt, zu welchen Konditionen ggf. Überleitungsverträge abzuschließen sind. Praktisch immer wird über die einjährige Frist des § 613a BGB hinausgegangen. Diese Norm regelt vor allem das unveränderte Weiterbestehen der Arbeitsverhältnisse im Falle der Überleitung. Oft werden auch die Beteiligungskonditionen der Interessenvertretungsgremien bzw. der Gewerkschaft in dem neu entstehenden Organisationsgebilde vereinbart.

■ 8.5 Beschäftigte zwischen Wettbewerb und Kooperation

Materielle Teilprivatisierungen und damit die Bildung organisatorischer PPPs haben erhebliche Auswirkungen auf die Situation der Beschäftigten. Sie sind von möglichen Rationalisierungen ebenso betroffen wie von der Verdichtung der Arbeitsprozesse. Im Kern der Bemühungen der Interessenvertretungen der Belegschaft steht der Schutz der bestehenden Arbeitsplätze. Die Garantie einer größtmöglichen Sicherheit wird als die wichtigste Aufgabe gesehen, weil durch den Rechtsformwandel und den Eintritt eines privaten „Partners" viele tariflich, durch Dienstvereinbarung oder in anderer Form geregelte Besitzstände grundsätzlich zur Disposition stehen (können). Die Orientierung der organisatorischen PPPs an Wettbewerb und Effizienz konfrontiert die Beschäftigten mit massiven Veränderungen ihrer Arbeitswelt; zudem fürchten nicht wenige, dass sich die öffentlich-private Kooperation letztlich als Übergangsstadium zur vollständigen Privatisierung erweist.

Zur Durchsetzung ihrer Interessen stehen der organisierten Belegschaft einige politische Instrumente zur Verfügung, die in diesem Beitrag skizziert wurden. Häufig orientieren sich – mit Blick auf die Befürchtungen vieler Beschäftigter – auch die Verwaltungsleitung, die privaten „Partner" sowie die Geschäftsführung der teilprivatisierten Gesellschaft daran, eine relative Sicherheit zu gewährleisten. Damit wollen sie sowohl opportunistisches Verhalten der Belegschaft („Dienst nach Vorschrift") wie auch eine Vetomacht gegen eine PPP-Gründung verhindern. Daher kommt es oft zur Vereinbarung von Überleitungsstandards, die sich zum Teil für die Beschäftigten als relativ günstig erweisen.

In ihren Verhandlungen mit der Gesamtverwaltung und den privaten Unternehmen stehen die Interessenvertretungen der Beschäftigten vor der Schwierigkeit, auf einer Klaviatur zwischen Kooperation und Kooperationsverweigerung spielen zu müssen und dabei ihre Stabilität, sprich: Zustimmung von Seiten der Belegschaft, zu bewahren. Damit ist – wie in den meisten betrieblichen Rationalisierungsprozessen – das Dilemma zwischen mitgestaltendem Co-Management einerseits und kämpferischem Abwehrverhalten andererseits angesprochen. Mitunter zieht sich ein Riss durch die Belegschaft. Beschäftigte, die Public-Private-Partnerships positiv sehen, weil sie sich konkrete Vorteile versprechen können und/oder eine Chance für das ganze Unternehmen sehen, stehen denjenigen gegenüber, die Arbeitsplatzverlust, den Abbau tariflicher Standards und Einbußen beim Gehalt befürchten. Mitunter finden sich beide Standpunkte in ein und derselben Person. Wettbewerb (der PPP) und Kooperation (in der PPP) wecken nicht einfach nur Befürchtungen, sondern beinhalten auch Versprechen.

Der Blick auf die betrieblichen Vereinbarungen hat gezeigt, dass ein Instrumentarium der Regulierung auch im Sinne der Kernbelegschaft durchaus zur Verfügung steht. Letztlich hängt jedoch die Möglichkeit, ob bzw. mit welchem Ergebnis Verhandlungen zwischen den betrieblichen Akteuren geführt, wie also eine neue innerbetriebliche Mixtur von Wettbewerb und Kooperation gestaltet wird, vor allem von den jeweiligen Kräfteverhältnissen ab. Soweit die Arbeitgeber nicht davon überzeugt sind, dass die Arbeitnehmerseite bestimmte Aspekte wirkungsvoll geltend machen kann – wie in unserer Fallstudie –, müssen letztlich auch andere Mittel wie etwa (Warn-)Streiks, Bürgerbegehren, Bündnisse mit Bürgerinitiativen usw. gewählt werden, um das Machtgleichgewicht zwischen Arbeitnehmer- und Arbeitgeberseite (neu) auszutarieren. Die Kooperationsfähigkeit der Beschäftigten ist durchaus an ein gewisses Drohpotenzial gekoppelt.

9. Wettbewerb kann Chance sein: Thesen zur Leistungsfähigkeit kommunaler Verwaltungen

Renate Sternatz

In den 1990er Jahren waren die Reformbemühungen in den Kommunalverwaltungen durch die Einführung betriebswirtschaftlicher Steuerungsinstrumente, des Neuen Steuerungsmodells, geprägt. Parallel wurden aber auch umfangreiche Dienstleistungen – vor allem im gewerblichen Bereich wie Kantinen, Reinigungs- und Hausmeisterdienste, städtische Druckereien u.a.m. – privatisiert. Mit Kindergärten, Wohnungsbaugesellschaften, Aufgaben der Datenverarbeitung und Lohnbuchhaltung ging das Privatisierungsfieber weiter. In der Zwischenzeit hat sich die Finanzlage der Städte und Gemeinden weiter verschärft. Und so kommen neue Privatisierungskandidaten in den Blick.

Privatisierung scheint vielen Stadt- und Gemeinderäten nach wie vor das Allheilmittel. Wer für die städtische Gebäudereinigung private Anbieter engagiert, hat weniger Mitarbeiter auf der Gehaltsliste. Allerdings – und das verdrängen Verwaltung und viele Räte – fallen Sachkosten an. Denn auch weiterhin müssen die Mülleimer geleert, die Fenster geputzt, die Bilder entstaubt, Böden gesäubert werden. Doch die Stadtverwaltungen werden nicht müde, das hohe Lied der Fremdvergabe zu singen, selbst wenn längst einige Misstöne zu hören sind. Undifferenzierte Ausschreibungen ohne Qualitätsstandards haben dazu geführt, dass z.B. bei Fremdreinigung häufig selbst nachgebessert werden muss oder der Reinigungsrhythmus nicht den betriebsspezifischen hygienischen Besonderheiten z.B. einer Kindertagesstätte gerecht wird. Unlängst war zu hören:

> „Im Büro des Oberbürgermeisters und auf seiner Etage klappt die Reinigung noch gut, aber schon in der Etage darunter und vor allem in den Außenstellen ist die Reinigung eine Katastrophe. Die Sauberkeit lässt zu wünschen übrig und ist eine schlechte Visitenkarte der Stadt."

Hintergrund solcher Privatisierungen ist der Glaube, dass Private rationeller, kundenfreundlicher, besser und vor allem billiger arbeiten. Wer die Aufgaben, die Leistungen, die Produkte des öffentlichen Dienstes und der Privatwirtschaft tatsächlich kennt und miteinander vergleicht, der weiß jedoch, dass die Vorstellung von der effizienten Privatwirtschaft und dem ineffizienten öffentlichen Dienst zu kurz greift.

■ 9.1 Privatisierung ist kein Wundermittel

Den Beschäftigten schwant schon lange, dass in vielen Verwaltungen noch über mehr Effektivität und neue Strukturen diskutiert wird, obwohl das Ziel längst feststeht: Privatisierung. Deshalb werden sie mittlerweile hellhörig, wenn von mehr Wettbewerbsfähigkeit im Zusammenhang mit Privatisierung die Rede ist. Oft scheint es, als ob die Verwaltung Alternativen zur Privatisierung gar nicht ernsthaft prüfen würde.

Allerdings gibt es auch andere Tendenzen: In einigen Kommunen kommen die Räte ins Grübeln. Sie fragen sich immer öfter, ob auch langfristig die gewünschten Effekte eintreten – eine serviceorientierte Verwaltung, zufriedene Bürger/innen und ein effizientes Management, das gleichwohl Raum lässt für politische Gestaltung. Ebenso werden Stimmen lauter, die Wettbewerb als eine Chance für die Verwaltungen, als Gestaltungs- und Anreizinstrument zur weiteren Verbesserung kommunaler Dienstleistungen und ihrer Qualität sehen. Allerdings ist ein solcher qualitativer Wettbewerb nicht auf Knopfdruck zu haben. Wer das propagiert, nimmt das Scheitern fahrlässig in Kauf.

■ 9.2 Wettbewerb und Kooperation sind keine Gegensätze

Es können und müssen Arbeitsfelder gefunden werden, in denen die öffentliche Verwaltung mit öffentlichen und privaten Anbietern kooperiert oder in den direkten Wettbewerb treten kann. Wettbewerb und Kooperation sind keine Gegensätze, sie schließen sich nicht gegenseitig aus. Ob die kommunale Dienstleistung in Kooperation erbracht wird und im Wettbewerb zu anderen Anbietern steht oder im direkten Wettbewerb ohne Kooperationspartner stehen wird, hängt z.B. von der Art der Dienstleistung, von der Marktsituation und von den politischen Zielen der Kommune ab.

Wettbewerb und Kooperation basieren auf unterschiedlichen Handlungsebenen: Wettbewerb bedeutet, die eigenen Produkte, Dienstleistungen dem Vergleich mit Produkten, Dienstleistungen anderer Anbieter zu unterziehen – oder sogar die Mitbewerber auf ihre Plätze zu verweisen. Kooperation schließt ein, dass die Partner ein gemeinsames Ziel haben: ein gemeinsames Produkt, eine gemeinsame Dienstleistung. Die Kooperationspartner wollen mit dem Produkt, mit der Dienstleistung konkurrenzfähig sein.

Wettbewerb und Kooperation sind als Gestaltungsinstrumente auch in der kommunalen Verwaltung möglich. Es müssen aber die dafür notwendigen Voraussetzungen geschaffen werden. Das braucht Zeit. Klar ist auch: Ein solcher Prozess ist nur mit den Beschäftigten zu bewältigen, niemals gegen sie.

9.3 Kommunen haben Nachholbedarf ■

In diesem Zusammenhang muss eines klargestellt werden: Vor allem geht es um die Leistungskraft der Kommunalverwaltungen. Diese hat sich zwar in den letzten Jahren weiterentwickelt, sie kann aber noch weiter verbessert werden: Im Interesse der Bürger/innen und nicht zuletzt im Interesse der Beschäftigten. Denn wenn das Verhältnis von Leistungsqualität und den dafür aufzuwendenden Kosten bzw. Preisen nicht mehr als angemessen wahrgenommen wird, gerät der öffentliche Dienst unter Druck. Neben den Kunden sind die Beschäftigten die Hauptleidtragenden einer solchen Entwicklung. Je mehr der öffentliche Anbieter – wegen vermeintlich schlechter Leistung – unter Beschuss gerät, desto eher wird dieser Bereich „outgesourct" bzw. privaten Anbietern übertragen. Für die Beschäftigten bedeutet dies meist: schlechtere Arbeitsbedingungen, weniger sichere Arbeitsplätze und weniger Geld.

Die Kommunen sind derzeit weder für den Wettbewerb noch für Kooperationen ausreichend gerüstet. Kommunale Anbieter tun sich deshalb noch schwer mit Wettbewerb. Wer erfolgreich sein will, muss die Marktstruktur kennen, die Konkurrenz, die Produkte, die Qualität von Leistungen und die Preise. Diese Bereiche haben die kommunalen Verwaltungen und die kommunalen Unternehmen bisher oft vernachlässigt. In dem Projekt der Hans-Böckler-Stiftung „ProKon – Konkurrieren statt Privatisieren" arbeiten die Gartenamtsleiterkonferenz (GALK – des Deutschen Städtetages) und die ver.di Bundesfachgruppe gemeinsam an diesem Thema, um für die Herausforderungen der Zukunft gewappnet zu sein.

Christoph Reichard vom Kommunalwissenschaftlichen Institut der Universität Potsdam drückt es so aus: Die Verwaltungen, die kommunalen Unternehmen müssten lernen, müssen fit gemacht werden für den Wettbewerb. Er ist allerdings der Ansicht, dass bisherige Rechtsformen und Tarifstrukturen „für den Wettbewerb keine zentrale Rolle" spielen.[1] Entscheidend sei unter anderem die Arbeitsorganisation. Ob aber der Mitarbeiter nach BAT oder dem Tarifvertrag für Drucker bezahlt wird – das ist dem Kunden egal, ebenso ob das Unternehmen als Eigenbetrieb, als

---

1   Zitat anlässlich der Veranstaltung „Wettbewerb und Kooperation" am 10.7.2003 im Wissenschaftszentrum Berlin für Sozialforschung.

städtisches Amt geführt wird oder Teil eines Wirtschaftsunternehmens ist. Den Kunden interessiert die Dienstleistung, das Produkt. Es soll qualitativ gut und vom Preis her günstig sein.

Das Beispiel zeigt, dass für die Diskussion kommunaler Dienstleistungen im Zusammenhang mit Wettbewerb qualitative Aspekte entscheidend sind. Deshalb betonen wir den Begriff des qualitativen Wettbewerbs.

■ 9.4 Service und Arbeitsorganisation verbessern

Dass die Arbeit und der Service in den kommunalen Verwaltungen besser organisiert und damit wettbewerbsfähiger gemacht werden können, zeigen verschiedene Beispiele im Land. Gemeinsam mit dem ver.di-Bundesfachbereich Gemeinden beteiligen sich derzeit acht Kommunen am Projekt „Neue kommunale Zeitpraxis". Es geht um die bessere Organisation der anfallenden Arbeit, um Prozessoptimierung, um kundengerechte Servicezeiten bei gleichzeitiger Stärkung der Zeitsouveränität der Beschäftigten: also um eine Verbesserung der Wettbewerbsfähigkeit kommunaler Dienstleistungen. Es geht nicht um Arbeitsverdichtung, obwohl viele Beschäftigte zunächst exakt diese Befürchtung haben. Dass das funktioniert, zeigen diese Projekte, obwohl sie erst am Anfang stehen. Das Gelingen des Projektes ist geprägt von der Kunst, alle Interessen „unter einen Hut zu kriegen" (www.zeitpraxis.verdi.de). Gewinnen werden letztlich alle: Bürger/innen, Arbeitgeber und Beschäftigte.

Gerade bei der Arbeitszeitgestaltung unter dem Blickwinkel einer nutzerfreundlichen Bereitstellung von Dienstleistungen wird eines deutlich: Macht sich eine Verwaltung auf den Weg, neue, flexiblere Arbeitszeiten zu finden, die allen nützen – Kunden, Beschäftigten und der Verwaltung als Arbeitgeber –, dann gelingt das nicht von jetzt auf gleich. Vor allem dann nicht, wenn die Mitarbeiter einbezogen werden sollen, wenn auf deren Vorstellungen ebenso eingegangen werden soll wie auf diejenigen der Kunden, wenn es Kompromisse braucht. Wer aber hoch flexible Arbeitszeiten per Erlass durchsetzen will, ohne die Interessen der Beschäftigten einzubeziehen, ohne deren Mitgestaltung – der darf sich nicht wundern, wenn das „neue" Modell scheitern wird.

■ 9.5 Wettbewerb an Zielen ausrichten

Dem Wettbewerb standhalten kann nur, wer ein Ziel hat. Ohne ein Ziel bleibt Wirtschaften wahllos, entpuppen sich alle Instrumente als stumpf, verpuffen Maßnahmen zur Effizienzsteigerung. Sicher ist, ohne ein Ziel gibt es keinen deutlichen Erfolg. Denn woran sollte er sich messen? Die Zielbestimmung ist Sache der Politik, also der Verwaltungsführung und des Gemeinderates. Wenn sich die gewählten Gremien dieser Aufgabe nicht annehmen, sind die Bemühungen der einzelnen Fachbereiche, Abteilungen oder Eigenbetriebe zum Scheitern verurteilt.

Welche Kriterien muss der Wettbewerb erfüllen? Welche Ziele müssen die politisch Gewählten den Fachbereichen bzw. Ämtern setzen? Wie bereits ausgeführt, darf nicht nur ein Wettbewerb entstehen, der allein auf den Preis setzt. Ziel muss es sein, qualitative Standards zu definieren. Es muss z.B. dargelegt werden, wie eine zügige und korrekte Bearbeitung von Anträgen durch die Verwaltung erfolgen soll. Auch eine freundliche, verständnisvolle, pädagogisch vielfältige, methodisch durchdachte und konsequente Betreuung und Erziehung der Kinder im Kindergarten könnte ein Ziel darstellen, das die politisch Verantwortlichen ihren zuständigen Fachbereichen und Ämtern mit auf den Weg geben. Diese Angebote müssen jedem gleichermaßen zur Verfügung stehen sowie gerechte und erschwingliche Preise haben. Das sind Ziele eines qualitativen Wettbewerbs, für die sich auch ver.di stark macht. Über deren Erreichen oder Nichterreichen muss den politisch Verantwortlichen regelmäßig Rechenschaft abgelegt werden.

9.6   Politischer Rahmen für Wettbewerb notwendig   ∎

Das ist aber noch nicht alles: Der Wettbewerb zwischen den Leistungsanbietern muss auch fair sein. Das heißt: Grundlage der Konkurrenz müssen gleichwertige Standards sowohl für die Arbeitsbedingungen als auch für die Qualität der Dienstleistung sein. Auf diese Spielregeln muss der Wettbewerb ausgerichtet werden, um qualitativen Ansprüchen zu genügen.

Wettbewerb ist daher durch Qualitätsstandards zu ergänzen. Diese Qualitätsstandards sind eindeutig Sache der Politik. Die Verantwortlichen in den Kommunen müssen sie definieren und durchsetzen. Die Bundesländer sind in der Pflicht, die Städte und Gemeinden mit Hilfe ihrer Richtlinienkompetenz zu unterstützen. Wenn Wettbewerb so definiert und ausgestaltet wird, dann kann qualitativer Wettbewerb ein Gestaltungsinstrument sein und dazu beitragen, die Lebens- und Arbeitsqualität in einer Kommune zu verbessern.

■ 9.7 Kommunale Eigenproduktion erhalten

Wettbewerb bzw. qualifizierter Wettbewerb ist gerade unter kommunaler Regie machbar. Wenn Verwaltungen dennoch nicht von ihren Privatisierungsabsichten abgehalten werden können, bleibt die Mahnung, nie die gesamte Eigenproduktion abzugeben. Denn damit erhält sie sich die Möglichkeit der Kooperation und macht sich nicht von den privaten Anbietern abhängig und somit erpressbar.

Beispiel Gebäudereinigung: Für viele Verwaltungen und Gemeinderäte ist es verführerisch, die gesamte Gebäudereinigung zu privatisieren oder gar aufzulösen. Oft sind private Anbieter zunächst auch so günstig, dass Bedenken vom Tisch gewischt werden. Doch die Preise bleiben in der Regel über die Jahre nicht stabil, bei „Lockangeboten" schon gar nicht. Was kann die Gemeinde tun, wenn es an Anbietern mangelt, sie selbst keine Eigenproduktion mehr unterhält, die Preise für die Dienstleistung aber extrem steigen? Oder die Bedingungen sich nicht mehr nach den Wünschen der Verwaltung richten? Wenn der Auftragnehmer die Bedingungen für die Erfüllung des Auftrages diktieren kann? Dann bleibt der Verwaltung nichts anderes übrig, als die Bedingungen zu akzeptieren. Sie ist erpressbar geworden.

Beispiel Kinderbetreuung: Wenn die Kommunen keine Kindergärten und Horte mehr betreiben, haben sie auch politische Handlungsfelder geräumt. Welche Möglichkeiten haben die Kommunen dann gegenüber privaten Anbietern noch, darauf zu drängen, dass die Einrichtungen am Morgen und am Abend geöffnet sind? Was könnte sie dagegen tun, wenn ein solcher „Service" von den Eltern teuer zusätzlich erkauft werden muss? Die Kommunen können appellieren. Aber sie können nicht mehr über die Öffnungszeiten per politischem Votum bestimmen.

Betreibt die Kommune zumindest einen Teil der Dienstleistung selbst, ist sie auch dann noch handlungsfähig, wenn es zu Monopolen in der Privatwirtschaft kommt. Zudem behält die Verwaltung eigenes Produktions-Know-how. Auch damit liefert sie sich weniger privaten Anbietern aus. Dennoch kann sie die Vorteile des Wettbewerbs uneingeschränkt nutzen, als Anreiz zur eigenen Verbesserung. Und auch der private Anbieter muss – angesichts der öffentlichen Konkurrenz – sein Produkt, seine Dienstleistung ständig verbessern, um im Wettbewerb bestehen zu können.

9.8 Kooperationen verbessern Wettbewerbsfähigkeit ■

Welche Rolle aber können Kooperationen spielen? Viele Städte haben ihre Datenverarbeitung, ihre kommunalen Rechenzentren „outgesourct". In Dortmund kooperiert nun die aus der Ausgliederung entstandene Datenverarbeitungs-Gesellschaft mit einem privaten Computerkonzern. Voraussetzung für eine solche Kooperation sind klare gemeinsame Ziele. Nur so können beide Kooperationspartner gewinnen. Und das ist die Voraussetzung für eine gelingende Kooperation: Beide Partner müssen Vorteile erzielen. Ist das nicht der Fall, ist die Kooperation nicht das Papier wert, auf dem sie vereinbart wurde. Wenn das gemeinsame Ziel und der gemeinsame Weg fehlen, besteht die Gefahr, dass sich die Partner voneinander entfernen und die Kooperation scheitert.

Die Vorteile einer Kooperation für die Verwaltung liegen auf der Hand: Solange öffentliche Anbieter Nachholbedarf in Sachen wirtschaftliches Know-how haben, schließen Kooperationen Wissenslücken. Zudem können solche Partnerschaften dazu beitragen, dass die Kultur der Innovation sowie die Ideenumsetzung schneller in den Verwaltungen verankert werden und zusätzliche Finanzmittel bei notwendigen Investitionen zur Verfügung stehen.

Es wird aber auch nicht ausbleiben, dass kommunale Unternehmen mit der Wirtschaft in echte Konkurrenz treten – ob das den Handwerkern, dem Mittelstand oder den Konzernen gefällt oder nicht. Es geht dabei nicht primär darum, die gleichen Produkte wie die Privatwirtschaft anzubieten. Vielmehr muss sich der öffentliche Anbieter – wie private Unternehmen – auf seine Stärken besinnen und gegebenenfalls Nischen suchen. Die Devise muss lauten: Welche Aufgaben der kommunalen Daseinsvorsorge sind uns politisch so bedeutsam, dass wir sie selbst erbringen? Welche Leistungen können wir besser? Welche Leistungen bieten Private – aus welche Gründen auch immer – nicht an, obwohl ein Bedarf dafür besteht?

Fairer Wettbewerb setzt aber auch bei den Vergaberichtlinien an. Auch da darf sich nicht alles um den Preis drehen, jedenfalls darf der Preis nicht das ausschließliche Vergabekriterium sein. Wenn die Kommune bei einem Reinigungs- oder Gartenbauauftrag z.B. genau festschreibt, welche Qualität sie in der Ausführung erwartet, wenn sie verlangt, dass Tariflöhne bezahlt werden, wenn sie den Betrieb schadenersatzpflichtig macht, sofern die Kriterien nicht oder schlecht erfüllt werden, dann trägt das auch dazu bei, dass Qualitätsstandards steigen. Dadurch entsteht auch Druck auf die privaten Anbieter, nicht nur preisgünstige, sondern auch inhaltlich akzeptable und gute Angebote zu machen.

■ 9.9 Wettbewerb kann Kommunen zu Gewinnern machen

Wettbewerb kann eine Chance sein. Wettbewerb bedeutet nicht, dass privatisiert werden muss. Er bedeutet nicht, dass sich Arbeitsbedingungen und Lohnniveau zwangsläufig verschlechtern. Viele Beschäftigte runzeln bei solchen Thesen die Stirn. Viele haben erfahren, dass Wettbewerb für sie eben genau das mit sich brachte: weniger Geld und schlechtere Arbeitsbedingungen. Das ist auch der Grund, warum viele von ihnen längst nicht mehr euphorisch bei der Sache sind, wenn Vertreter der Stadt wieder einmal über Wettbewerb philosophieren. Die Beschäftigten sind zumeist zurückhaltend, warten ab. Die Stimmung ist eher ablehnend – auch wenn dies von den kommunalen Arbeitgebern beklagt wird. Zu oft wurden die Beschäftigten dazu aufgerufen, mitzuhelfen bei der „Verschlankung" der Verwaltung, damit die Fachbereiche und Ämter effizienter werden. Und letztendlich wurden städtische Bereiche doch einfach nur ausgegliedert und privatisiert. Kein Wunder, dass die Vorbehalte gegen Wettbewerb nach wie vor groß sind. Auch bei ver.di gilt Wettbewerb vielen als Synonym für Verschlechterungen: Abschied von der Tarifbindung, raus aus dem öffentlichen Dienst.

Auf der anderen Seite gibt es Stimmen, die dem Wettbewerb zwar kritisch, aber nicht negativ gegenübersehen. Ob Gewerkschafter, Wissenschaftler, Verwaltungsfachleute oder die Beschäftigten – sie leugnen die Gefahren nicht, aber sie befürchten, dass die Kommunen, wenn sie sich nicht bewegen, die Verlierer sein werden: die Beschäftigten, weil sich ihre Arbeitsbedingungen verschlechtern bzw. ihre Arbeitsplätze direkt bedroht sind, die Gemeinderäte, weil ihre politischen Gestaltungsspielräume verloren gehen, und die Bürger/innen, weil kommunale Dienstleistungen abgebaut und in ihrer Qualität verschlechtert werden.

Grundsätzlich ist festzustellen: Qualitativer Wettbewerb ist ein Instrument zur Verbesserung der öffentlichen Dienstleistung. Deshalb müssen Gemeinderäte vor der Leistungsvergabe prüfen: Wie müssen die Betriebsstrukturen gestaltet sein, damit die politische Steuerbarkeit erhalten bleibt und die öffentliche Dienstleistung modernisiert wird? Dann kann es zukünftig auch gelingen, bisher fremdvergebene Dienstleistungen wieder selbst zu erbringen und sogar neue Einnahmequellen in Marktnischen zu erschließen. Das ist übrigens auch ein Weg zur Beschäftigungssicherung in Kommunalverwaltungen.

Viele Gemeinderäte scheinen den entscheidenden Schritt in Richtung Verbesserung der Wettbewerbsfähigkeit kommunaler Dienstleistungen zu scheuen, denn es gibt keinen „Königsweg" dorthin. Zudem scheinen die Räte darauf zu hoffen, dass Bürger und Wirtschaft hinter den Privatisierungen stehen. Zugleich sind sie froh, mit der Privatisierung ein Problem verlagert zu haben. Doch meist kommt das Problem wie ein Bumerang zurück – spätestens dann, wenn die Räte realisieren, dass sie in diesen privatisierten Bereich nicht mehr steuernd eingreifen können. Inzwischen haben allerdings zahlreiche Bürgerbegehren in verschiedenen Städten gezeigt, dass Bürger/innen sehr wohl auf die Entwicklung öffentlicher Dienstleistungen und Unternehmen Einfluss nehmen wollten und klare Erwartungen an die kommunale Daseinsvorsorge haben.

Aufgrund der Kassenlage werden die Städte und Gemeinden auch in den kommenden Jahren gezwungen sein, über den Umfang und die Art der zukünftigen kommunalen Aufgaben und Dienstleistungen zu entscheiden. Wenn zwischenzeitlich kein strategischer Wandel in der kommunalen Politik vollzogen wird, stellen sich folgende Fragen: Über was werden sie zukünftig beraten und was werden sie entscheiden?

Im Zweifelsfall bleibt nur noch der Vollzug übertragener Aufgaben ohne eigene kommunale Einflussnahme. Letztendlich werden dann nur noch Pässe ausgegeben, Führungszeugnisse weitergeleitet und Grundsteuer eingezogen. Die Handlungsspielräume des Gemeinderats schrumpfen immer mehr, sein Einfluss auf die Vielfalt pädagogischer Konzepte in Kindertagesstätten und deren Öffnungszeiten, auf die Sauberkeit von Parkanlagen, die Eintrittspreise von Schwimmbädern und die damit verbundene Möglichkeit der Freizeitgestaltung für jede Geldbörse geht sukzessive verloren. Damit wird der Einfluss auf Weiterentwicklung und Umbau der vorhandenen regionalen Bedingungen und damit auf die Lebensqualität in den Kommunen aufgegeben. Zudem zeichnet sich eine Gestaltungsoption in Richtung regionaler öffentlicher Kooperationen ab, die bei weiteren Privatisierungen erschwert oder unmöglich wird.

Literatur

Abromeit, H. (2002): Wozu braucht man Demokratie? Die postnationale Herausforderung der Demokratietheorie. Opladen

Alford, J. (1993): Towards a New Public Management Model: Beyond "Managerialism" and Its Critics. In: Australian Journal of Public Administration, Vol. 52/ No. 2, S. 135-148

Andersen, C. (2004): Steigerung der Wettbewerbsfähigkeit kommunaler Leistungen: Lokale Gestaltungsstrategien und Effekte am Beispiel der IT-Dienstleistungsproduktion, im November 2004 angenommene Dissertation an der Universität Potsdam

Andersen, C.; Beck, M.; Kösling, R.; Selle, S. (2003): Marktsituation ausgewählter kommunaler Dienstleistungen – Strukturen und Tendenzen. Potsdam

Andersen, C.; Beck, M.; Selle, S. (2004): Konkurrieren statt Privatisieren. Strategien zur Stärkung der Wettbewerbsfähigkeit kommunaler Dienstleister. Berlin

Andersen, C.; Reichard, C. (2003): Dienstleistungen im Wettbewerb. In: Cox, H. (Hg.): Ausschreibungswettbewerb bei öffentlichen Dienstleistungen. Baden-Baden, S. 13-41

Anheier, H. K. (1999): Dritter Sektor, Ehrenamt und Zivilgesellschaft in Deutschland. In: Kistler, E.; Noll, H.-H.; Priller, E. (Hg.): Perspektiven gesellschaftlichen Zusammenhalts. Berlin, S. 145-170

Arnkil, R. (2000): Country Report: Nordic Countries (Scandinavia). Berlin

Aucoin, P. (1990): Administrative Reform in Public Management: Paradigms, Principles, Paradoxes and Pendulums. In: Governance, Vol. 3/No. 2, S. 115-137

Audit Commission (2001): Changing Gear. Best Value Annual Statement 2001. London

Badura, B. (2000): Kooperation und Netzwerksteuerung in kommunalen Gesundheitskonferenzen. In: Dahme, H.-J.; Wohlfahrt, N. (Hg.): Netzwerkökonomie im Wohlfahrtsstaat: Wettbewerb und Kooperation im Sozial- und Gesundheitssektor. Berlin, S. 187-200

Bailey, S. J. (1993): Public Choice Theory and the Reform of Local Government in Britain: From Government to Governance. In: Public Policy and Administration, Vol. 8/No. 3, S. 7-24

Bals, H. (2000a): Die Neugestaltung der kommunalen Haushaltspläne: Vom kameralen Finanzplan zum budgetierten Produkthaushalt (I). In: Finanzwirtschaft, Jg. 54/ Nr. 4, S. 84-87

Bals, H. (2000b): Die Neugestaltung der kommunalen Haushaltspläne: Vom kameralen Finanzplan zum budgetierten Produkthaushalt (II). In: Finanzwirtschaft, Jg. 54/ Nr. 5, S. 107-112

Bateson, G. (1988): Ökologie des Geistes. Frankfurt/M.

Benz, A. (2001): Der moderne Staat. Grundlagen der politischen Analyse. München, Wien

Benz, A.; Fürst, D. (2003): Region – „Regional Governance" – Regionalentwicklung. In: Adamaschek, B.; Pröhl, M. (Hg.): Regionen erfolgreich steuern. Regional Governance – von der kommunalen zur regionalen Strategie. Gütersloh, S. 11-66

Bertelsmann Stiftung; Clifford Chance Pünder; Initiative D21 (2003): Prozessleitfaden Public Private Partnership. Eine Publikation aus der Reihe PPP für die Praxis. www.initiatived21.de, Zugriff am 20.7.2003

Beyer, L.; Plaß, S. (2001): Öffentliches Rechnungswesen: Kameralistik oder Doppik? In: Blanke, B.; von Bandemer, S.; Nullmeier, F.; Wewer, G. (Hg.): Handbuch der Verwaltungsreform. Opladen, S. 337-347

Bielefeld-Hart, H. (1994): Partizipation in der Bürokratie – Partizipationsbürokratie. Am Beispiel der Aushandlung und Umsetzung von Dienstvereinbarungen zu neuen Technologien. Stuttgart

Birke, M. (2003): Nachhaltiges Wirtschaften und organisationsanalytische Bringschulden. In: Brentel, H.; Klemisch, H.; Rohn, H. (Hg.): Lernendes Unternehmen. Konzepte und Instrumente für eine zukunftsfähige Unternehmens- und Organisationsentwicklung. Wiesbaden, S. 27-42

Birke, M.; Schwarz, M. (1997): Ökologisierung als Mikropolitik. In: Birke, M.; Burschel, C.; Schwarz, M. (Hg.): Handbuch Umweltschutz und Organisation. Ökologisierung – Organisationswandel – Mikropolitik. München, S. 189-225

Blanke, B.; von Bandemer, S. (1999): Der „aktivierende Staat". In: Gewerkschaftliche Monatshefte, Jg. 50/Nr. 6, S. 321-330

Bleicher, K. (2001): Das Konzept integrierten Managements: Visionen – Missionen – Programme. Frankfurt/M.

Bogumil, J.; Holtkamp, L. (2002): Liberalisierung und Privatisierung kommunaler Aufgaben – Auswirkungen auf das kommunale Entscheidungssystem. In: Libbe, J.; Tomerius, S.; Trapp, J.-H. (Hg.): Liberalisierung und Privatisierung kommunaler Aufgabenerfüllung. Berlin, S. 71- 87

Bogumil, J.; Kißler, L. (1998): Verwaltungsmodernisierung als Machtspiel. Zu den heimlichen Logiken kommunaler Modernisierungsprozesse. In: Budäus, D.; Conrad, P.; Schreyögg, G. (Hg.): New Public Management. Berlin, S. 123-149

Bogumil, J.; Schmid, J. (2001): Politik in Organisationen. Organisationstheoretische Ansätze und praxisbezogene Anwendungsbeispiele. Opladen

Bosetzky, H. (1972): Die instrumentelle Funktion der Beförderung. In: Verwaltungsarchiv, Jg. 63/Nr. 4, S. 372-384

Botzem, S. (2002): Governance-Ansätze in der Steuerungsdiskussion. Steuerung und Selbstregulierung unter den Bedingungen fortschreitender Internationalisierung. Berlin

Bouckaert, G.; Pollitt, C. (1999): Public Management Reform. A Comparative Analysis. Oxford

Bovaird, T.; Löffler, E.; Parrado-Díez, S. (2002): Developing Local Governance Networks in Europe. Baden-Baden

Braczyk, H.-J. (1996): Die Gesellschaft (in) der Organisation. In: Soziologische Revue, Jg. 19/Nr. 3, S. 293-300

Brand, U. (2003): Stadt als runder Tisch – zum neuen Leitbild „global" oder „good governance". www.bmgev.de/themen/urban21/brand.htm, Zugriff am 26.6.2003

Brentel, H. (2000): Umweltschutz in lernenden Unternehmen. Wuppertal

Brödner, P. (2001): Wie führt man eine virtuelle Fabrik? In: Institut Arbeit und Technik (Hg.): Jahrbuch 2000/2001. Gelsenkirchen, S. 97-114

Brüggemeier, M.; Felsch, A. (1992): Mikropolitik. In: Die Betriebswirtschaft, Jg. 52/Nr. 1, S. 133-136

Bruhn, M. (2002): Marketing. Grundlagen für Studium und Praxis. Wiesbaden

Buck, L.; Ellwein, T. (1995): Wasserversorgung – Abwasserbeseitigung, Öffentliche und private Organisation. Landsberg

Budäus, D. (2000): Vom Neuen Kommunalen Rechnungswesen zum öffentlichen Management-Informationssystem. Grundlagen eines Verwaltungscontrollings. In: Verwaltung und Management, Jg. 6/Nr. 2, S. 68-76

Budäus, D. (2003): Neue Kooperationsformen zur Erfüllung öffentlicher Aufgaben. Charakterisierung, Funktionsweise und Systematisierung von Public Private Partnership. In: Harms, J.; Reichard, C. (Hg.): Die Ökonomisierung des öffentlichen Sektors: Instrumente und Trends. Baden-Baden, S. 213-233

Budäus, D.; Eichhorn, P. (1997): Public Private Partnership. Neue Formen öffentlicher Aufgabenerfüllung. Baden-Baden

Budäus, D.; Grüning, G. (1997): Public Private Partnership – Konzeption und Probleme eines Instrumentes zur Verwaltungsreform aus Sicht der Public Choice Theorie. In: Budäus, D.; Eichhorn, P. (Hg.): Public Private Partnership. Neue Formen öffentlicher Aufgabenerfüllung. Baden-Baden, S. 25-66

Bundesregierung (1999): Moderner Staat – Moderne Verwaltung. Das Programm der Bundesregierung. Berlin

Burns, T. (1961): Micropolitics: Mechanisms of Institutional Change. In: Administrative Science Quarterly, No. 6, S. 257-281

Chaundy, D.; Uttley, M. (1993): The Economics of Compulsory Competitve Tendering. Issues, Evidence and the Case of Municipal Refuse Collection. In: Public Policy and Administration, Vol. 8/No. 2, S. 25-41

Child, J.; Faulkner, D. (1998): Strategies of Cooperation. Managing Alliances, Networks, and Joint Ventures. Oxford

Conradi, P. (2003): Architekten stellen kritische Fragen zu Public Private Partnerships. In: Immobilien & Baurecht, Nr. 11, S. 656-658

Converse, P. (1964): The Nature of Belief System. In: Apter, D. E. (ed.): Ideology and Discontent. New York, S. 205 -261

Crozier, M.; Friedberg, E. (1979): Die Zwänge kollektiven Handelns. Über Macht und Organisation. Königstein im Taunus

Dahme, H.-J. (1999): Kooperative Steuerung sozialer Versorgungssysteme. Neue Vernetzungsstrategien. In: Theorie und Praxis der sozialen Arbeit, Jg. 50/Nr. 3, S. 89-94

Dahme, H.-J. (2000): Kooperation und Vernetzung im sozialen Dienstleistungssektor. Soziale Dienste im Spannungsfeld „diskursiver Koordination" und „systemischer Rationalisierung". In: Dahme, H.-J.; Wohlfahrt, N. (Hg.): Netzwerkökonomie im Wohlfahrtsstaat: Wettbewerb und Kooperation im Sozial- und Gesundheitssektor. Berlin, S. 47-67

Dahme, H.-J.; Wohlfahrt, N. (2000): Einleitung: Zur politischen Inszenierung von Wettbewerb und Vernetzung im Sozial- und Gesundheitssektor – Auf dem Weg zu einem neuen Ordnungsmix? In: Dahme, H.-J.; Wohlfahrt, N. (Hg.): Netzwerkökonomie im Wohlfahrtsstaat: Wettbewerb und Kooperation im Sozial- und Gesundheitssektor. Berlin, S. 9-27

Damkowski, W.; Rösener, A. (2003): Auf dem Weg zum Aktivierenden Staat. Vom Leitbild zum umsetzungsreifen Konzept. Berlin

Deutscher Städte- und Gemeindebund (2002): Public Private Partnership – Neue Wege in Städten und Gemeinden. Berlin

DiGaetano, A.; Strom, E. (2003): Comparative Urban Governance. An Integrated Approach. In: Urban Affairs Review, Vol. 38/No. 3, S. 356-395

Diller, C. (2002): Zwischen Netzwerk und Institution. Eine Bilanz regionaler Kooperation in Deutschland. Opladen

Eichler, A. (2000): Strategische Allianzen im Non-profit-Bereich: Gefahr oder Chance? Ein Bericht aus der Praxis. In: Dahme, H.-J.; Wohlfahrt, N. (Hg.): Netzwerkökonomie im Wohlfahrtsstaat: Wettbewerb und Kooperation im Sozial- und Gesundheitssektor. Berlin, S. 89-299

Eickelpasch, A.; Kauffeld, M.; Pfeiffer, I.; Wurzel, U.; Bachmann, T. (2001): Die Förderinitiative InnoRegio – Konzeption und erste Erkenntnisse der wissenschaftlichen Begleitung. In: DIW-Wochenbericht, Jg. 68/Nr. 34, S. 525-535

Ellwein, T.; Hesse, J. J. (1997): Der überforderte Staat. Frankfurt/M.

Enquete-Kommission „Zukunft des bürgerschaftlichen Engagements" des Deutschen Bundestags (2002): Bericht: Bürgerschaftliches Engagement: Auf dem Weg in eine zukunftsfähige Bürgergesellschaft. Berlin

Evers, A.; Olk, T. (1996): Wohlfahrtspluralismus. Opladen

Evers, A.; Rauch, U.; Stitz, U. (2002): Von öffentlichen Einrichtungen zu sozialen Unternehmen. Hybride Organisationsformen im Bereich sozialer Dienstleistungen. Berlin

Fischer, H.-G. (2003): Die neue Partnerschaft zwischen Kommunen und Mittelstand. Von PPP über ÖPP zu Partnerschaft in Augenhöhe in Recycling und Entsorgungswirtschaft. In: Demokratische Gemeinde, Jg. 55/Nr. 11, S. 94

Flohé, A. (2001): public-private-partnership als Instrument zur Standortprofilierung. Gelsenkirchen

Fürst, D. (2001): Regional Governance – ein neues Paradigma der Regionalwissenschaften? In: Raumforschung und Raumordnung, Jg. 59/Nr. 5-6, S. 370-380

Geddes, M.; Martin, S. (2000): The Policy and Politics of Best Value: Currents, Crosscurrents and Undercurrents in the New Regime. In: Policy and Politics, Vol. 28/No. 3, S. 379-395

Gerstlberger, W. (1999): Public-Private-Partnerships und Stadtentwicklung – Öffentlich-private Projektgesellschaften zwischen Erweiterung und Aushöhlung kommunaler Handlungsfähigkeit. München

Gerstlberger, W. (2001): Neue Formen regionaler und kooperativer Politik. In: von Westphalen, R. G. (Hg.): Deutsches Regierungssystem. München, S. 385-410

Gerstlberger, W.; Hart, T.; Sack, D.; Welzel, C. (2003): Public Private Partnership und E-Government: Formen, Instrumente und Entwicklungsschritte öffentlich-privater Kooperation. www.begix.de/PPP_BST.pdf, Zugriff am 4.11.2003

Gerstlberger, W.; Hoeppner, R.-R. (2003): Public Private Partnership – Ein Leitfaden für öffentliche Verwaltung und Unternehmer (Dokumentation). Eschborn

Gerstlberger, W.; Sack, D. (2003): Public Private Partnership und E-Government. www.begix.de, Zugriff am 2.1.2003

Gesellschaft für öffentliche Wirtschaft (2001): Die öffentliche Wirtschaft in Deutschland. Bestandsaufnahme zu Beginn des 21. Jahrhunderts. Dokumentation der Deutschen Sektion des Europäischen Zentralverbandes der öffentlichen Wirtschaft (CEEP). Berlin

Giddens, A. (1999): Der dritte Weg. Die Erneuerung der sozialen Demokratie. Frankfurt/M.

Gottschalk, W. (1996): Public-Private-Partnership in der Versorgungswirtschaft. Praktische Erfahrungen und Probleme. In: der städtetag, Jg. 49, S. 553-558

Gregory, R.; Christensen, J. G. (2004): Similar Ends, Differing Means: Contractualism and Civil Service Reform in Denmark and New Zealand. In: Governance, Vol. 17/ No. 1, S. 59-82

Greve, C. (1999): Governance by Contract. Creating Public-Private Partnerships in Denmark. Kopenhagen

Greve, C. (2003): Public-Private Partnership in Scandinavia. In: International Public Management Review, Vol. 4/No. 2, S. 59-69

Grimm, D. (1996): Staatsaufgaben. Frankfurt/M.

Gross, P. (1983): Die Verheißungen der Dienstleistungsgesellschaft: Soziale Befreiung oder Sozialherrschaft? Opladen

Großmann, A. (2003): Kompetenznetzwerk für Public Private Partnership. In: Demokratische Gemeinde, Jg. 55/Nr. 11, S. 72

Häggroth, S. (1993): From Corporation to Political Enterprise. Trends in Swedish Local Government. Stockholm

Hansen, K. (1999): New Public Management på det kommunale niveau: en dansk NPM-model. In: Nordisk Admnistrativt Tidsskrift, Jg. 80/Nr. 4, S. 320-338

Haus, M. (2003): Kommunitarismus. Wiesbaden

Heinz, R. (2000): Kommunales Management. Überlegungen zu einem KGSt-Ansatz. Stuttgart

Heinz, W. (1993): Public Private Partnership – ein neuer Weg zur Stadtentwicklung? Stuttgart

Heinz, W. (1999): Public-Private Partnerships. In: Roth, R.; Wollmann, H. (Hg.): Kommunalpolitik. Opladen, S. 552-570

Heinz, W. (2002): Wettbewerb macht hart. Neue Trends interkommunaler Kooperation im Überblick. In: Demokratische Gemeinde, Jg. 54/Nr. 12, S. 10-11

Heinz, W.; Scholz, C. (1996): Public Private Partnership im Städtebau. Erfahrungen aus der kommunalen Praxis. Berlin

Heinze, R. G. (1998): Die blockierte Gesellschaft. Sozioökonomischer Wandel und die Krise des „Modell Deutschland". Opladen

Heinze, R. G. (2000): Inszenierter Korporatismus im sozialen Sektor. Politische Steuerung durch Vernetzung. In: Dahme, H.-J.; Wohlfahrt, N. (Hg.): Netzwerkökonomie im Wohlfahrtsstaat: Wettbewerb und Kooperation im Sozial- und Gesundheitssektor. Berlin, S. 31-46

Heinze, R. G.; Schmid, J.; Strünck, C. (1997): Zur politischen Ökonomie der sozialen Dienstleistungsproduktion. In: Kölner Zeitschrift für Soziologie und Sozialpsychologie, Jg. 49/Nr. 2, S. 242-271

Heinze, R. G.; Voelzkow, H. (1997): Regionalisierung der Strukturpolitik in Nordrhein-Westfalen. Opladen

Helbig, R. (2003): Prozessorientierte Unternehmensführung. Eine Konzeption mit Konsequenzen für Unternehmen und Branchen, dargestellt an Beispielen aus Dienstleistung und Handel. Heidelberg

Hennig, J. (1998): Organisationsreform als mikropolitischer Gestaltungsprozess. München

Hill, H.; Klages, H. (2000): Good Governance und Qualitätsmanagement – europäische und internationale Entwicklungen. Speyer

Hill, H.; Wegener, A. (2002): Beyond Statistics. Using Quality of Life Indicators for Strategic Management in Local Government. Gütersloh

Hille, D. (2003): Grundlagen des kommunalen Beteiligungsmanagements. Kommunale Unternehmen gründen, steuern und überwachen. München

Hinte, W. (2000): Kontraktmanagement und Sozialraumbezug. Zur Finanzierung von vernetzten Diensten. In: Dahme, H.-J.; Wohlfahrt, N. (Hg.): Netzwerkökonomie im Wohlfahrtsstaat: Wettbewerb und Kooperation im Sozial- und Gesundheitssektor. Berlin, S. 151-167

Hinte, W.; Litges, G.; Grope, J. (2003): Sozialräumliche Finanzierungsmodelle. Qualifizierte Jugendhilfe auch in Zeiten knapper Kassen. Berlin

Hood, C. (1987): British Administrative Trends and the Public Choice Revolution. In: Lane, J.-E. (ed.): Bureaucracy and Public Choice. London, S. 161-182

Hood, C. (1991): A Public Management for all Seasons? In: Public Administration, Vol. 69/No. 1, S. 3-19

Horváth, P. (2002): Controlling. München

Horváth & Partner (2001): Balanced Scorecard umsetzen. Stuttgart

Illich, I. (1979): Entmündigung durch Experten. Zur Kritik der Dienstleistungsberufe. Hamburg

Institut für Unternehmenskybernetik e.V. (1998): Gestaltung der Zusammenarbeit von kleinen und mittleren Unternehmen und öffentlichen Körperschaften (Kommunen, Länder) bei der Übernahme von öffentlichen Aufgaben. Endbericht zum AiF-Forschungsvorhaben Nr. 10593 N. Mülheim an der Ruhr

Jacob, D.; Kochendörfer, B. (2000): Private Finanzierung öffentlicher Bauinvestitionen. Berlin

Jann, W.; Wegrich, K. (2002): Governance und Verwaltungspolitik. In: Benz, A. (Hg.): Governance – Regieren in komplexen Regelsystemen. Eine Einführung. Wiesbaden, S. 193-214

Jones, L. R.; Kettl, D. F. (2003): Assessing Public Management Reform in an International Context. In: International Public Management Review, Vol. 4/No. 1, S. 1-19

Kaplan, R. S. (2000): Overcoming the Barriers to Balanced Scorecard Use in the Public Sector: Balanced Scorecard Report. Boston

Keller, B.; Henneberger, F. (1999): Privatwirtschaft und Öffentlicher Dienst: Parallelen und Differenzen in den Arbeitspolitiken. In: Müller-Jentsch, W. (Hg.): Konfliktpartnerschaft. Akteure und Institutionen der industriellen Beziehungen. München, S. 233-256

Kenis, P.; Schneider, V. (1996): Organisation und Netzwerk. Institutionelle Steuerung in Wirtschaft und Politik. Frankfurt/M.

KGSt (1993a): Budgetierung: Ein neues Verfahren der Steuerung kommunaler Haushalte. Köln

KGSt (1993b): Das Neue Steuerungsmodell. Begründung, Konturen, Umsetzung. Köln

KGSt (1998a): Kontraktmanagement zwischen öffentlichen und freien Trägern in der Jugendhilfe. Köln

KGSt (1998b): Verwaltungsinterne Leistungsverrechnung. Köln

KGSt (2000a): Kommunale Leistungen im Wettbewerb. Leistungsvergleich, Markttest und Vergabeverfahren. Köln

KGSt (2000b): Strategisches Management I: Leitbericht für Politik und Verwaltungsführung. Köln

KGSt (2002): Neuausrichtung interner Dienstleistungen und Dienstleister. Köln

Kibblewhite, A. (2000): Effectiveness: The Next Frontier. In: Public Sector, Vol. 23/No. 2, S. 12-15

Killian, W.; Schneider, K. (1999): Arbeitnehmervertretung im „Konzern Stadt". Ergebnisse einer Umfrage zum Wandel betrieblicher Interessenvertretung. Kassel

Killian, W.; Schneider, K. (2003): Umgestaltung des öffentlichen Sektors. Analyse und Handlungsempfehlungen. Frankfurt/M.

Kirchhoff, U.; Müller-Godeffroy, H. (1992): Finanzierungsmodelle für kommunale Investitionen. Stuttgart

Kirsch, D. (1996): Public Private Partnership – Eine empirische Untersuchung der kooperativen Handlungsstrategien in Projekten der Flächenerschließung und Immobilienentwicklung. Reichartshausen

Kistler, E.; Noll, H.-H.; Priller, E. (Hg.): Perspektiven gesellschaftlichen Zusammenhalts. Berlin

Klenk, T.; Nullmeier, F. (2003): Public Governance als Reformstrategie. Düsseldorf

Koch, J. (2003): Integrierte und sozialräumlich angelegte Erziehungshilfen. Zwischenbilanzen aus einem Bundesmodellprojekt. www.lwl.org/LWL/Jugend/Landesjugendamt/LJA/jufoe/983524482/ik33/1041951105_3/Koch_Integrierte_und_sozialraeumlich_angelegte_Erziehungshilfen.pdf, Zugriff am 15.10.2003

Kooiman, J. (1993): Findings, Speculations and Recommendations. In: Kooiman, J. (Hg.): Modern Governance. New Government-Society Interactions. London, S. 249-262

Kooiman, J. (2003): Modern Governance. New Government-Society Interactions. London

Kouwenhoven, V. (1993): The Rise of the Public Private Partnership – A Model for the Management of Public-private Cooperation. In: Kooiman, J. (ed.): Governing as Governance. London, S. 119-130

Kropp, S. (2004): Modernisierung des Staates in Deutschland: Konturen einer endlosen Debatte. In: Politische Vierteljahresschrift, Jg. 45/Nr. 3, S. 416-439

Kruzewicz, M. (1993): Lokale Kooperationen in NRW, Public-Private Partnership auf kommunaler Ebene. Dortmund

Kruzewicz, M.; Schuchardt, W. (1989): Public-Private-Partnership – neue Formen lokaler Kooperation in industrialisierten Verdichtungsräumen, Handlungsbedarf, internationale Befunde und Ansätze in Nordrhein-Westfalen. In: der städtetag, Jg. 42/Nr. 12, S. 761-765

Kühl, S. (1999): Krise, Renaissance oder Umbau von Hierarchien in Unternehmen. Anmerkungen zur aktuellen Managementdiskussion. In: Berliner Debatte Initial, Jg. 10/Nr. 3, S. 3-17

Kühl, S. (2000): Das Regenmacher-Phänomen – Widersprüche und Aberglaube im Konzept der lernenden Organisation. Opladen

Kuhlbach, R.; Wohlfahrt, N. (1996): Modernisierung der öffentlichen Verwaltung? Konsequenzen für die Freie Wohlfahrtspflege. Freiburg im Breisgau

Kuhlmann, S.; Wollmann, H. (2004): „Transformationskosten" von Verwaltungspolitik auf der lokalen Ebene. Diskussionsskizze für den Workshop des Arbeitskreises „Verwaltung und Evaluation" anlässlich der Jahrestagung der Deutschen Gesellschaft für Evaluation in Wien am 10.-12.11.2004. Wien

Küpper, W.; Ortmann, G. (1986): Mikropolitik in Organisationen. In: Die Betriebswirtschaft, Jg. 46/Nr. 5, S. 590-602

Küpper, W.; Ortmann, G. (1992): Mikropolitik: Rationalität, Macht und Spiele in Organisationen. Opladen

Larmour, P. (1997): Models of Governance and Public Administration. In: International Review of Administrative Science, Vol. 63/No. 2, S. 383-394

Larner, W.; Walters, W. (2000): Privatisation, Governance and Identity: The United Kingdom and New Zealand Compared. In: Policy & Politics, Vol. 28/No. 3, S. 361-377

Le Galès, P. (1998): Regulations and Governance in European Cities. In: International Journal for Urban and Regional Research, Vol. 3/No. 22, S. 482-506

Lewis, J. (1992): Gender and the Development of Welfare Regimes. In: Journal of European Social Policy, Vol. 2/No. 3, S. 159-173

Linder, S. (1999): Coming to Terms with the Public-Private Partnership. In: American Behavioral Scientist, Vol. 43/No. 1, S. 35-51

Löffler, E. (2001): Governance – die neue Generation von Staats- und Verwaltungsmodernisierung. In: Verwaltung und Management, Jg. 7/Nr. 4, S. 212-215

Löffler, E. (2003): Ökonomisierung ist nicht gleich Ökonomisierung: Die Ökonomisierung des öffentlichen Sektors aus international vergleichender Sicht. In: Harms, J.; Reichard, C. (Hg.): Die Ökonomisierung des öffentlichen Sektors: Instrumente und Trends. Baden-Baden, S. 75-101

Lüder, K. (2001): Neues öffentliche Rechnungswesen. Anforderungen, Konzept, Perspektiven. Berlin

Marshall, N. (1998): Reforming Australian Local Government: Efficiency, Consolidation – and the Question of Governance. In: International Review of Administrative Sciences, Vol. 64/No. 4, S. 753-775

Martin, L. L. (1999): Determining a Level Playing Field for Public-Private Competition. Arlington

Mayntz, R. (1987): Politische Steuerung und gesellschaftliche Steuerungsprobleme – Anmerkungen zu einem theoretischen Paradigma. In: Ellwein, T. (Hg.): Jahrbuch zur Staats- und Verwaltungswissenschaft. Baden-Baden, S. 89-110

Mayntz, R. (1996): Policy-Netzwerke und die Logik von Verhandlungssystemen. In: Kenis, P.; Schneider, V. (Hg.): Organisation und Netzwerk. Institutionelle Steuerung in Wirtschaft und Politik. Frankfurt/M., New York, S. 471-496

Mayntz, R. (2001): Zur Selektivität der steuerungstheoretischen Perspektive. Köln

Mayntz, R.; Scharpf, F. W. (1995): Gesellschaftliche Selbstregelung und politische Steuerung. Frankfurt/M.

McLaughlin, K.; Osborne, S.; Ferlie, E. (2003): New Public Management. New York

Messner, D. (1995): Die Netzwerkgesellschaft. Wirtschaftliche Entwicklung und internationale Wettbewerbsfähigkeit als Probleme gesellschaftlicher Steuerung. Köln

Mezger, E.; West, K. (2000): Aktivierender Sozialstaat und politisches Handeln. Marburg

Müller-Stewens, G.; Lechner, C. (2001): Strategisches Management: Wie strategische Initiativen zum Wandel führen. Der St. Galler-General-Management-Navigator. Stuttgart

Nalebuff, B. J.; Brandenburger, A. M. (1996): Co-opetition. New York

Napp, H. G.; Oelschläger, J. (2003): Vor dem Durchbruch. In: der gemeinderat – spezial: Sparstrategien, Jg. 46, Sonderheft, S. 20-21

Naschold, F. (1993): Modernisierung des Staates. Zur Ordnungs- und Innovationspolitik des öffentlichen Sektors. Berlin

Naschold, F. (1998a): Das strategische Management fehlt. In: Demokratische Gemeinde, Jg. 50/Nr. 12, S. 6-7

Naschold, F. (1998b): Strategisches Management. In: Naschold, F.; Oppen, M.; Wegener, A.: Kommunale Spitzeninnovationen. Konzepte, Umsetzung, Wirkungen in internationaler Perspektive. Berlin, S. 28-42

Naschold, F.; Bogumil, J. (1998): Modernisierung des Staates. New Public Management und Verwaltungsreform. Opladen

Naschold, F.; Budäus, D.; Jann, W.; Mezger, E.; Oppen, M.; Picot, A.; Reichard, C.; Schanze, E.; Simon, N. (1996): Leistungstiefe im öffentlichen Sektor. Erfahrungen, Konzepte, Methoden. Berlin

Naschold, F.; Oppen, M.; Tondorf, K.; Wegener, A. (1994): Neue Städte braucht das Land. Public Governance: Strukturen, Prozesse und Wirkungen kommunaler Innovationsstrategien in Europa. Berlin

Naschold, F.; Oppen, M.; Wegener, A. (1997): Innovative Kommunen. Internationale Trends und deutsche Erfahrungen. Stuttgart

Naschold, F.; Oppen, M.; Wegener, A. (1998): Kommunale Spitzeninnovationen. Konzepte, Umsetzung, Wirkungen in internationaler Perspektive. Berlin

Naschold, F.; Riegler, C. (1997): Reformen des öffentlichen Sektors in Skandinavien. Eine Bestandsaufnahme. Baden-Baden

Neßler, V. (2000): Politische Auftragsvergabe durch den Staat? Zur europarechtlichen Zulässigkeit politischer Kriterien bei der öffentlichen Auftragsvergabe. In: Die Öffentliche Verwaltung, Jg. 53/Nr. 4, S. 145-152

Neuschäffer, C. (2003): Ein Geben und Nehmen auf beiden Seiten – Konsortium arbeitet an Plänen zur Unterstützung der Kommunen – Städte sehen in Zeiten sinkender Gewerbesteuereinnahmen Public Private Partnership (PPP) als Lösung, die zum Beispiel als Betreiber- oder Leasing-Modelle existieren. München

Nullmeier, F. (2002): Auf dem Weg zu Wohlfahrtsmärkten? In: Süß, W. (Hg.): Deutschland in den 90er Jahren. Politik und Gesellschaft zwischen Wiedervereinigung und Globalisierung. Opladen, S. 267-281

Nullmeier, F. (2004): Zwischen Performance und Performanz – Funktionen und Konzepte der Evaluierung in öffentlichen Verwaltungen. In: Kuhlmann, S.; Bogumil, J.; Wollmann, H. (Hg.): Leistungsmessung und -vergleich in Politik und Verwaltung. Wiesbaden, S. 47-60

Oebbecke, J. (2001): Kommunalverfassungsrechtliche Aspekte wirtschaftlicher Betätigung der öffentlichen Hand. In: Wallerath, M. (Hg.): Kommunen im Wettbewerb. Wirtschaftliche Betätigung der Gemeinden. Baden-Baden, S. 13-37

Oppen, M. (1995): Qualitätsmanagement. Grundverständnisse, Umsetzungsstrategien und ein Erfolgsbericht: die Krankenkassen. Berlin

Oppen, M. (1997): Der Bürger und Kunde als ProMotor im Modernisierungsprozeß – kundenorientierte Dienstleistungsgestaltung in internationaler Perspektive. In: Naschold, F.; Oppen, M.; Wegener, A. (Hg.): Innovative Kommunen. Internationale Trends und deutsche Erfahrungen. Stuttgart, S. 231-268

Oppen, M. (1998a): Kunden und Nutzerinnen als ‚Consultants'. In: Naschold, F.; Oppen, M.; Wegener, A.: Kommunale Spitzeninnovationen. Konzepte, Umsetzung, Wirkungen in internationaler Perspektive. Berlin, S. 42-53

Oppen, M. (1998b): Von Qualitätsinitiativen zum Total Quality Management. In: Naschold, F.; Oppen, M.; Wegener, A.: Kommunale Spitzeninnovationen. Konzepte, Umsetzung, Wirkungen in internationaler Perspektive. Berlin, S. 53-68

Oppen, M.; Sack, D.; Wegener, A. (2003): Innovationsinseln in korporatistischen Arrangements. Public Private Partnerships im Feld sozialer Dienstleistungen. WZB-Discussion Paper SP III 2003-117. Berlin

Oppen, M.; Wegener, A. (1997): Restrukturierung der kommunalen Dienstleistungsproduktion. Innovationsfähigkeit deutscher Kommunen in internationaler Perspektive. In: Naschold, F.; Soskice, D.; Hancké, B.; Jürgens, U. (Hg.): Ökonomische Leistungsfähigkeit und institutionelle Innovation. Das deutsche Produktions- und Politikregime im globalen Wettbewerb. Berlin, S. 151-181

Oppen, M.; Wegener, A. (1998): Restrukturierung der kommunalen Dienstleistungsproduktion. Innovationsfähigkeit deutscher Kommunen in internationaler Perspektive. WZB-Discussion Paper FS II 98-206. Berlin

Ortmann, G.; Becker, A. (1995): Management und Mikropolitik. Ein strukturationstheoretischer Ansatz. In: Ortmann, G. (Hg.): Formen der Produktion. Organisation und Rekursivität. Opladen, S. 43-80

Osborne, D.; Gaebler, T. (1992): Reinventing Government. How the Entrepreneurial Spirit is Transforming the Public Sector. Reading, Massachusetts

Pallesen, T. (2004): A Political Perspective on Contracting Out: The Politics of Good Times. Experiences from Danish Local Governments. In: Governance, Vol. 17/ No. 4, S. 573-587

Pankoke, E. (1970): Sociale Bewegung – sociale Frage – sociale Politik. Stuttgart

Peters, F. (2000): Auf der Suche nach reflexiven Institutionen. Integrierte, flexible Erziehungshilfen als strategische Antwort auf die ungeplanten Folgen fortschreitender Differenzierung und Spezialisierung. In: Dahme, H.-J.; Wohlfahrt, N. (Hg.): Netzwerkökonomie im Wohlfahrtsstaat: Wettbewerb und Kooperation im Sozial- und Gesundheitssektor. Berlin, S. 119-138

Pierre, J. (2000): Debating Governance. Authority, Steering and Democracy. New York

Pollitt, C. (2002): The New Public Management in International Perspective. In: McLaughlin, K.; Osborne, S. P.; Ferlie, E. (eds.): New Public Management. Current Trends and Future Prospects. New York, S. 274-292

Powell, W. W. (1990): Neither Market nor Hierarchy: Network Forms of Organization. In: Research in Organizational Behaviour, Vol. 12, S. 295-336

Prätorius, R. (2003): Verwaltungswissenschaftliche Aspekte der Kriminalprävention. Zum Gebot der Ziel- und Rollenklarheit. In: Stober, R. (Hg.): Der Beitrag des Sicherheitsgewerbes zur Kriminalprävention. Bestandsaufnahme – Problemfelder – Lösungswege. Bonn, S. 123-135

PricewaterhouseCoopers (2002): Deutsche Städte auf dem Weg zum modernen Dienstleister. Kommunalstudie 2002. Frankfurt/M.

PricewaterhouseCoopers (2003): Gutachten „PPP im öffentlichen Hochbau" (im Auftrag des Lenkungsausschusses „PPP im öffentlichen Hochbau" beim BMVBW). www.bmvbw.de/Bauwesen.346.htm, Zugriff am 3.10.2003

Putnam, R. (1993): Making Democracy Work. Civic Traditions in Modern Italy. Princeton

Raza, W. G. (2001): Entstaatlichung lokaler öffentlicher Dienstleistungserbringung in der Europäischen Union. Marburg

Reichard, C. (1987): Betriebswirtschaftslehre der öffentlichen Verwaltung. Berlin

Reichard, C. (2001a): Strategisches Management in der Kernverwaltung,. In: Eichhorn, P.; Wiechers, M. (Hg.): Strategisches Management für Kommunalverwaltung. Baden-Baden, S. 80-91

Reichard, C. (2001b): Verwaltungsmodernisierung in Deutschland in internationaler Perspektive. In: Wallerath, M. (Hg.): Verwaltungserneuerung. Eine Zwischenbilanz der Modernisierung öffentlicher Verwaltungen. Baden-Baden, S. 13-39

Riegler, C. H.; Schneider, O. (1999): Schweden im Wandel. Entwicklungen, Probleme, Perspektiven. Berlin

Roggencamp, S. (1999): Public Private Partnership. Entstehung und Funktionsweise kooperativer Arrangements zwischen öffentlichem Sektor und Privatwirtschaft. Frankfurt/M.

Rüb, F. W. (2003): Vom Wohlfahrtsstaat zum „manageriellen Staat"? Zum Wandel des Verhältnisses von Markt und Staat in der deutschen Sozialpolitik. In: Politische Vierteljahresschrift, Jg. 44, Sonderheft 34, S. 256-299

Ruschkowski, E. v. (2002): Lokale Agenda 21 in Deutschland – eine Bilanz. In: Aus Politik und Zeitgeschichte, Jg. 52/Nr. 31-32, S. 17-24

Sabatier, P. A. (1993): Policy Change over a Decade or More. In: Sabatier, P. A.; Jenkins-Smith, H. C. (eds.): Policy Chance and Learning. An Advocacy Coalition Approach. Boulder, Col., S. 13-39

Sack, D. (2002): Lokale Netzwerke im Stress. Güterverkehrszentren zwischen Kombiniertem Verkehr und Standortkonkurrenz. Berlin

Sack, D. (2003): Gratwanderung zwischen Partizipation und Finanzengpässen. Ein Überblick über die deutsche PPP-Entwicklung. In: Zeitschrift für öffentliche und gemischtwirtschaftliche Unternehmen, Jg. 26/Nr. 4, S. 353-370

Sbragia, A. M. (2000): Governance, the State, and the Market: What Is Going on? In: Governance, Vol. 13/No. 2, S. 243-250

Schäfer, M. (2003): Deutschland ist reif für Public Private Partnership. In: Immobilien & Baurecht, Nr. 11, S. 651-655

Scharpf, F. W. (2000): Interaktionsformen. Akteurzentrierter Institutionalismus in der Politikforschung. Opladen

Schartau, M.-B. (2004): Country Report Sweden. Berlin

Schedler, K.; Proeller, I. (2000): New Public Management. Bern, Stuttgart, Wien

Schellenberg, M.; Lepique, E.; Fedder, S.; Pape, U.-D.; Moos, F. (2002): Die Realisierung einer Public Private Partnership durch die Gründung eines Kooperationsunternehmens. In: Verwaltung und Management, Jg. 8/Nr. 4, Sonderbeilage

Schiller-Dickhut, R. (1992): Die nächste Welle kommt bestimmt. Zum neuen Privatisierungstrend in den Gemeinden. In: Alternative Kommunalpolitik, Jg. 13/Nr. 1, S. 48-51

Schmidt, R. (2000): Vernetzung unter den Bedingungen von Quasi-Markt- und Marktsteuerung in der Pflegeversicherung. In: Dahme, H.-J.; Wohlfahrt, N. (Hg.): Netzwerkökonomie im Wohlfahrtsstaat: Wettbewerb und Kooperation im Sozial- und Gesundheitssektor. Berlin, S. 17-233

Schneider, K. (2002): Arbeitspolitik im „Konzern Stadt". Zwischen der Erosion des Zusammenhalts im kommunalen Sektor und den effizienzfördernden Wirkungen organisatorischer Dezentralisierung. Baden-Baden

Schoch, F. (1994): Privatisierung von Verwaltungsaufgaben. In: Deutsches Verwaltungsblatt, Jg. 109/Nr. 17, S. 962-977

Schröder, J. (2000): Trägerübergreifende Kooperation in der Kinder- und Jugendhilfe. In: Dahme, H.-J.; Wohlfahrt, N. (Hg.): Netzwerkökonomie im Wohlfahrtsstaat: Wettbewerb und Kooperation im Sozial- und Gesundheitssektor. Berlin, S. 139-149

Schröder, U.; Ratzeburg, E. (2002): Modellprojekt Diabetes Sachsen-Anhalt – reif für Disease Management? In: Die Krankenversicherung, Jg. 54/Nr. 5, S. 141-144

Schruth, P. (1998): Perspektiven des Europarechts für die Kinder- und Jugendhilfe in Deutschland. In: Kongreß „Wettbewerb in der Kinder- und Jugendhilfe". Dokumentation. Bonn, S. 1-15

Schubert, K. (1995): Struktur-, Akteur- und Innovationslogik: Netzwerkkonzeption und die Analyse von Politikfeldern. In: Jansen, D.; Schubert, K. (Hg.): Netzwerke und Politikproduktion: Konzepte, Methoden, Perspektiven. Marburg, S. 222-243

Schuppert, G. F. (2001): Grundzüge eines zu entwickelnden Kooperationsrechts. Regelungsbedarf und Handlungsoptionen eines Rechtsrahmen für Public Private Partnership. Rechts- und verwaltungswissenschaftliches Gutachten. www.staatmodern/projekte/beschreib, Zugriff am 10.10.2002

Sonnenwald, D. H. (2003): The Conceptual Organization: An Emergent Organizational Form for Collaborative R&D. In: Science and Public Policy, Vol. 30/No. 4, S. 261-272

Springer, R.; Weitbrecht, H. (1998): Editorial. In: Industrielle Beziehungen, Jg. 5/Nr. 1, S. 5-8

Stöbe-Blossey, S. (2001): Schlanke Verwaltung (Lean Administration). In: Blanke, B.; von Bandemer, S.; Wewer, G. (Hg.): Handbuch zur Verwaltungsreform. Unter Mitarbeit von S. Plaß, 2. Aufl. Opladen, S. 262-270

Stoker, G. (1998): Governance as Theory: Five Propositions. In: International Social Science Journal, Vol. 50/No. 155, S. 17-29

Streeck, W.; Schmitter, P. C. (1984): Community, Market, State and Associations? The Prospective Contribution. In: Journal für Sozialforschung, Jg. 25/Nr. 2, S. 133-157

Svenska Kommunförbundet (2001): Valfrihet och kundvalssystem i kommunal verksamhet – underlag för lokala bedömningar. Stockholm

Svensson, A.; Wegener, A. (2004): The Customer Choice Model in Täby Kommun. Potsdam

Sydow, J. (2001): Management von Unternehmensnetzwerken – Auf dem Weg zu einer reflexiven Netzwerkentwicklung? In: Flocken, P.; Howaldt, J. (Hg.): Kooperationsverbünde und regionale Modernisierung – Theorie und Praxis der Netzwerkarbeit. Wiesbaden, S. 79-101

Sydow, J.; Windeler, A. (2000): Steuerung von und in Netzwerken – Perspektiven, Konzepte, vor allem aber offene Fragen. In: Sydow, J.; Sydow A. W. (Hg.): Steuerung von Netzwerken. Wiesbaden, S. 1-24

Teisman, G. R.; Klijn, H.-E. (2000): Public-Private Partnerships in the European Union. Officially Suspect, Embraced in Daily Practice. In: Osborne, S. P. (ed.): Public-Private Partnerships. Theory and Practice in International Perspective. London, S. 165-186

Trapp, J. H.; Bolay, S. (2003): Privatisierung in Kommunen. Eine Auswertung kommunaler Beteiligungsberichte. Berlin

UN Commission on Global Governance (1994): Our global neighbourhood. www. itcilo.it/english/actrav/telearn/global/ilo/globe/gove.htm, Zugriff am 27.6.2003

Walcha, H.; Hermanns, K. (1995): Partnerschaftliche Stadtentwicklung – Privatisierung kommunaler Aufgaben und Leistungen. Köln

Wegener, A. (1996): Kommunale Verwaltungsmodernisierung zwischen zentralstaatlicher Regulierung und lokaler Initiative. Fallstudie Braintree District Council. Berlin

Wegener, A. (1997a): Dienstleistungsunternehmen Großstadt: „Best run city in the world"? Fallstudie Phoenix, Arizona (USA). Berlin

Wegener, A. (1997b): Wettbewerb. In: Naschold, F.; Oppen, M.; Wegener, A. (Hg.): Innovative Kommunen. Internationale Trends und deutsche Erfahrungen. Stuttgart, S. 77-106

Wegener, A. (1998): Evaluating Competitively Tendered Contracts. Local Governments in Comparative Perspective. In: Evaluation, Vol. 4/No. 2, S. 189-203

Wegener, A. (2000a): Alternative Service Delivery Options. In: South East Asia Network for Better Local Government (ed.): New Public Management: Public Private Partnership. Makati City, S. 21-36

Wegener, A. (2000b): Management Contracts in International Comparative Perspective. In: Fortin, Y.; von Hassel, H. (eds.): Contracting in the New Public Management: From Economics to Law and Citizenship. Amsterdam, S. 107-126

Wegener, A. (2002a): Die Gestaltung kommunalen Wettbewerbs. Strategien in den USA, Großbritannien und Neuseeland. Berlin

Wegener, A. (2002b): Die Kriterien zu Good Governance. In: Pröhl, M. (Hg.): Good Governance für Lebensqualität vor Ort. Internationale Praxisbeispiele für Kommunen. Gütersloh, S. 16-115

Wegener, A. (2003a): Markttest. www.kommunaler-wettbewerb.de. Zugriff am 2.4. 2003

Wegener, A. (2003b): Public Private Partnerships in Großbritannien. Fallstudie Liverpool City Council: Gemeinschaftsunternehmen in der kommunalen Dienstleistungsproduktion. Berlin (unveröff. Ms.)

Wegener, A. (2004): Benchmarking-Strategien im öffentlichen Sektor. Großbritannien und Deutschland im Vergleich. In: Kuhlmann, S.; Bogumil, J.; Wollmann, H. (Hg.): Leistungsmessung und -vergleich in Politik und Verwaltung. Wiesbaden, S. 251-266

Wendt, P.-K. (2000): Unternehmen und Jugendarbeit – als Partner in „einem Boot"? In: Wendt, P.-K.; Muzaffer, P.; Schmidt, W.; Neumann, U. (Hg.): Managementkonzepte in der modernen Jugendarbeit. Marburg, S. 137-141

Wiesenthal, H. (2000): Markt, Organisation und Gemeinschaft als ‚zweitbeste' Verfahren sozialer Koordination. In: Werle, R.; Schimank, U. (Hg.): Gesellschaftliche Komplexität und kollektive Handlungsfähigkeit. Frankfurt/M., S. 44-73

Williamson, O. E. (1985): The Economic Institutions of Capitalism. New York

Ziekow, J. (2001): Verankerung verwaltungsrechtlicher Kooperationsverhältnisse (Public Private Partnership) im Verwaltungsverfahrensgesetz. Wissenschaftliches Gutachten. www.staat-modern/projekte/beschreib, Zugriff am 10.10.2002

Ziekow, J. (2003): Public Private Partnership – Projekte, Probleme, Perspektiven. Speyer

Zimmermann, G. (1997): Neue Finanzierungsinstrumente für öffentliche Aufgaben. Eine Analyse im Spannungsfeld von Finanzkrise und öffentlichem Interesse. Baden-Baden

Autorinnen und Autoren

Christoph Andersen, Dr. rer. pol., Verwaltungswissenschaftler, war Mitarbeiter am Kommunalwissenschaftlichen Institut der Universität Potsdam und arbeitet heute bei der SYNCWORK AG – Management Consulting und Informationstechnologie, Berlin, im Bereich öffentlicher Sektor.

Wolfgang Gerstlberger, Dr. rer. pol. habil., ist Privatdozent für Betriebswirtschaftslehre im Fachbereich Wirtschaftswissenschaften der Universität Kassel. Seine Schwerpunkte in Forschung und Lehre sind öffentliche Betriebswirtschaftslehre und Innovationsmanagement. Er ist freiberuflich als Partner der erha consulting group – International Management Consultants (Berlin/Brüssel) im Beratungssegment Public Private Partnership tätig.

Jens Janke, M.A. (Gesellschaftswissenschaften) ist freier Mitarbeiter bei Eidmann & Killian Managementberatung, Kassel und bei Dr. habil. Gerstlberger. Schwerpunkte seiner Tätigkeit bilden Methoden der empirischen Sozialforschung, Statistik sowie Public Private Partnership.

Tanja Klenk ist Diplom-Soziologin und arbeitete als Beraterin in einer beteiligungsorientierten Beratungsgesellschaft zu den Themen Verwaltungsreform, Kontraktmanagement, Leitung und Führung, Qualitätsmanagement. Seit 2004 ist sie wissenschaftliche Mitarbeiterin am Zentrum für Sozialpolitik, Bremen. Forschungsschwerpunkte sind Public and Organizational Governance, Verwaltungsreform in Deutschland, Mikropolitik.

Maria Oppen, Dr. phil., Diplom-Soziologin, arbeitet am Wissenschaftszentrum Berlin für Sozialforschung und leitet den Projektbereich „Wissenstransfer und Netzwerke" in der Abteilung „Innovation und Organisation". Gegenwärtige Forschungsschwerpunkte sind Strukturwandel des öffentlichen Sektors im internationalen Vergleich, Veränderung von Arbeits- und Dienstleistungsprozessen, Wandel der Geschlechterverhältnisse.

Detlef Sack, Dr. rer. pol., ist Politikwissenschaftler an der Universität Kassel und Research Fellow am Wissenschaftszentrum Berlin. Schwerpunkte in der Forschung sind die Modernisierung des öffentlichen Sektors und öffentlich-private Kooperationsformen, Stadt- und Regionalforschung, Demokratietheorie und Wahlentwicklung sowie Politikfeldanalysen im Verkehrsbereich.

Wolfram Schmittel, Dr. phil., Politikwissenschaftler, ist Projektleiter bei einer Gesellschaft für Kommunalberatung. Seine Arbeitsschwerpunkte sind „Soziale

Stadt", Stadtmarketing, Public Private Partnership sowie Innovations- und Wissensmanagement.

Karsten Schneider, Dr. rer. pol., Politikwissenschaftler, ist Leiter des Referates „Kooperativer Staat in der Dienstleistungsgesellschaft" der Abteilung Forschungsförderung der Hans-Böckler-Stiftung. Seine Forschungsschwerpunkte sind die Veränderungen arbeitspolitischer Beziehungen sowie Deregulierung im öffentlichen Sektor.

Renate Sternatz ist Leiterin der Fachgruppe „Allgemeine Kommunalverwaltung" der Dienstleistungsgewerkschaft ver.di.

Alexander Wegener, Dr. phil., Verwaltungswissenschaftler, ist Dozent für Europäisches Verwaltungsmanagement und Gesellschafter der interpublic berlin. Schwerpunkte in Forschung und Lehre sind Staats- und Verwaltungsstrukturen in Europa, Kommunalfinanzen und die Modernisierung des öffentlichen Sektors sowie Veränderungsprozesse in zentralen europäischen Politikfeldern.

Ebenfalls bei edition sigma – eine Auswahl

___ In der Reihe »Modernisierung des öffentlichen Sektors« erschienen zuletzt: ___

Werner Jann, Günther Schmid (Hg.)
Eins zu eins?
Eine Zwischenbilanz der Hartz-Reformen am Arbeitsmarkt

Bd. 25   2004   112 S.   ISBN 3-89404-745-3   € 8,90

Werner Jann, J. Bogumil, G. Bouckaert, D. Budäus, L. Holtkamp,
L. Kißler, S. Kuhlmann, E. Mezger, Chr. Reichard, H. Wollmann
Status-Report Verwaltungsreform
Eine Zwischenbilanz nach zehn Jahren

Bd. 24   2004   122 S.   ISBN 3-89404-744-5   € 8,90

Gaby Grimm; Wolfgang Hinte; Gerhard Litges
(unter Mitarbeit von Johannes Groppe)
Quartiermanagement
Eine kommunale Strategie für benachteiligte Wohngebiete

Bd. 23   2004   100 S.   ISBN 3-89404-743-7   € 8,90

_____ Als Sonderbände in der Reihe erschienen zuletzt: _____

Hugh Mosley, Holger Schütz, Günther Schmid unter Mitarb. v. Kai-Uwe Müller
Effizienz der Arbeitsämter
Leistungsvergleich und Reformpraxis

Sdbd. 21   2003   179 S.   ISBN 3-89404-771-2   € 14,90

Leo Kißler, Ralph Greifenstein, Elke Wiechmann
Kommunale Bündnisse für Arbeit
Neue Perspektiven für die Zukunft der Arbeit in den Städten

Sdbd. 20   2003   204 S.   ISBN 3-89404-770-4   € 15,90

Michael Kopatz (Hg.)
Reformziel Nachhaltigkeit
Kommunen als Mitgestalter einer nachhaltigen Entwicklung

Sdbd. 19   2003   304 S.   ISBN 3-89404-769-0   € 19,90

Der Verlag informiert Sie gern umfassend über sein Programm. Kostenlos und unverbindlich.

edition sigma   Tel.   [030] 623 23 63   und jederzeit
Karl-Marx-Str. 17   Fax   [030] 623 93 93   aktuell im Internet:
D-12043 Berlin   Mail verlag@edition-sigma.de   **www.edition-sigma.de**